ገዛ

ጣዕሚ ዝኾነ የኣፍሪቃ መግቢ፣ ባህሊ
እና መነኩስነት

ገነት ተድላ ዮሐንስ

አፍሪቃዊ መጽሓፍ ምግቢ

እዚ መጽሓፍ ብሓበሬታ ንኽበርኒ ኣደይ ኣበራሽ ገብረማርያም እዩ።
ንሓደ ሕይወይ እዮ መመራት እያ፣ ንሓደ ግዜ ኣብ ሕይወት ኣብ ናይ
ኖቨምበር 2008 ወፈየት። ንዚ መፍለይኣ ድሕሪ እዋን፣ ሎሚን እንተሳ
ድሕሪኡን፣ ክትኸውን ትመራኒ እያ ዝነገረኒ፣ ኣብ ኩሉ መዓልታዊ
መርዓት፣ ግብሪን፣ ተግባርን።

እዚ ንኺ፣ ኣደይ።

i

መቕድም

ኣፍሪቃ ካብ ሓደ ናይ ሓደ ክፍለ ዓለም ብዝነበረት ዝነፀረት ኣብ መወዳእታ ሓደ ከባቢ እያ። ኣብ ዝሓለፈ ግዜ ዝተጠረት እያ "ናይ ሓርማቕታ ክፍለ ዓለም"። ነቲ ናይ ሓደ ክፍለ ዓለም ብቀለም ስም ዝተዋህበ ጥራይ እያ። ግና ኣብ ናትና ኣፍሪቃ ንስኻ "ኣደ ኣፍሪቃ" ክንብሃ እንትጠሊ። በጃኹም ከም እቲ ስም "ናይ ሓርማቕታ ክፍለ ዓለም" ከመይ ከመይ እተመጺኡ ኣይተገልጸን። ግና ንሓደ ኣፍሪቃውያን፣ ኣብ ውብቲ መዓልቲ መደመርናን ባህሪ ዕምባበልናን እቲ እዩ ንንፀንሒል። ሰሜናዊ ኣፍሪቃ ናይ ሜድትራንያን ባሕሪ ተተርኣይቲ። ሰሜን ቀይሕ ኣፍሪቃ ናይ ቀይሕ ባሕሪ ተተርኣይቲ። ምብራቕ ኣፍሪቃ ብኢንዲያን ኦሸን ከባቢ ተዘከረት። ደቡባዊ ኣፍሪቃ ናይ ኢንዲያንን ኣትላንቲክን ባሕሪ ተተርኣይቲ። ምዕራባዊ ኣፍሪቃ ናይ ኣትላንቲክ ባሕሪ ተተርኣይቲ። እቲ እዚ ኣፍሪቃ ዝብል ሰብኣዊ ኣርእስቲ ከብዲ ዘለዎ።

ኣፍሪቃ ኣብ ሰለስተ ናይ ትሮፒካል ዝነበረት እያ።

- ትሮፒካል ኦፍ ካንሰር – ሰሜን፣ ባሕሪ ምዕራብ፣ ምብራቕ ኣፍሪቃ
- ኢኳቶርያል ኣፍሪቃ – ካብ ምዕራብ ክሳብ ማእከላይ ኣፍሪቃ
- ካፕሪኮርን – ደቡብ ኣፍሪቃ

ንምርማር ናይ ኣፍሪቃዊ ምግቢ፣ እዚ እተቐደሰ ባህሊን ልምዓትን እተጀመረ እቲ ካልእ ኣብ ምምዕራብ ዝተሰተፈን ዝተጋጠሙን ከተረኽበ እዩ ዘለዎ ክርእየሉ።

ኣብ ዝሓለፈ ዘመን ዝነበረ ናይ ኣፍሪቃ ታሪኽ፣ ካብ ደገምቲ ነይሩ ዝተተሓሓዘ። ናይ ኣቦታትና ኣብ ተስፋን ጬንቀትን ብምድላውን ስኬትን ክብር ኣይተዋህቦምን፣ ግና ዝሓገዘሉ ነገር ይበጸሓል። ጽቡቕ ናይ ኣፍሪቃ ታሪኽ እንተነበረ እዩ፣ ብዙሓት በጃኻ ናይ ቆሎኔይ ክልተ ይቀበል እዮ፣ ግና ናትና ኣፍሪቃ ክብር ዝገበረ ኣይተረኸበን።

ግና ናትና ኣፍሪቃ ከምኡ ኣይሓልፍናን። ኣና ናይ ናትና ታሪኽ ናይ ናትና መርዓት እንተሓበንና በተ ኣካልና እዮ። ንዝተዛረብና እቲ ትሕቲ ቆሎኔይ ተዓቢ ጸሓፊ ናብ ኣፍሪቃ ጥዕና ብኽብር ክንወስን እዮ ክርእየሉ። ንናትና

ግን ምስ ዝዛረበ እቲ ሕልፊ ናብ ኣፍሪቃ ምግቢ ዓዲና ኣብዚ እዩ ዘሎ ክንፀንሖል። ከመይ እዩ ኣፍሪቃ ንክብር ብጣዕሚ ኣሎ። ብሕድሕድ ቆሎኔይ ክመጽእ ከመይ እንተተሓቢና፣ ኣፍሪቃ ኣብ መደብ ንኽብር፣ ንምግባርን ንምብላዕን ከም ናይ ኣውሮጳ ኣገር ኣሎት። ኣውሮጳ ናይ ኣፍሪቃ ገዛኢ ብግዜ ተጠይቖት፣ ናትና ምግቢ ጸርጊትን ዘርኢን ተጠልየትን ናብ ንሱ ብምቅላስ ንናቱ እንተወሰነ ክብር እዩ ተሰርየ።

ብዚኦምን ንእሽቶምን ኣዝዩ ነገር ስለዝተኣገበ፣ ሰባት ከም ኣፍሪቃውያን እንተምግብናን ምእታውናን ዝኾነ ጠይቑኒ። እኔ ብሕቶ እዩ ክርእየሉ፣ ሓቂ ንስደት ናትና ኣፍሪቃዊ ምግቢ ክንገልጽ እንትኽውን። እዚ ኣብ ምክንያት ተንቲን ብምርምርን ብምጽሓፍን መጽሓፍ እዚ ገበረኒ። እቲ ናትና ኣፍሪቃ ምግቢ፣ ባህሊናን ልምዓትናን እዮ፣ ከም በዓል ናትና ሓበሬታ ከባቢ ኣብ ምዕራብን ሰሜንን፣ ምብራቕን ደቡብን ናትና ኣፍሪቃ ንዓለም ብምምዕባል እያ።

ብንቱ ምንባር ንዘተፈጠረ ናይ ምቁርራብ ቤት ሓድሽ መንገዲ እዩ ናትና ኣፍሪቃ መግቢና ብሕጂ ንምምሓዳር ምምዕባል። ኣብ ውሽጢ ናትና ሕርሻና ናይ ኣፍሪቃዊ ምግቢ ባህሊ እዩ። ተስፋ ኣለኒን ይኹን ምልኣኽ እያ፣ መጽሓፍ እዚ ንዝመጽኡ ትውልዲ ናትና ኣፍሪቃ ብሓዲሽ ትርክብ ክንረክብ እዩ።

መርገጺ ትሕዝቶ

እንተ ወላዲ ዘለዎ ጓል፣ ካብ ውሽጢ ልደት ሓደሽተይ እየ። ኣብ ጥራይ ሓደ ሓደ ወላዲ ኣልቦኒ እየ፣ ንንሰቶም ክልተ ንንስኻተይ ሓጎስታት ኣስኪምና እየ ተሓበኒ። እዚ ኣብ ናይ ቅድመ ዕድመ ልደት ብቕድሚት ተሓቢኒ እዩ።

ካብ ቤተሰብ መጻኢ እየ ኣይኮነን ብኣታዊ ገንዘብ ዝሃቦ፣ ግና ሓባር ፍቕሪ፣ ምክብርን መርዓትን እዮ ዝበሃል። ንኹሉ ቤተሰብ እንተዋህቦ እዮ ነበረ፣ ግን ግል ትእዛዝን ሓርነት ንኣንዳንዱ ኣብ ቤተሰብ ዘይተቐበለ እዩ ነበረ።

ካብ ብሓደ ሰብ ኣይተሓበኒን እዩ፣ ኣይነበረኒን፣ ነቲ ካልእ ሰብ እዩ ዘሓበኒ ናይ ቤተሰብ መርዓት፣ እንተኾነ ኣቦ ሓርሓ ብርሃኑ በራኪ። እቲ ካብ ኤርትራ ናብ ኣዲስ ኣበባ ኢትዮጵያ መጺኣ እያ፣ ንናተና ናይ ቤተሰብ ባህሊ፣ ማን ኢናን እንተኾና፣ ንዓኻቶም ዘርኣ ዓሰርተ ክልተ ዘመን ነቲ ምስ ተወለድና ብምኽንያት ኣካል እናልና ክንሰምዕ እንትሕትነ፣ ብምኽንያት ተሓቢኣ እያ። ኣብ 1972 እዋን፣ እቲ ናብ ኣሜሪካ ሕጂ ምምላእ ክፍለና እንድዩ ዝመንገድ ነይረ፣ እቲ ናብ ኣዲስ ኣበባ መጺኣ እያ፣ ናይ ቤተሰብ መርዓት ምርግጋእ እያ ንምስጋና ባህሊ ምትሓባብ እንተዘለና እቲ ኣብዚ ኢና ከምኡ ክንኣትው ኣስተማረና። ማን እየን፣ ኣበይ ክመጽእ እየን ክንምልስ ኣስተማረና። እኔ ክብደይ እዩ እዚ። እቲ ኣቦ ሓርሓ ብርሃኑ በራኪ ማይ መልቀቂ እያ ኣብ እጃ ሓበኒ፣ እቲ ዘርኣት ቤተሰብ፣ ቤተ ክርስቲያን፣ ባህሊ ንግስና ዓለም እያ ሓበኒ። እዚ ነቲ ኣፍሪቃ እንተትገዝእ ኣይኮነን ጥራይ መግቢ፣ ነገር እንተሰ፣ ፍቕሪ፣ ባህሊ፣ ልምዓት እንዳስተማረኒ እዩ።

እዚ ብሓበሬታ ንኩሉ ወለዶም ኣፍሪቃውያን እዩ። ንዝተወለድና ርእስናን ባህልናን ክንሰኽር፣ ክንተኽበር እዩ።

እቲ ጉፋት

ነፍሲ ኣፍሪቃ ባህሊ፣ ኣበርክቲ ሰብኣዊ ኣባላ፣ ዓል ሕድሪን ናይ ምግቢ ጥበብ እያ።

ኣብ 2006 ጀምረ እየ እዚ መጽሓፍ ምጽሓፍ። እቲ ዕቅድ ኣስርሒኩ፣ ኩሉ መረጋገፂ እንተዘለኒ ኣከበርኩ፣ ናይ ሓሳብን መረዳእታን ኣክሊልኩ። ግና ዝተኣጋጠረኒ ከምኡ ነቲ ኣደይ ኣብ 2008 ምፍረስ እዩ። ካብቲ ሓደ ዕስራ ዓመት ክልተ ኣብ ሕይወተይን ትምኒተይን ብእቲ ምፍረስ እዩ ተሰንብበኒ።

ንእዋን 2018 ግን፣ ካብ ወርሒ ሰነ ጀምረ እየ። እዚ ግዜ ጥራይ ናይ ምግቢ መጽሓፍ ኣይኮነን፣ ግና ኣፍሪቃዊ ምግቢ ኣዝዩ ናይ ባህሊ፣ ናይ መንበር መደብ ዕፀ፣ ናይ ኩነታት ኣየር፣ ናይ ሃይማኖትን ንኽእለት ንምስጢር ኣብ ምግቢ ዝተሳተፈ ኩሉ ኣክሊል እየ ዝወስን።

ምግቢ ጥራይ ከም እቲ ንምብላዕና ንምጥማቕና ዘኽእል ኣይኮነን፣ ነገር እንተሰ ንምስማዕን ንምትምሃርን ክንትከልእ ክንትሓወስ እቲ ነፍሲ ኣእምሮ ከም ዝተምግበን ንመዓልታዊ ሕይወትና ክንምርኣይ እዩ። ኣብ ጊዜ ረሓቕነት፣ ከመይ ኢኻ ትብል?

መዝገበ ቃላት እንተብሃለ፣ "ረሓቕነት እዩ ብጣዕሚ ዝኸፈለ ናይ ካሎሪ ኣብ ምእታው ከም ኣይተሓግዘን፣ ብዝሒ ኣዝዩ ዝበለ እዩ።" እዚ ሓደ ከም ዝብል ናይ ረሓቕነት እዩ። ግና ነቲ ኣእምሮ ካብ ትምህርቲ፣ ካብ ኣፍታሒ ዝዓወት ዝገብር ቃል ናይ ናይ ምስርሕ ዝረኣይ ዝብል ምቕዳም እዩ እንተተረሓቀ፣ ብሓቂ ከም ሕማቕነት ይመስል።

መጽሓፍ እዚ ብመንገዲ ናይ ምግቢ መጽሓፍ ጀመረኒ። ግና ብብዙሕ ምርምር ኣብ ናይ እያንዳንዱ ኣፍሪቃዊ ሃገር ምግብን ምእታውን ብምውሳን ተመሊአ እየ፣ ንምንታይ እዩ ነዚ ኣጋጢሙ? እንታይ ኣብ ዚ ዝተሳተፈ? ነቲ ዘለኒ ኣብ ታሪኽ ኣፍሪቃ፣ ባህሊ፣ ኣበርክቲ ሰብኣዊ ኣባላን፣ እንተሰ ሃይማኖት ኣብ ነቲ ዝንበልን ዝእታን ናትና ኣፍሪቃውያን ተሳትፎ ከም ዘለዎ ጸሓፍኩ።

ናትና ኣፍሪቃዊ ምግቢ

ንኹሉ ኣቦታትና ኣፍሪቃውያን፣ እየ ብኽብርን ብምስጋናን እተስዕብኩም። እቲ ምልከታ ዘይምስላ ናይ ምግቢ ስጦታ ዝሃበኩምና፣ ናብ ዓለም ንክንምልጽ እዩ።

ንኣፍሪቃ ትበል፣ ትእቲ ናይ ምእታው ርሕቀት ክንዳይ፣

ኣይኮነን ንትበል ተመን ተእቲ።

ንኣፍሪቃ ትበል፣ ነቲ ሓርሻ ትምልእ፣

ኣይኮነን ንትምልእ ናትን ዘተምልአ።

ንኣፍሪቃ ትበል፣ ነቲ ንነሱ ምንጭ ትጥቀመሉ፣

ኣይኮነን ንትጥቀመሉ ዘይብሉ ምንጭ።

ንኣፍሪቃ ትበል፣ ነቲ መንገዲ ምግቢ ትገልጽ፣

ኣይኮነን ንትገልጽ ነቲ ተበላ።

ብኩሉ መደባት ብትኽክል ቆም እያ

ቅኔ – ሓሳብ ልብ ንወለዶም ኣፍሪቃውያን

ተነሱ፣ ኣፍሪቃውያን ሎሚ ናብ ገዛኹም እዩ ዝመጽእ።

ሰላም ሕይወት ዘለ ሓርነት፣ ሰማይ ከም መዓልቲ ይዕረፍ፣

ሰምሕቲ ከምቲ ዘሕርኩ ኣብ ምብራቕ፣ ከምቲ ዘሰብር ኣብ ምዕራብ ይነብር።

ባህልኻን ኣይትስዕር፣

ልምዓትኻን ኣይትስዕር፣

ኣፍሪቃዊ መንገዲ ንንስኻት ንእሽቶምን ኣብ ዓዲኻ ምስ ሽምግሉ ኣምሃሩ።

ክሕብር ይኸውን፣ ኣፍሪቃ ይብል፣

ናትና እያ ምስማዕ ዘለና፣ ኣፍሪቃ እያ ምንጬ ሓይሊና፣ ኣደ እያ፣ መስርዓ ሕይወትና።

ፍቕሪ ናይ ኣፍሪቃውያን ኣልጊኹም፣ ኣደ ዝሃበትኩም።

ልምዓትኹም ብካልእ ዝተተበቐ ከም ዘይፍለጡኹም፣ እዩ እቲ ዝተሳረየ።

ሓይልኻን ኣርኢ፣ ከም ናትና ኣፍሪቃዊ ባህሊ፣

ፍቕሪ ቤተሰብን፣ ሃገርን፣ ባህሊን፣ ልምዓትን ኣርኢ።

ፍቕሪን ምክብርን ንንስኻት ንንስኻት ተምህሮ፣

ከም ኣቦኻትን ኣደኻትን ንኽርቡኻ ኣስተምህሮ።

ክሕብር ይኸውን፣ ኣፍሪቃ ሓይ-የ።

እቲ ኣብ ዓይንኻ ተሓልየ እዩ ሓይ-የ።

ንንበላ ኣፍሪቃዊ መንገዲ፣

ንንበላ ኣብ ጽርግያ እዩ፣

ንንሰርሕ ኣብ ጉዕዞ እዩ።

ካርታ ኣፍሪቃ

ሰሜናዊ ኣፍሪቃ

ግብጺ

ሊቢያ

ኣልጀርያ

ቱኒዚያ

ሞሮኮ

ካናሪ ደሴታት

ምዕራባዊ ሳህራ

ሰሜን-ቀይሕ ኣፍሪቃ

ሱዳን

ኤርትራ

ኢትዮጵያ

ጅቡቲ

ሶማሊያ

ምብራቕ ኣፍሪቃ

ኬንያ

ዩጋንዳ

ሩዋንዳ

ቡሩንዲ

ታንዛኒያ

ምዕራባዊ ኣፍሪቃ

ኬፕ ቨርዴ

ማውሪታኒያ

ሴኔጋል

ጋምቢያ

ጊኒ-ቢሳው

ጊኒ

ሴራ ሎን

ሊቤርያ

ኮት ዲቯር (Côte d'Ivoire)

ጋና

ቡርኪና ፋሶ

ናይጄሪያ

ካሜሩን

ኒጀር

ማሊ

ደቡባዊ አፍሪቃ

ደቡብ አፍሪቃ

ናሚቢያ

ቦትስዋና

ሌሶቶ

ስዋዚላንድ

ምዕራብ ማእከላይ አፍሪቃ

ቻድ

ማእከላይ አፍሪቃዊ ሪፓብሊክ

ጋቦን

ኢኳቶሪያል ጊኒ

ሳኦ ቶሜን ፕሪንሲፔ

ሪፓብሊክ ኦፍ ኮንጎ

ዲሞክራሲያዊ ሪፓብሊክ ኦፍ ኮንጎ

ደቡብ-ምብራቕ ማእከላይ ኣፍሪቃ

ዛምቢያ

ዚምባብዌ

ሞዛምቢክ

ማላዊ

ኣፍሪቃ ኣብ ኢንዲያን ውቂር

ማዳጋስካር

ማውሪሺየስን ረዩኒዮንን

ኮሞሮስ ደሴታት

ሲሼልስ

ሃይማኖታት ኣፍሪቃ

እስልምና

- ሰሜናዊ ኣፍሪቃ
- ሰሜን-ቀይሕ ኣፍሪቃ
- ምዕራባዊ ኣፍሪቃ

ክርስትያን – ፕሮቴስታንት

- ሮማዊ ካቶሊካዊ – ኣካባቢ ቤልጅየም
- ኮንጎ (ዲ.ኣር.ኦ)
- ሩዋንዳ
- ቡሩንዲ

ኣንግሊካን – ኣካባቢ ብሪጣንያ

- ደቡብ ኣፍሪቃን ደች ሪፎርም ቤተ ክርስቲያን

ፕሬስቢቴሪያን

- ማላዊ
- ኬንያ
- ጋና

ሉተራን

- ኤርትራ
- ኢትዮጵያ
- ማዳጋስካር
- ታንዛኒያ

ምብራቕ ኦርቶዶክስ

- ኢትዮጵያ
- ግብጺ
- ኤርትራ

- ኣልጀርያ

በመቶኘት

- ክርስትያን – 46.3%
- እስልምና – 40.5%
- ኣፍሪቃዊ ባህላዊ (Indigenous) – 11.8%
- ሂንዱ – 0.37%

ፕሮቴስታንት – ብዙሓት ቅርንጫፎታት ናይ ክፍል

- ኬንያ
- ደቡብ ኣፍሪቃ
- ዛምቢያ
- ዩጋንዳ
- ሱዳን
- ናይጀሪያ
- ዚምባብዌ
- ኬንያ (ብዙ ግዜ ተመልከት)
- ዛንዚባር

ሉተራን ኣብ ኣፍሪቃ

1. አውሮጳ – 33.7%
2. ኣፍሪቃ – 34.1%
3. ሰሜን ኣመሪካ – 33.6%

ናይ ቀላል ሃይማኖታት ኣፍሪቃ

1. ፕሮቴስታንት (ብዙሓት ቅርንጫፎታት)
2. እስልምና
3. ካቶሊክ
4. ኦርቶዶክስ ኮፕቲክ

ናይ ኣፍሪቃ ኩነታት ኣየር

1. **ኢኳቶሪያል** – ኣካባቢ ኮንጎ

2. **ትሮፒካል ንሓዊ ማይ** – ኣካባቢ ሳቫና ግራስላንድ ሳህል፣ ማእከላይ

3. **ደረቕ ኩነታት ኣየር** – ትሮፒካል ማንሰን

4. **ሳህራ ፈይነት** – ሙቖት ፈይነት

i) ብታሕቲ ሳህራ ፈይነት – ሰሜናዊ ኣፍሪቃን ክፍል ሰሜን-ቀይሕ ኣፍሪቃን

a) ሞሮኮ

b) ኣልጀርያ

c) ቱኒዚያ

d) ሊቢያ

e) ግብጺ

f) ማሊ

g) ማውሪታኒያ

h) ኒጀር

i) ቻድ

j) ሱዳን

ብምኽንያት ናይ ኣየር ለውጢ ኣብ ነዚ ዝተኻበሩ ክፍሎች ኣሎም።

k) ኤርትራ

l) ጅቡቲ

m) ሶማሊያ

n) ምዕራባዊ ሰሜናዊ ኢትዮጵያ

ii) ኣጋጣሚ ደረቕ (Semi-Arid)

ሳህል – ካብ ምዕራብ ኣፍሪቃ ክሳብ ቀይሕ ባሕሪ

iii) ትሮፒካል ኩነታት ኣየር

ማእከላይን ምዕራባዊን ኣፍሪቃ

iv) ግምጃዊ (Semi-Tropical) ወይ ትምፕሬት ኩነታት

(ሓርነት ዘለዎ ግሪን) ደቡባዊ ኣፍሪቃ

v) ኣጋጣሚ ደረቕ ኣካባቢ

ከተማ ኣብ ናሚቢያ፣

ቦትስዋና

ኣፍሪቃ ኣብ ኢኳቶሪያልን ናይ ትሮፒካል ክፍሎችን እያ ዝተሓለወት፣ እቲ ሰሜናዊን ደቡባዊን ክፍሎች ናብ ሕርከት ዝተገጽመት። ኣብ ናይ ትሮፒካል ዞናት ኣብ ቀንዲ ኣፍሪቃ ተረኺቡ፣ ከም ትሮፒካል ካንሰርን ካፕሪኮርን ዝበጽሕ።

እቲ ኣፍሪቃ ብዙሕ ኩነታት ኣየር ኣላ። ናይ ምቕያር ናይ ምትምዛዕ ማእጋን ብዙሕ ዝስሩሕ፣ ድሕሪ ግዜ ብሙቐት ይሰንበት። ንዝተራኣየ እቲ ሰሜናዊን ደቡባዊን ቅድሚ ክፍሎች ናይ መድትራንያን ኩነታት ኣየር ኣላት።

ኢኳቶሪያል ቀንዲ ኣፍሪቃ ይፈልጥ፣ እቲ ትሮፒካል ካንሰርን ካፕሪኮርን ዝኣተዉ እዮም፣ ነቲ ኣፍሪቃ ክፍለ ዓለም ብትሮፒካል እንተዘርኣ ክገልጽ ይግባእ።

ኣፍሪቃዊ ዋና ምግቢ (Staples)

ዘርኢ (Grains)

- ማርካ (Millet)
- ፐርል ማርካ – 11.5 ፕሮቲን
- ሶርጎም – 11.6
- ጥርሙዝ (Wheat)
- ባርሊ (Barley)
- ጤፍ (Teff)
- ማይዝ (Maize)
- ፋፋ (ጋና)
- ኡጋሌ – ማርጅ ፍላወር
- ሩዝ (Rice)
- ኦትስ (Oats)
- ፍስሕ (Beans)
- ምስር (Lentils)
- ዝተሰትየ ምስር (Cracked Lentils)
- ባሕርይ ዓይኒ ፍስሕ (Black Eye Beans)
- ኪድኒ ፍስሕ (Kidney Beans)
- ሶይ ፍስሕ (Soy Beans)
- ጥቁር ፍስሕ (Black Beans)
- ኮውፒዝ (Cowpeas)

ተቓላላይ ተበልዮ (Vegetables)

- ኦክራ (Okra)

- ኮሮንቶ (Cabbage)
- ኮለር ግሪን (Color Green)
- ሊክስ (Leks)
- ወይን ብርቱካን (Watermelon)
- ኣምባርባ (Sweet Potato)
- ቲማቲም (Tomato)
- ዱባ (Pumpkin)
- ያምስ (Yams)
- ፕላንቲን (Plantin)
- ካሳቫ (Cassava)
- ባናና ሩት (Banana Root)
- ኣብል (Eggplant)
- ስፒናች (Spinach)
- ኣምባርባ (Sweet Potato – እቲ ብዝተደገመ)
- ፓርስሊ (Parsley)

ኣታዊ ነገራት (Crops)

- ሻሂ (Tea)
- ኮፊ (Coffee)
- ባናና ሩበር (Banana Rubber)
- ፓልም ኦይል (Palm Oil)
- ሸኮር (Sugar Cane)
- ፓይሬትረም (Pyrethrum)

ቀመማት (Spices)

- ቅርፊት ዓይኒ (Garlic)

- ሽጉርቲ (Onion)
- በርበረ (Pepper)
- ካርዳሞም (Cardamom)
- ክሎብስ (Cloves)
- ጥቁር በርበረ (Black Pepper)
- ናትሜግ (Nutmeg)
- ቱርመሪክ (Turmeric)
- ፔላውሜክስ (Pelaumex)
- ካሪ (Curry)
- ኣጃኒ (Ajani)
- ኩሚን (Cumin)
- ቀረፋ (Cinnamon)

ስጋ (Meat)

- ዶሮ (Chicken)
- ላም (Beef)
- ዓሳ (Fish)
- ሕማም (Pork)

ብሄርን ቀለምን ኣፍሪቃ

1. **ኣብ ፈይነትን ሰሜንን** – ባርበርን ኣረብን፣ ነጮ ቆርበት ዘለዎም ሰባት፣ ካውካሲያን ምንጮ።
2. **ብታሕቲ ፈይነት ኣብ መሬት ጥቁር ሰባት**።

- ንግሪክ – "ጥቁር ኢትዮጵያውያን" ክብል ነበሮም።
- ንባርበር – "ኣካል" (Akhal) – ሰሜን ኢኳቶሪያልን ኣፍሪቃዊ ጊኒን።
- ንኣረብ – "በላድ ኣልሱዳን" (Belad al-Sudan) ክብሉ ነበሮም።

ጂኦግራፊያዊ ኣቀማመጥ

I. ኣፍሪቃ፣ ካብ ሓደ ናይ ዓለም ከባቢ ክፍል ሓደ ብዛዕባ እቲ ካብ ሁለተ ትልሚ እያ። ናትና በዓል ክፍለ ዓለም ናብ መድትራንያን ባሕሪ፣ ቀይሕ ባሕሪ፣ ኢንዲያን ውቂር፣ ኣትላንቲክ ውቂር ተከበበት። እቲ ኢኳቶር ብቀለም ናተ ክልቲ ክፍል እትቀር።

i. ሰሜናዊ ኣፍሪቃ ብመድትራንያን ባሕሪ ተከበበት።

ii. ሰሜን-ቀይሕ ኣፍሪቃ ብቀይሕ ባሕሪ ተከበበት።

iii. ምብራቕ ኣፍሪቃ ብኢንዲያን ውቂር ተከበበት።

iv. ደቡባዊ ኣፍሪቃ ብኢንዲያንን ኣትላንቲክን ውቂር ተከበበት።

v. ምዕራባዊ ኣፍሪቃ ብኣትላንቲክ ውቂር ተከበበት።

II. ኣፍሪቃ 8 ዋና ናይ መሬት ባህሪ ኣባላት ኣላት።

1. ሳህራ
2. ሳህል
3. ኢትዮጵያዊ ከባቢ ተራሮታት
4. ሳቫና
5. ስዋሂሊ ወተር
6. ደን ኣብዚ ዝበቕል
7. ናይ ኣፍሪቃ ታሕታይ ከባቢ ሓይቆች
8. ደቡባዊ ኣፍሪቃ

1. ሳህራ

ሳህራ ፈይነት ኣብ ሰሜናዊ ኣፍሪቃ ተዳልዮ እያ። ካብ ሰሜን ክሳብ ደቡብ ኣብ 1,700 ማይል (2,700 ኪ.ሜ.) ይበጽሕ፣ ካብ ምብራቕ ክሳብ ምዕራብ ኣብ 5,000 ማይል (8,000 ኪ.ሜ.) ይሰፍሕ። በዓል እዋን ንሱ ኣብ 5 ኢንች ንታሕቲ ዝነበረ ዝበል ምንጪ ማይ ይበጽሕ።

ሳህራ ኣብ ባህሪ መሬት ዝለዓለ ባህሪ ኣላት፣ እዚ ኤርግስ (Ergs)፣ ረግስ (Regs)፣ ሓማዳስ (Hamadas)፣ ኦይሰስ (Oases) እዮም።

- **ኤርግስ (Ergs)** – 20% ካብ ሳህራ ክፍሊ እዮም፣ ብዙሕ ዝስፍሑ ሓንቲ ተራ ዝበጽሑ ናይ ታሕታይ ኩነታት እዮም። ከፍታቶም ካብ 100 ሜትር (300 ጫማ) ይበልዕ። እቲ ኣልጀርያ፣ ሊቢያ፣ ማሊን ናይጄሪያ ክፍሊ ይሰፍሑ። ብዙሓት ጨው ኣሎም፣ ንኢንዱስትሪን ናይ ምግቢን ይጥቀመሉ።
- **ረግስ (Regs)** – 70% ካብ ሳህራ ዝሰፍሐ እዮም፣ ብሓቂ ተራ ዝነበረ ዓባይ ባሕሪ ኣምባሳ እዮም። ሓደ ግዜ ኦይሰስ ዝርከቡ ነበሩ፣ ሎሚ ግን ድማ ዝተዋጽአ ማይ የለን።
- **ሓማዳስ (Hamadas)** – ከፍተኛ ዝርከቡ ናይ ኮርኖ መሬትን እምባታትን፣ ከፍታቶም ክሳብ 3,353 ሜትር (11,000 ጫማ) ይርከቡ። ከባቢ ኣትላስ ምስርሓት (ካብ ምዕራባዊ ሞሮኮ ክሳብ ሰሜን-ቀይሕ ቱኒዚያ)፣ ቲቤስቲ እምባታት (ደቡባዊ ሊቢያን ሰሜናዊ ቻድን)፣ ኣሒጋር እምባታት (ደቡባዊ ኣልጀርያ) ይኸውን ኣላት።
- **ኦይሰስ (Oases)** – ኣብ ዝሙቕ ፈይነት ዋና ምንጪ ማይ እዮም፣ ካብ ምንጪ ማይ ወይ ብመርከብ ምክልኻል እዮም። ኣብ ዝርከብ 2,071 ኪ.ሜ.^{2} (800 ማይል^2) ውሽጢ ዝርከብ ብምኽንያት፣ 75% ካብ ሳህራ ህዝብ እቲ ኦይሰስ ይደግፍ።

2. ሳህል (Sahel)

ሳህል ኣብ ሰሜን ፈይነትን ብታሕቲ ሳቫናን እትርከብ ዝተሓለወት ተካላይ ኣጋጣሚ ደረቕ መሬት እያ። ንስኻ ብምትርከብ ብተራ ዝበጽሕ፣ ክሳብ 5,400 ኪ.ሜ. (3,300 ማይል) ካብ ሴኔጋል ክሳብ ሱዳን ይሰፍሕ።

3. ኢትዮጵያዊ ከባቢ (Ethiopian Highlands)

ኢትዮጵያዊ ከባቢ ኣብ 75 ሚሊዮን ዓመት ብቅድመ ዘመን ጀምርቲ እዮም። ነቲ ኣብ መዓልቲ ኣምባሳ ዝተሓለወ ከባቢ እተኣርከበ እዩ። ከባቢ እዚ ኣብ ምርግጋእ ናይ አፍሪቃ ተራሮታት 80% ይዕርክቦም። እቲ ግሪት ሪፍት ቫሊ ናይ እዚ ከባቢ ይፈልጥ።

4. ሳቫና (Savanna)

ሳቫና ዝብል ተራ ግራስላንድ እቲ ኣፍሪቃ እተሓለወ 50% እዩ። ንስኻ ብዝተስፋፋ 13 ሚሊዮን ኪ.ሜ.^{2} (5 ሚሊዮን ማይል^2) ይበጽሕ። ከባቢ ሰረንጌቲ (Serengeti) ናይ ታንዛኒያን ኬንያን ተዓቢ ዝበሃል፣ ንስኻ ክልተ 30,000 ኪ.ሜ.^{2} (11,583 ማይል^2) ይበጽሕ።

5. ስዋሂሊ ወተር (Swahili Coast)

ኣብ ኢንዲያን ውቂር ዝርከብ 1,610 ኪ.ሜ. (1,000 ማይል) ካብ ሶማሊያ ክሳብ ሞዛምቢክ ይበጽሕ።

6. ደን (Rainforest)

እቲ ብዙሕ ናይ ኣፍሪቃ ደን ብምኽንያት ህንፃ፣ ምሕርሻን ዝነበረ ዝተበጸሐ እዩ። 80% ካብ ዝተረከበ ደን ኣብ ማእከላይ ኣፍሪቃ፣ ብዝሒ ኣብ ኮንጎ ሪቨር ባሲን ይርከብ።

7. ናይ ኣፍሪቃ ታሕታይ ሓይቆች (African Great Lakes)

እዚ ኣብ 9 ሃገራት ከባቢ ግሪት ሪፍት ቫሊ ዝርከብ ሓይቆች እዮም። እቲ ዲ.ኣር.ኮንጎ፣ ቡሩንዲ፣ ሩዋንዳ፣ ኮንጎ ሪፓብሊክ፣ ዩጋንዳ፣ ምዕራባዊ ኬንያ፣ ታንዛኒያ ኣብዚ ይኸውን።

8. ደቡባዊ ኣፍሪቃ (Southern Africa)

እቲ ደቡባዊ ኣፍሪቃ ብካፐቫል ክራቶን (Kaapvaal Craton) እተመርከበ እያ፣ ናይ 2.6 ቢሊዮን ዓመት ዘይሕርር ነቲ መሬት ስንኩርና እዩ። እቲ ድራክስበርግ ተራራት እቲ ክፍሊ እትኣክብ። እዚ ኣብ ደቡባዊ ኣፍሪቃ ዝርከቡ ሃገራት ይኸውን፡ ኣንጎላ፣ ቦትስዋና፣ ኤስዋቲኒ (ቀድሞ ስዋዚላንድ)፣ ሌሶቶ፣ ማላዊ፣ ሞዛምቢክ፣ ናሚቢያ፣ ደቡብ ኣፍሪቃ፣ ዘምቢያን ዚምባብዌን።

- ኣንጎላ እዚ እንታይ ክኸውን ኣብ ማእከላይ ኣፍሪቃ ትምሃር እንተረኺበ።
- ማላዊን ሞዛምቢክን እቲ ብብዙሕ ኣብ ምብራቕ ኣፍሪቃ ይመዝገቡ።

ክፍሊ ኣፍሪቃ

1879 – 90% ካብ ኣፍሪቃ ብኣፍሪቃውያን ተመሪሖ ነበሩ።

1900 – እቲ ኣፍሪቃ ክፍሊ ነገር ብቐሉብ ዝነበረ፣ ኣውሮፓውያን እቲ ብዙሕ እዞም ኣምራኸዎም።

1914 – ኣውሮፓውያን ናትና ኣፍሪቃ ክፍሊ እንተ ጨዋታ ኣስኪምና እዮም፣ ብምኽንያት ግምትኦም ገይሩ። እቲ ትርጉም "Scramble for Africa" እዩ።

ተወላዲ ኣፍሪቃውያን ንምዕባለ ኣውሮፓውያን

ኣብ 1900 ዘመን ዓውደ ብልጽግና እዩ፣ እቲ 65 ዓመት ብቅድሚት ጀርመንን ኢጣልያን ኣይነበሩን። ፈረንሳይ ነቲ ዘተጀመረ ፖሊሲ ክፍሊ እዩ፣ ብምኽንያት ንሱ ትሕዝቶ ምዕባል ናብ ሰሜን ኣፍሪቃ፣ ናይ መድትራንያን ግንኙነትን ፖርትን እዩ። ፈረንሳይን ፖርቱጋልን ኣብ በርሊን ኣብ ነጻ ንግዲ ይግበሩ ነበሩ።

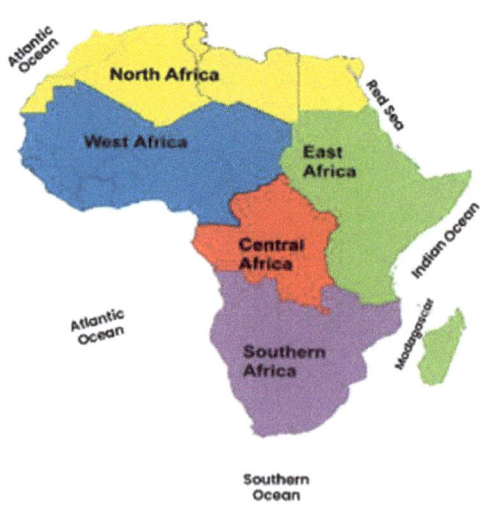

ክፍሊ ናብ ኣፍሪቃ

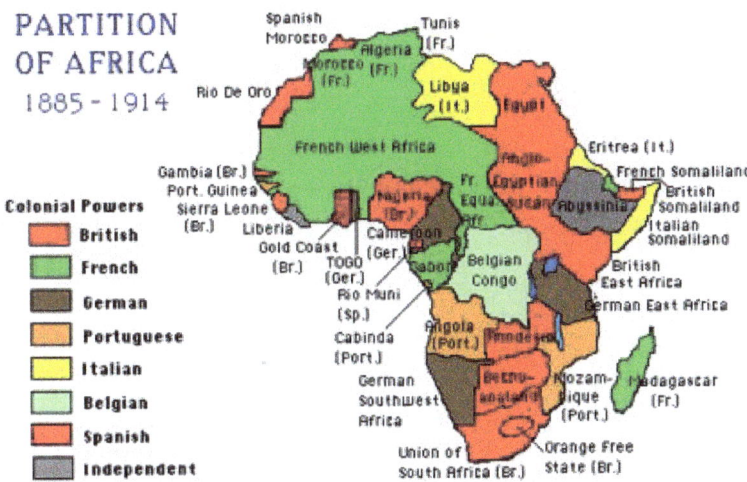

PARTITION
OF AFRICA
1885 - 1914
Colonial Powers
British
French
German
Portuguese
Italian
Belgian
Spanish
Independent
French West Africa
Belgian Congo
British East Africa
German East Africa

ክፍሊ ኣፍሪቃ ብብርሊን ኮንፈረንስ 1884-1885 ብትክክል ጀመረ፣ እዚ እቲ ምክንያት እዩ ናትና ዘሎ ድሕሪት ድሕሪት መስመር ግዝኣት ኣፍሪቃ።

እቲ ኮንፈረንስ ብ"ናይ ጀርመን ቻንሰለር ቢስማርክ" ተጠረበ እዩ፣ ክንደይ ኣውሮፓውያን ሃገራት እቲ ኣፍሪቃ ንቆሎኔ መሬት ከም ይዕዙ ንምፍራይን፣ ናብ ኣፍሪቃ ቦታ ብምክንያት ኣውሮፓውያን ሃገራት ክሰሙ ንምክልኻልን ኣይኮነን ብምኽንያት። ንኩሉ ዓብዪ ኣውሮፓውያን ሃገራት ተጋበዙ።

ጀርመን፣ ፈረንሳይ፣ ግብሪት ብሪታንያ፣ ኔዘርላንድ፣ ቤልጅየም፣ ፖርቱጋልን ስፓንን ንዓይነቱ ንዓብዩ ሚና እቲ ክፍሊ ኣፍሪቃ እንተሃብኦም ተቆጽሮም ነበሩ። ኣመሪካ ኣይተጠረበን እያ፣ ነቲ ፍላጥ ብሊቤሪያ ጥራይ እዮም ነበሮ፣ ግና ኣፍሪቃ ንቆሎኔ ንምምላእ ኣይፈለጠን።

ንእሽቶ ተጋበዙ እቲ ብትእዛዝ ንኮሎኔ፡ ኦስትሪያ፣ ሀንጋሪ፣ ስዊድን፣ ኖርዌይ፣ ዴንማርክ፣ ኢጣልያ፣ ቱርኪ፣ ራሺያ።

ኢጣልያ ድማ ንእዳን ኣብ ምብራቕ ኣፍሪቃ ከም ዘልባ ዘለኣ እያ። ግና ኣፍሪቃውያን ዝኾኑ ተወላዲ ሰባት ኣይተጠረበን እዮም፣ ኣይተሳተፉን እዮም። ናይ ኣውሮፓውያን መኖር እቲ ኣፍሪቃውያን ተወላዲ ሰባት ክትእዛዝ ኣይኮነን ንኽረኽቡ እንተዘለኣ ደልዩ።

እቲ ኮንፈረንስ ዓላማ እዩ እቲ ኣውሮፓውያን ሃገር እቲ ኣፍሪቃ ዝዓዘብ ከም ኣብ መልክዕ ክርስትያንን ንግዲን ምእታው ከም ይትህብ ንምርግጋጽ። እቲ ብጣዕሚ ዝነበረ ክርእየት ንናትና ኣፍሪቃውያን እቲ ብድሕሪ መሬትና ክንሽዕር እንተሃበና፣ እቲ ናትና ናይ ሕይወት ምርኢት ብወጻእ ኃይል ክተኸይድ እዩ ነበረ። እቲ ብብዙሕ ግዜ ናይ ጦር መሰል ኣብ ወንበር ባሕሪን ባሕር ኣብዚኦም ውሽጢ መስተዋት ብዝተሓበረ ክነብር እዩ።

ብዝተወሰኑ ኣፍሪቃዊ መሬታት እቲ ኣፍሪቃዊ ተወላዲ መራሕቲ ናይ "X" ምምሕዳር ተዘይ ተረድኡ ግዝኢ እትህቦም ነበረ። እቲ መራሕቲ ኣፍሪቃውያን ንእሽቶም እቲ እንታይ እዩ ዝፀደቑ ኣይፈለጡን፣ እዚ ምኽንያት ብዙሓት ንስኻ ክንበብ ኣይፈለጡን፣ ናይ ኣውሮፓውያን ቋንቋ ክምህር ኣይፈለጡን።

ንብረሃ ንምርምር እቲ ባህሊን ምግቢን ኣብ ኣፍሪቃ ከም ዝተፈላለየ ክርእየሉ፣ ነቲ ዘምሃረ ምግቢ ኣፍሪቃ መዓልቲ ንምፍራይ ኣስተዋጽኦ ክንርእየሉ ኣለና።

ናይ ሰሜን ኣፍሪቃ ዘርኢ ምግቢ ከም ናይ ምዕራብ ኣፍሪቃ እዩ። መጽሓፍ እዚ ብምስላ ናይ ምግቢ እቲ እተፈላለየ ኣብ ዘርኢ ሃገር ኣፍሪቃ እትሕብ እዩ። ኣውሮፓውያን ናብ ኣፍሪቃ ከም ሓዋርያት መርኣይ ኣበይቲ እንተዘለኣ፣ ኣይኮኑን ከም ዝነብሩ ኣውሮፓውያን እንትሃቡ። ኣብ መወዳእታ 1800 ዓ.ም. ኣውሮፓውያን ኣብ ብዙሕ ጦር ኣይነበሩን፣ ንሱ ንስኻ ኃይልኦም ዝጨነቅ እንተሃበ፣ ኣብ ባሕር ወተር ካብ ናይ ውሽጢ እትከውን ኣፍሪቃ ክንድዩ፣ ካብ ምብራቕ ክሳብ ምዕራብ፣ ካብ ደቡብ ክሳብ ሰሜን ጀምሮ ይግዛእ።

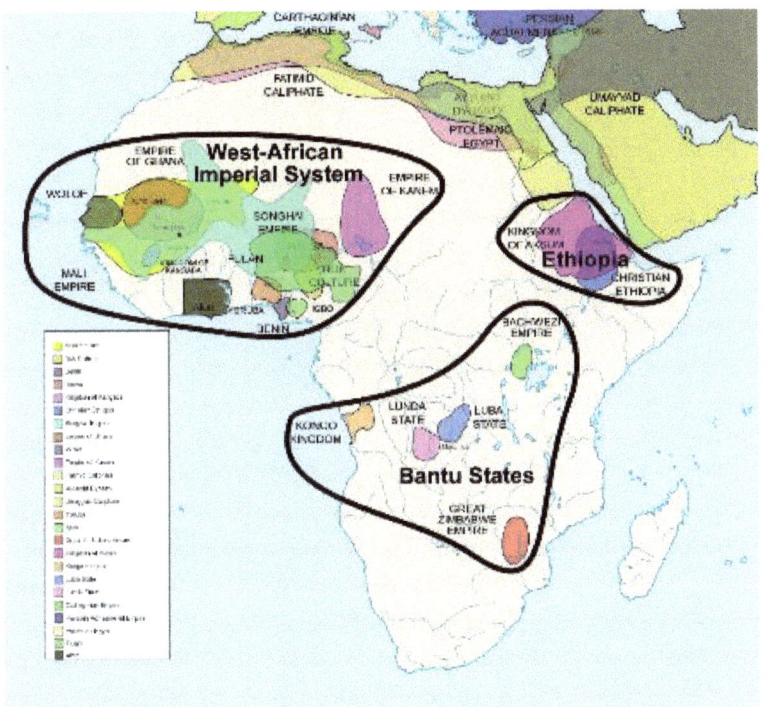

Map of Africa, ca. 1867

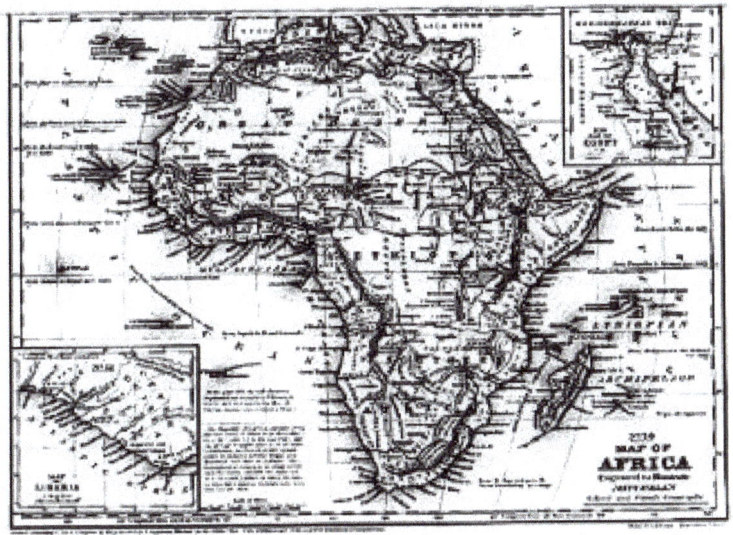

This nineteenth-century map depicts the known boundary lines, cities, rivers, lakes and elevation changes in Africa.

ATLANTIC OCEAN
ALGERIA
LIBYA
EGYPT
MALI
NIGER
CHAD
SUDAN
NIGERIA
ETHIOPIA
SOMALIA
ZAIRE
ANGOLA
ZAMBIA
NAMIBIA
BOTSWANA
SOUTH AFRICA
MADAGASCAR
SAUDI ARABIA
ATLANTIC
OCEAN
INDIAN
OCEAN

1880
Algeria (Fr.)
Tripolitania (Ot.)
Egypt (Ot.)
Sokoto Caliphate
Liberia
Kaffa
Tippu Tip
Sultanate of Zanzibar
Angola (Por.)
Cape Colony (Br.)

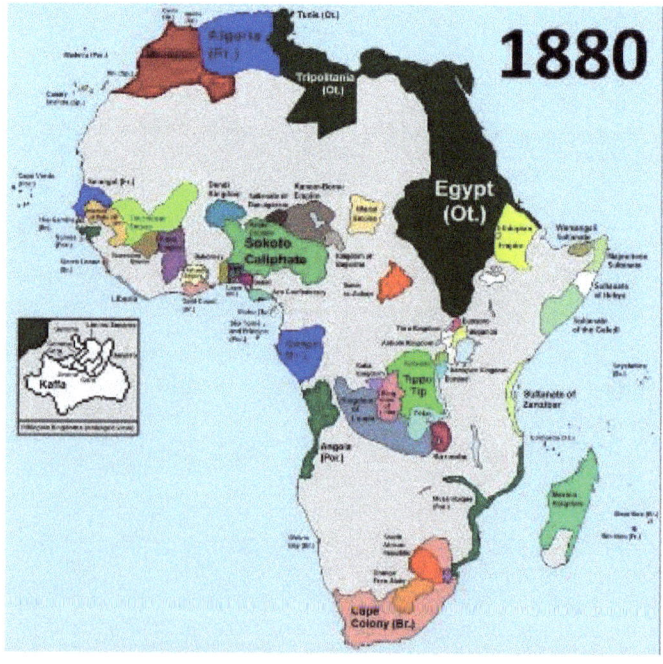

ኣፍሪቓ ብድሕሪ ኮሎንያል / ሰልፊን ምፍራርን

ኣፍሪቓ ተፈላለየት እያ፣ እቲ ኣብዚ ስንኩል ዝነብሩ ኣገራት ተዓጊዱ፣ ብዙሓት ናብ ዕድገት ኣብ ደቡብ ኣፍሪቃ ንክሰተፉ ኣይተኽኣሉን። ብተለይ ሰሜናዊ ኣፍሪቃ እዩ ብምኽንያት ብቀደም ክፈቱ ከም ምስላ ሞሮኮ 1930፣ ሊቢያ 1957።

እቲ ኣገራት ብዙሓት ኣብ ዙሪያ ምዕራባዊ ባሕሪ ተኣማንነት ዘለዎም፣ ብቀሊል ኣብ ዘመናዊ መንገዲ ብቀሊል ተጋቢኡ። ብዙሕ ሙስሊም እዮም፣ ቀዳማይ ቆሪኡ ቆረብ ዘለዎም ስንኩል መንግስታት እዮም ዝተለመደሉ ምዕራባዊ እስያን ብዙሕ ኣብ ዓረብ ሊግ ክሰተፉ ተተው እዮም።

ምዕራባዊ ኣፍሪቃ ካብ ሰልፊ ክፈቱ እዩ ዝነበረ። ብዙሓት ካብ 1960 ብድሕሪ እዮም ክፈቱ። እዚ ኣካባቢ ኣዝዩ ዘይምበር ግዝያት ዝነበረት፣ ሕዝቦም ንሕዝብ ብሃይማኖት፣ ብስንኩል እንተዘይኮነ ብምንግስት ተዓሚሙ። ብዙሕ ደም ብዝፍስስ ድሕሪ ብተወሰኑ ኣዝዩ ተነብሩ። እቲ ኣካባቢ ሃገራዊ ንግዲ ብኽመይ ተነብሩ፣ ኣብ ዘመናዊ ህይወትን ሕድግን ተኣመሰሉ። እዚ ኣካባቢ ብብዙሕ ዓለማዊ ዘትርፉ ዘለዎም ናይ ናፍቆትን ወርቂን እንዳበላዕን ኣብ ቲና ብዙሕ ዝተላወዐ ዘለዎ ሃገር እዩ። ንቲና ድማ፣ ስነ-ልቦና እንተሎ ብሙዚቃን ቲያትርን ዝበልዑ ኣብ ዓለም ተጋብኡ። እዚ እዩ ኣፍሪቃ ዝነብር ትሕቲ ስነ-ምህር ታሪኽ ንዝርከበሉ።

ማእከላይ ኣፍሪቃ (ምዕራብ) – ኣብ ዓለም ዝተኣምረ እንተ ነገር ምርታዊ መሬት እያ፣ ብዙሓት ዝሓሸ ኣበባዊ ደን ከም ብራዚል ናይ ስንኩል ብዙሕ ዘለዎ። ብበለይ እቲ ዘመናዊ ኣደጊ እተማሃርኩም ብዝነበረ እቲ በርሊን ኮንፈረንስ 1884-1885 እቲ ኣፍሪቃ ኣብ ነዚ መንገዲ ከም ታሪኻዊ ዝነበረ። ኣፍሪቃውን ኣብ ውሽጢ መሬታትን ከም ንቅሉ ሕዝብ ከም ትንሽ እንስሳ ተቆጻጸረ። እቲ በርሊን ኮንፈረንስ ዘመናዊ ኣፍሪቃ ካርታ ዳርጎ ተዘዋወረ።

ኣብ ዓለም ሓው ሕትርን ሞሶሊኒን ከም ዝነበሩ ታሪኻዊ ግዙፍ ዘለዎም፣ ነቲ ኣፍሪቃውን ኣብ ኣዝዩ ዝበለፀ ድሕሪ ላዕሊ ነገር ንስኻትና እዩ ንኽተመሓይሽ። *ልዮፖልድ II ናይ ቤልጅየም ናይ ኮንጎ ሕዝብ ካብ 20 ሚልዮን ናብ 10 ሚልዮን ኣውጽኡ።* እዚ እቲ ተከኣልና ዝነበረ ገለ ጠላማዊ

ታሪኽ እዩ። እዚ ጭንቀት ክሳብ ሎሚ ክእለት ኣይክእልን፣ ንዝነበሩ ሕዝባት ናብ ሓደ ካብ ሓደ ኣብ ግዝያት ከም መሰል ኣብ ሰልፊ እንተተደገፉ።

ዲ.ኣር.ሲ. (ድሞክራሲያዊ ሪፓብሊክ ኮንጎ) ብናይ ዚዓረ ተጠርዩ፣ ብዙሕ ተወሰኺ ተጎዱ፣ ኣብ መሬታቶም ተትረፍኦም። እቲ ህዝብ ብቀዳማይ ኣብ ዓለም እንደገና ናብ ናይ ምርኢት ኣውራጃ ተራእዩ። ስለ ኮንጎ ህዝብ ኣምላኽ ዓይኑ ሰውሩ?

ንሓደሽና ዘይተሳእነናን ዛረብናን ክትረኽቡ ተነብርና። እቲ ባህሊናን ልምዓትናን ከምዝነበረ ኣብ ምዕራባዊ አስር ኣዝዩ ብትሕትና ተዕጽዋትና ኣነብርና። እቲ ኮንጎ ኣዝዩ ከም ዘይትረክበሉ ተዕጽዋት ተጎዱ። ሎሚ እቲ ኮንጎ ክፈል ብሁለት ተኸፊሮ እዩ። ድሞክራሲያዊ ሪፓብሊክ ኮንጎ – ካብ 1997 ድሕሪ ንዚዓረ ዝተባህለ፣ ኮንጎ ብራዛቪል ድማ ኣብ ትንሽ ክፍሊ ቀዳማይ ናይ ፈረንሳ ኮሎኒ እዩ።

ቀዳማይ ፕራይም ሚኒስተር ፓትሪስ ሉሙምባ እዩ። እቲ ካብ ቤልጅየም ተሓሊፉ እቲ ኮንጎ ኣብ ነጻ መንግስቲ ኣፍሪቃ ናይ ተቐሚጣ ነባር ዘለዎ ፓን-ኣፍሪካን ነበሩ። ሓዊ ክንዲ ዝተምነጸ ንሓደ ብኣይነቱ ፍርዲ ተቐቢሉ ተገዲሱ። ንስኻትን ሓርነት ተዋጊ ተንበረበርና። ሉሙምባ እቲ ናብ ሶቪየት ህብረት ዝተጠየቐ ሓገዝ ብዛዕባ እቲ ምዕራብ እተዋህዶ ክፍሊ እዩ ተለይዎ። ንዚ ብምኽንያቱ ተበልዐኩ ተገዲሱ።

ሉሙምባ ኣፍሪቃዊ ናይ እምነትን ስነ ባህላዊን እተጠናናዮ እዩ። እቲ ተወሰኺ እንተሎ ዝተሓዘ ዓውደ እምነትን ምርታዊን ኣይተቐበለን። እንተዘይኮነ ኣፍሪቃዊ እምነትን ስነ-ባህላዊ ክንምህር እዩ ዝገልጽ።

ሰልፊ ምፍራር

ንብርትና ንእምነትና ክንወድብ እንክንል ክንጽል እንተተነበር ብዙሕ መጻሕፍቲ ተፃሩ። ግና ንምምላእ እቲ ምዕራብ ንክንበል ዝተኣምረ ኣይኮነን፣ ንራእይ ዝነበረና መስል ንከተማይ እንተዘይኮነ ንሓገር እንተዘይኮነ ንስመ እንተዘይኮነ እቲ ኣፍሪቃ ብራእይ ሓደሽና ክንመለእ ኣለና።

ኣብ ዓለም ኩሉ ዘገደፉ ታሕቲ ግዜ ኣፍሪቃዊ ፈጠራታት

1. መታልርጂ – ታንዛንያ፣ ኡጋንዳ፣ ሩዋንዳን ኡጋንዳን
2. ሩዮቦስ ቲ – ደቡብ ኣፍሪቃ
3. ኣለም ናይ ንግዲ – ዓመታዊ ታሪኻዊ ንግዲ ኣፍሪቃ ናብ ምብራቕ ምስራቕ፣ ኤርትራ፣ ኢትዮጵያ፣ ሶማሊያ – ኣክሱማዊት መንግሥቲ
4. ሒሳብ – ጥቁር ግብፃውያን ቀዳማይ ናይ ኑማን መዝገብ ፈጠሩ
5. ቱፑካ – ቴክኖሎጂያዊ ድል – ኣንግሎ
6. ሕጊን ሃይማኖትን – ቀዳማይ ኢትዮጵያ
7. ጁክስካይ – ናይ ህዝባዊ ስፖርት ካብ ኬፕ ታውን
8. ጥንታዊ ጨምሮ – ደቡብ ኣፍሪቃ
9. ብቕልጡፍ ሳእኒ ሓፈሻዊ ህክምና – ደቡብ ኣፍሪቃ
10. ሳሶል – ደቡብ ኣፍሪቃ
11. ሳይበር ትራከር – ካብ ኬፕ ታውን፣ ደቡብ ኣፍሪቃ
12. ሚኣፋሳ – ኣብ ንብረት ሓርነት መስክ ሓደሽቲ – ጋና
13. ናይ ገዛእ ምኽንያት መጥቓዕ – 1960 – ደቡብ ኣፍሪቃ
14. ሂፖ ውሃ ሮለር – ውሃ ምምሕዳር ሓደሽቲ – ንምትሓላለፍ ኣብ ታሕቲ
15. ኣርኪቴክቸራዊ ድንቆሮታት – ግብጺ፣ ዚምባብዌን ማሊን
16. ኣይኮው: ናይ ምርካብ ሓርነት ሓርነት ተስፋፋኣ – ኬንያ
17. ኤም-ኮፓ: ብ ተስፋፋኣ ናይ መንግስታዊ ኤነርጂ ህይወት ምጽባይ – ኬንያ
18. ናይ ፀሓይ ናይ ትሕዝቶ መንግዲ – ሳን ኤክስቸንጅ፣ ደቡብ ኣፍሪቃ

19. ሻርክ ሺልድ – ናይ ባሕሪ ምንባር ሓርነት ብናይ ኤሌክትሮ ማግኔቲክ ናይ ቴክኖሎጂ ፈጠራ

20. ዶሎስ: ናይ ባሕሪ መከላኸይቲ ብናይ ጂኦሜትሪ ንውሕስ እውን መስራሕ – ደቡብ ኣፍሪቃ

21. ሴፍ ሞቶስ – ኣብ መንገዲ ኣፍሪቃ ናይ ምሕደራ ምክትታል እውን – ሩዋንዳ

22. ብርኪ ለምጸእ ዘምርኣይ ማዕበል ኣውጽኦ – ደቡብ ኣፍሪቃ

23. 3D ፕሪንቲንግ – ቶጎ

24. ፍልስፍና ኣፍሪቃ – ግብጺ

25. ናይ ፀሓይ ትኽክለኛ መንገዲ

26. መምህራን – ጥንታዊ ኣፍሪቃዊ ናይ ባሕሪ ባሕሪ ኃይልታት

27. ሕክምና – ብ መብዛሕት ኣመታት ኣፍሪቃዊ ኣትራዊ ናብ ዘመናዊ ምርዳእ – ግብጺ

28. ናይ ፍጥነት ጋን – ናይ ስፖርት ቴክኖሎጂ – ኣፍሪቃዊ ፈጠራ ኣብ ምዕባለ ስፖርት

29. ኤም-ፔሳ – ኬንያዊ ተወሳኺ ተምባር ናይ ሞባይል ገንዘብ

30. ናይ ረትናል ክርዮሰርጀሪ – ሰውተርቶስ ደቡብ ኣፍሪቃ

31. ፍለተርዌቭ – ናይ ገንዘብ ንብዕርታት መምርኣይ – ናይጄሪያ

32. ኤሌክትሪክ ናይ መንገዲ መብራህቲ – ካብ ፈላደልፊያ ካብቲ ሰንካ ብተኽሊ ዘይካ ተፈጢሩ። ኪምበርሊ ከተማ ደቡብ ኣፍሪቃ

33. ኣሺፈ ጎጎ: ብ ሞባይል ቴክኖሎጂ ሓቂ ዘይኮነ መድሓኒት ምትካል፣ ኤ-ማርኬቲንግ ንግዲ

34. ናይ ኮምፒውተር ትኬቲንግ

35. ኣስትሮኖሚ – ጥንታዊ ኣፍሪቃዊ ባህሊ

36. ፕራትሊ ፑተይ – ደቡብ ኣፍሪቃዊ ፈጠራ ኣብ ጨረቃ

37. ንግር – ኣፍሪቃዊ ቀዳማይ ሓይሊ ኣብ ቋንቋ ምእምርማር – ሰብ (መርበብ: ተኽእሎ፣ መደመር፣ ኣቕሓ፣ ናይ ጤና ህይወት፣ ዮጋ)

38. ናይ ምንምር ምረት – ኣብ ስዋዚላንድ

39. ናይ ፍጥነት ጋን

40. ሲቲ-ስካን – ደቡብ ኣፍሪቃ

41. ናይ ኣብ ኣእዋፍ ልቢ ክዕረት – ደቡብ ኣፍሪቃ

እዞም 1884 – 1885: ናይ በርሊን ኮንፈረንስ

ናይ በርሊን ስክራምብል ኣፍሪቃ

ኣፍሪቃ እንተሰርሐ ሎሚ እዚ እዩ፣ ብሓደ መቶታት ናይ ኤውሮፓ ሃገራት ተከፊሉ ብዙሓት ድንበሮም ፍጹም ብምፍጣር ኮሎንያት ንምፍጣር። ናይ ኣፍሪቃ መከፋፈሊ እንተዘለዎ እውን "scramble" ተብሎ ይጠርቀም ነበረ።

ኣብ 1873 ኤውሮፓ ኣብ ናይ ኢኮኖሚ ዝጽርሑ ዝዕጸ ውድብ ተዋሂዶ ነበረ፣ እዚ ድሕሪ 1879 ክሳብ ዝነበረ ነዚ ክዋነ ተኸዲኑ። ዝነበረ ዝተዓገበ ውድብ ኤውሮፓውያን ብኸምዚ ንምሕጸራ ብዝሓለፈ ወገዲ ክርከቡ ነበሩ፣ እቲ ግዚኡ ምስ ከርስ ተዓሚሩ ንምርካብ ብቐሊሉ ናይ ግብሪ ኣቕሓ ንምምዕባል፣ ምርካብ ሓምዲ ምስ ምዕባለ ገበያ እንተዘለዎ።

ናይ ኮሎንያል መንነት ኣብ 1885 – 1914

እቲ ኣፍሪቃ ክፍሊ ክፍሊ ንነቲ ኮሎንያል መንነት እንተተከፈለት፣ መንግስታት ኤውሮፓ ቀዳማይ ፍላጎታቶም ኣብ ኣፍሪቃ ከይትጠቅም ጀሚሩ። ኣፍሪቃ እንተተኸፍአ እንተከደነት ደርሆ ብድሕሪኡ ካብ ኮሎንያል መንነት ብግዝኣት እንተተሰርዐት ከይትነውር ጀሚሩ። እዚ መንነት 1885 – 1914 ክሳብ ቀጽሎ እዩ፣ እዚኡ ዝተኣማነ ናይ መጀመርታይ ዓለም ሰልፍ እዩ። እቲ ትሮፒካል ብንኡስ ህይወት ተደምሲሱ ነበር።

እቲ ኣብዚ ክልል ዝደምሰስ ንኹሉ ዝተኸተለ ነቲ ዝታሕተኛ መንገዲ ዝርከብ ተመራማሪ ሰብ፣ ንጉስ ዝበለ ሊዮፖልድ ሸምዒ ክቡር ከንደ ቤልጅየም እዩ። ንጉሱ እቲ ኣብ ግልጺ ዝጽሕፈ ኣንቀጸ ቃላቱ እዚ እዩ፡-

"ባሕሪ ባሕረና ይምጸን፣ ዓለም ብድሕሪና ኣሎ። እቲ ትካልን ኤሌክትሪክን ርሕቐትን ድምቁናሉ። ንሰብ ኣይተሰማራነን ምድር እቲ ዝተሰገረ እቲ ምድሪ (ብዙሕ ኣብ ኣፍሪቃ) ንናትና ትስራሕ ክኸውን ትክክል እያ፣ እናበለ ናይ ስነ-ኣገባብና ዓወት እያ።"

እዚ ብዙሓት ኣብ ታሪኽ ተነጊዱ፣ ግን ንኣፍሪቃውያን ኮድ ቃል ናይ ታሪኽ ክምጽኡ ኣለና። ተኸፋፍሎም ንዝነበረና ኣፍሪቃ ኣብ ውሽጢ ንነቲ ምስኪን ክንነብር እዚ ናይ እንተሰናብት ዘነበረና መንነት ጠፊኡና እንተዘለዎ፣ እቲ ስምና ናይ ጨለማ ኮንቲነንት ተብሎ ተጠርቀና።

ንሓሊፍና ብጨለማ ክምጥፍኡ ነበሩ፣ ንሓሊፍና እንድን ክንጥፍእን ኣለና። ምንባር ኣይኮነን፣ ነገር ግን ሓቂ እናነብር ንምንባር።

ንዕናትና ተስዒቡ ታሪኻትና ኣነብርና፣ እዚ ናይ ሰብኣዊ እዋን እንተሃልዩ ዝተረኽበ ናይ ናይ ትስርዓት ኣብ ውሽጢ ዝተረኽበ። ባህሊናን ልምዓትናን ብተለያዩ ምምዕባል ናይ ኮሎንያል መንነት ክሳብም ጠቕምናሉ። ከም ባህሊ ምግቢና፣ ናይ ባህሊ ምሕላፍና ዝተለያየ ክስርዓት እንተኸይኑ።

ናይ ማእከላይን ደቡባዊን ኣፍሪቃ ብጣዕሚ ተሓሲዩ፣ ናይ መንፈስ ኣቦ ሃገራትን ክትነብር ተጠፊኡ። ደቡባዊ ክፍሊ ኣፍሪቃ ግን ተዳንዩ ፈጺም ምስ ረኸቡ እንድን ምስ ኣንከበሩ ነበር። ግን ናይ ማእከላይ ክፍሊ ኣፍሪቃ ከም ኮንጎ ብጣዕሚ ተደምሲሱ ተጠፊኡ። ሎሚ እዚ ከፊሎም ክፍሊ ክፍሊ እዩ፡- ዲሞክራሲያዊ ረፐብሊክ ኮንጎ (ዝተጠርበ ዛየር ክሳብ 1997)ን

ኮንጎ ብራዛቪል ንነበረ ኣንነት ፈረንሳይ ተስተኻኽሎ ክፍሊ ክሳብ ዝተበሃለ ማእከላይ ኮንጎ ተብሎ ይጠርቕ።

መጀመርታዊ ፕራይም ሚኒስትር ከም ኣፍሪቃዊ ብሓይሊ ነቲ ዘይስዕብ ቤልጅየም ካብ እንተሰርዐት ዘምርኮ ንናይ ፓን-ኣፍሪካኒዝም ዘተኣምነ ፓትሪክ ሉሙምባ እዩ። ንሱ ሓፍተኛ እዩ። ሉሙምባ ኣብ ዝተጠረጠረ ዝተከሰተ ዓለም ሞባረይ ክላስ ኮሚውኒስት ተብሎ ተጠርቀ። ንቱም ኣብ ሓይሊ ንሓላፍና ከም ኮሚውኒስት ተኸቲሉ ብነዊሕ ኣብ ሓንጻ ተተሕበረ። ንዚ ቦቱ ብናይ ምስኪን ዝተምርጽ ተካይዱ ከም ፕሬዚዳንት ሴሴ ሞቡቱ (1971 – 1997) ተተኻይዱ።

ሉሙምባ ናይ ውልቀ ተኸታታሊ ሰብ ነበሩ፣ ናይ ኣፍሪቃ ዋጋታት ክትረክቡ እንተኾይኑ ናይ ወጻኢ ኣይድዮሎጂ ክትርገሱ እንተዘለዎ።

ናይ ኮሎንያል መንነት ኣብ ናይ ትሮፒካል ኣፍሪቃ ኣብ ክልላት ኲሉ ዝነበረ ሕዝቢ ኣፍሪቃ ቀዳማይ ሕይወትኦም ክትከኣም ክንበር ኣይኮነን። ምሳሌ፣ ልዕሊ ስነ-ምኽር ዝተዓወቱ ናይ እረኛታት ምስል ከም ነቲ ማሳይ ኣብ ኬንያ ወይ ነቲ ሄሬሮ ኣብ ደቡብ-ምዕራብ ኣፍሪቃ ናብ ናይ ኮሎንያል መንነት ዝገብሩ ኣብ ትሕቲ ኣቕሓ ናይ ምምርካብ ንኽፍልጡ ከም ነበር ኣይተዓጋጠሙን። ነቲ እቲ ኮሎንያል መንነት ብሓርማና ሓደ ዘርኣ እንተበሃሉ ግብረ ተዓዊትኦም ክንበር ዝግበር እንተዘለዎ።

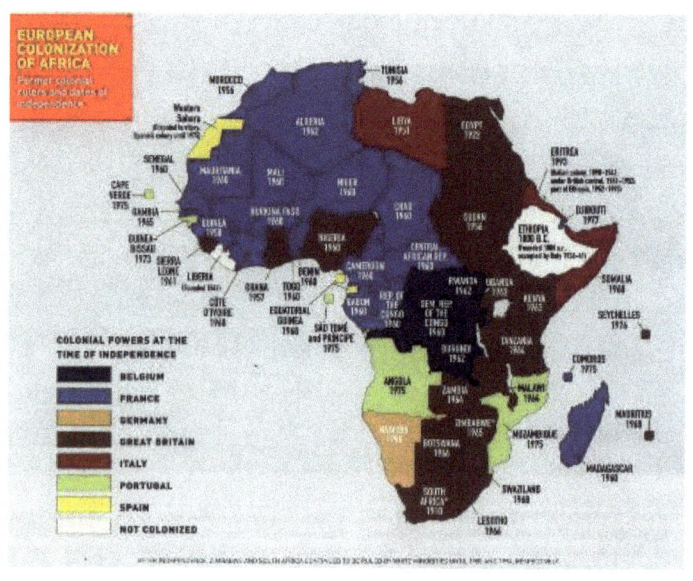

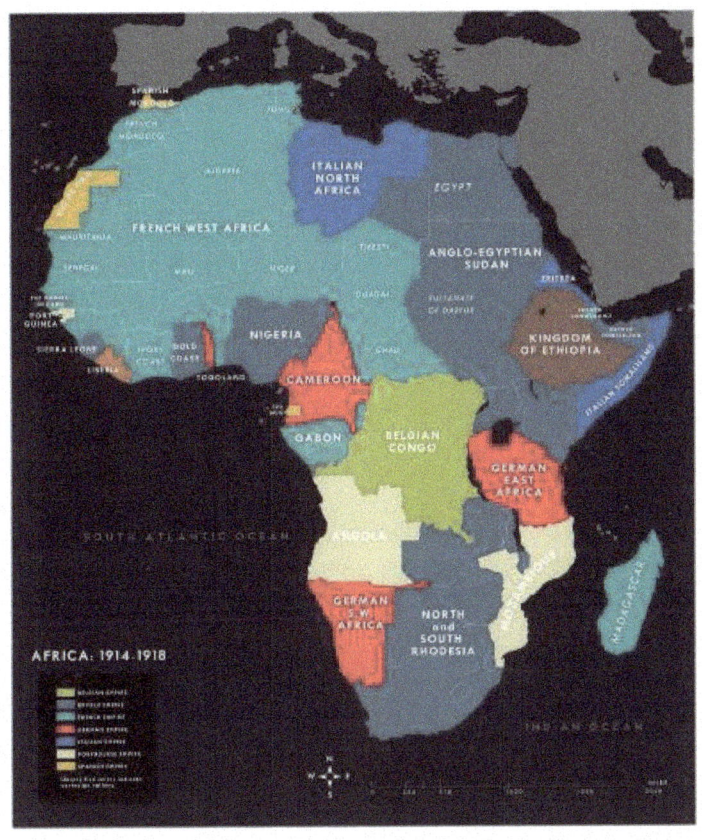

ዝቐየረ መንግስቲ ኣፍሪቃ – ማሊ

ማሊ 1890

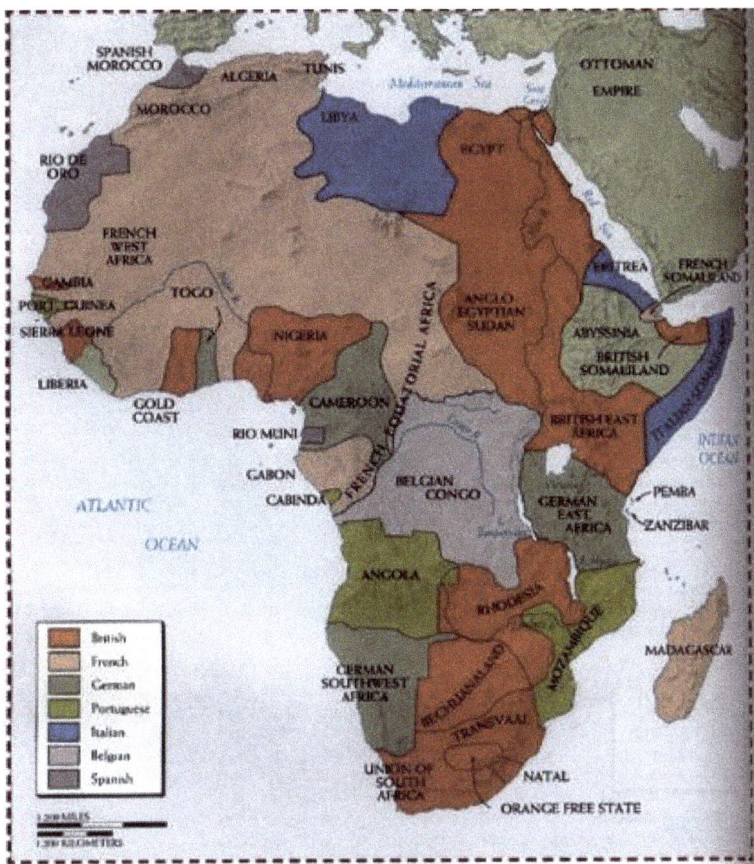

MAP 26-2 PARTITION OF AFRICA, 1880–1914 *Before 1880, the European presence in Africa was largely the remains of early exploration by old imperialists and did not penetrate the heart of the continent. By 1914, the occupying powers included most large European states; only Liberia and Abyssinia remained independent.*

ዓቢ ኣፍሪቃዊ መፍጠር

ኤርትራ – ሒሳብ ብርሃን ሳዕድ መሓመድ ኣሊ

The International Journal of Mathematics Research (IJMR) ሓዱሽ ናይ ሒሳብ ሕልዊታት ብተማሃሮ ኤርትራዊ ናይ ካልኣይ ቤት ትምህርቲ ዝተገነቡ ከም ዝተረኽቡ ኣረኣኸ።

ኣሊ ኣብ Warsaw Yekealo Senior Secondary School ሳዋ ኤርትራ 2010 ተመሃሮ ነበሩ፤ ንሱ ዝምልከቱ ናይ ሓዱሽ ሕልዊታት ኣብ *International Journal of Pure and Applied Science vol. 3 2010* ተረኽቡ።

"Double Angle Triangle ከምኡውን Triple Angle Triangle ሕልዊታት."

ብዛዕባ እዚ ሓዱሽ ፎርሙላታት ናይ ካልኣይ ኩነታት ብቀሊል ከም ዝተለዋወጡ ከም ዝኽእሉ ተተኪሮም ኣሎ።

እንተዘይኮነ ኣብ volume 4, 2012 edition (pp. 455–461) እቲ ፎርሙላ ንዓለም ከም **"Eritrea's theorem"** ተረኽቡ።

ኣስማራ ኤርትረ

ናይ ዓለም ዝቀየረ ፈጠራ

ኣፍሪቃ ኣብ ታሪኽ ብዙሕ ጊዜ እንተ ዘይስምዒትን እንተ ሓርማዝ ነባርቲ መሬት ተሰኪሙ ትሕቲ ኣይነት ተተው ኣላ። ካብ ካልእ መሬታት እንተ ተመልከቱ፡ እዋን እግዚኣብሔር ናብ ምድር እንተ ይመለስ ከም ዝኾነ ብቐይሕ ናብ ሰሜናዊ ምብራቕ እና ምብራቕ ኣፍሪቃ ክምዝምር እዩ። እዚ ቦታ ናይ ሰብ መጀመርታ መንፈስን ሕይወትን ተወሃቦም ዝነበረ፡ ክርስትናን እስልምናን ናብ ዓለም ዝወለዱ ቦታ እዩ።

መታሰቢያ ታሪኽ ኣፍሪቃን መንእሰያትናን ናብ ዓለም እንታይ እንዳተዋሕዶም መን ይክርርዎ ይኽእል? እዚ ማሕበር ብዙሕ ዘይተተንተነ ታሪኽ ኣለዎ። ኣፍሪቃ ከም ኣብ መጽሓፍ ቅዱስ ዝተጠቀሰ ዝኾነ ኣብ እቲ ከይዲ ዘሎ ዘመን ኣሎ ነበረት። መጽሓፍ ቅዱስ ኣምላኽን ኢየሱስ ክርስቶስን መወለዲ ዘስከረን እንዳምሓርን ሓወጽ ቀይሕ ባሕሪ ዘኸውን ሓበሬታ ይኣክል። እዚ ባሕሪ ኣፍሪቃ እዩ ብምኽንያቱ ንዓለም ንግዲ ኣብ ዝበሃል ጠቓሚ እንተ ዘሎ ብዙሕ እዩ ዝተረሳ።

መደበር ስርሕተ-ሰብ እንታይ እዩ? ኣብ መዝገበ ቃላት እንተ ተተወሰነ ምንባር ስርሕተ-ሰብ እዩ ኣብ ኣሕዋትን ኣዕማደ-ሕብረትን ዝምልከት። ማሕበርን ባህልን ኩነታት ሕይወትን ይኣክል። ኣፍሪቃ ብመጀመርታ መሬት ሰብን ክብሪን ዝተገነዘበት እዩ።

ንናይ ንግዲ ብልዕሊ መሸጡም ድማ ብጥበብ ተማላኹ። ስርሕተ-ሰብ ኣፍሪቃ ኣብ 1ኛን 2ኛን መቶ ዓመትታት ጀምረት። እቲ ጊዜ ኣውሮጳውያን ኣፍሪቃ ኣይተኣቱን። ንእሽቶ መንግስታት ኣፍሪቃ ከም ናይ ኣክሱም ንጉሥና ዝሰፈኑ እነበሩ። ኣክሱም ንጉሥና፡ እቲ ኣሎ ናብ ኤርትራን እቲ ሃገራዊ ዲቡቲን ሱዳንን ዝሰፈነ ከም መጀመርታ ናይ ሰፈር ስርሕተ-ሰብ ተመዝጊቡ እንተ ዝኾነ ብ1ኛ መቶ ዓመት እዩ። ኣክሱም ኣብ 4ኛ መቶ ዓመት ክርስትና እዚ ዝተቐበለ መጀመርታ ኣፍሪቃዊ መንግስታት እዮም።

ታሪኽ ኣብ ብዙሕ ጊዜ ብዝረአኡ ይተግበር። ብዙሕ ድማ ድምጺን ኣርእስታን ክተረሱ ይኽእል። ታሪኽ ኣፍሪቃ ብቃል ኣይተደበሰስን፡ ዝነበሩ ኣቦታትና ብኣፍ ምንባብን ብዘረባ ብትሕቲ ልዑል ብምንጋጋር ተዓቅቡ። እዚ ተላሓን መርኣያ ናይ ታሪኽ ከምዚ ዘይተተንተነ ሓበሬታ ምስላ ክትርከብ ትኽእል።

ብሓቂ ኣንታት ኤርትራውያን እና ካብ ሸዋ ክልል ኢትዮጵያ ዝመጹ ሰባት ታሪኻቶም ንምምርማር፡ ኣቦታትን ንምስማዕ፡ ሓበሬታ ንምብራርን ዝኾነ ክጥል ዘይምተርፍን ኣብ ኣሎ። ሓደ እቲ ነጻ ዘይተረኸበ ታሪኽ ናይ ኣክሱም ነገር ግን ክፉይ ቦታ ኣሎ።

ኣክሱም ነገር ካብ ቅድመ ዘመናት ክሳብ ማዕከል ዘመናት ዝነበረ ናይ ባህላዊ ኣፍሪቃዊ ኣካል እዩ። ብምብራቕ ኢትዮጵያን ኤርትራን ዝተመሰረተ፡ ዝሕዘ ዲቡቲ፡ ክፍሊ የመን፡ ሱዳንን ሰዓዲ ዓረብን ይጠቃልል ነበረ። ኣብ መጀመርታ 4ኛ መቶ ዓመት ኣ.ዓ. ምንባር ኣክሱም ኣብ ዝተመረኮዐ ብምስራሕ ተሳሊሑ። ከባቢ መንግስታት፡ ናይ እቲ ሓገዝ ከባቢ ብዛዕባ ብዘይ ኣትዮ፡ ዝሓለፈ ገንዘብ ብዛዕባ ብዝሰርሐ ንኩናት ዝተመርቐ ገንዘብ ዝሰርሐ፡ ዝበዝሐ ኣርሲትን ዝምልከት ሰራዊትን ነበሩ እዮም።

ናይ ኣክሱም ኣብ ቅድመ ግዜ ዋና መውጻእ ብምኽንያት ትምህርቲ ምምሕዳር እዮም። መሬት ኣብ ዝነበረት ጊዜ ዝበዝሐ ነበረት። ዋና ዘርኢ ዱቄት ከም ስንዱን ገብስን እዮም ነበሩ። ኣክሱምቲያን ብምኽንያት ናይ ባሕሪ ንግዲ ትምህርቲ ዝካየደሉ ተጠቐሙ። ኣዱሊስ ብግዜ ኣክሱም ናይ መዋእል ዋና መውጻእ ነበረት። ከምኡውን ከብቲ፡ ዕፅን፡ ወርቂን፡ ባህላዊ እንስሳትን ኣብ ዝበሃል ንግዲ ክንደይ ዝተሳተፈ ነበሩ። ኣብ 2ኛን 3ኛን መቶ ዓመትታት ኣክሱም ናይ ሰሜን ቀይሕ ባሕሪ ተቆጺጽነ ነበረ። ብምብላዕ ናይ ናይል ወንዝ ሓደገ ጐይታ ባሕሪ ኣብ ሱዳን ክንደይ ዝተሰርሐ ተመሊሱ። እዚ ንክንደይ ኣክሱም ኣውሮማውያን እቲ ትሕቲ ከብቲ ናይ ኣፍሪቃ መውጻእ ዋና ኣቅራቢ ኮይኑ ኣግዲሙ።

ኣብ ቀይሕ ባሕሪ

ንዝተኻየደ ስደት ብፍልጠት ፐርሲያ ኣገር ግብፅን ሶርያን ክትዕዘት ዝተፈጠረ፣ ንዝተዋህዶ በዓል ኣካል ኣውዲ በብዙሕ ኣበሃ ኣምሓራዊ በዓል ሳዕዲ እዩ። ካብ ዘይሓደሙ ዝተጎዱሉ ምምክር እቲ እስልም ኣብ 7ተን ዘመን ዝተነሳ እዩ። ብዙሕ ኣስተዋፅኦ እዚ እዩ እቲ ኣካል ኣክሱም ምስ ኣካል እስልም ዝተቐናጽር፣ እንተዘይኮነ ኣብ ብጃ ነብሲ ዝተፈላለየ ተስዓቢት ኣብ ምስጢር ምስ ኣብ እቲ ጋሽ-ባርካ ወደብ ኣብ ሃገር ኤርትራ ዝገበረ እዩ። ኣክሱም ኣብ ኣዱሊስ እትቕይሮ ነበርቲ ኣክሱም ነቲ ሃገር ናይ ግብሪ እዩ። እቲ ዝተገዙ ምናብ ባሕሪ ኤርትራ ዘይክእል ኣክሱም ንነብስ ኣክሱም ዝገዙ ነበሩ ብዙሕ ዝነበሩ ናይ ከባቢ ሓረማት እ'ነተዘይተቆጸሩ። ኣዱሊስ ስም ኣብ ግልጋሎት እዩ ናይ ግልጋሎት ኤርትራ።

ንስኻም ናይ ኣክሱም ባሕሪ ኣብ እቲ ቀይሕ ባሕሪ ዘሎ መድረኽ ብምዝዋር ምስ እቲ ሃገር ተኣክልን ብምድላው ሃገር ኣብ ተራራ ተዓዘበ። ንሓርነት ኣክሱም እቲ ሕዝብ ናብ ልዕሊ ተራራት ንምኻድ ኣብ ግዜ ተገዲሙ፣ ነቲ ዋና ናይ መንበር ክትዕዘት ተፈጢሩ ናብ ነዚ ናይ ትግራይ ክልል ወይ ኣንጎት ብምምዝራብ። ኩበር ከተማ ናይ ሓድሽ መንበር ኮይኑ።

ሎሚ ኣክሱም ዝረኣየ ኣንዳንድ ቅርስን ሳንኪን ብምትከል፣ ኣብ ልዕሊ ተራራት ብምሕባር ንሓድሽ ኣቤቱ ትሰርሕ። ናይ ትግራይ ክልል ናይ እንስራሕ መዓልቲ ዝተከበረ ነበርቲ ሃገር እዩ ኣክሱም ዘለዎም፣ ግን ሓደ ድማ ኣብ ሓደ ክፋል ድሙ ሓባር ኣምላኽ ማርያም ዝተረኸበ ተጋሩ እዮም። ታሪኽ ክሰትዕ ዘለዎ ምስ ዘርኢ ኣስመራ ኣካላት ኣብ ኤርትራ ኣብ ኩዓቶ፣ በለው ከለው፣ ምትራ፣ ሕሙ እንተማሃየሱ እዮም። ከተማታት ጎንደር ኣብ ግብፅ በረኻ ማእከል ምስ ታና፣ ላስታ ኣብ ኢትዮጵያ፣ ኡንኮበርን ጎጃምን ክሳብ ዘርኢ ተረኸቡ። እቲ ንኩሎም ዝተወሰኑ ኣክሱም ትሩፋት ክሳብ ሱዳንን ሶማልን ክትረኽብ ክኽእል እዩ።

እቲ ኣክሱም ኣካል እዩ ንስኻም ክትቆጸር ኣብ ቅድሚ መድረኽ ምስ ዘርኢ ሓዳስ ግብሪ ንግዲ ዝተሰርሐ፣ ንግዲ ክፍል ኣብ ኮይነ ማይረቲ ብምትከል። ብቅድሚ ክልል ብምስርሕ ሕጊ ብምትከልን እቲ ክርስትና ብምትሕላፍ እዩ ነቲ ታሪኽ ኣርኢና። ኣፍሪቃ ኣብ ቅድሚ ክርስቶስን ካብ ትውልዲ ክርስቶስ ድሕሪኡን ነበረት። ናይ ቆጽቲ ኦርቶዶክስ ክርስቲያናዊ ተኣምራት ኣብ ሓደ ብዙሕ ዘመናት ብቅድሚ 1ነ ዘመን ነበርቲ እዩ።

ኣፍሪቃውያን ክፍል ብኣብ ምስ ኣካላት ትምህርቲ ኦርቶዶክስ ክርስቲያን ክትምስርሕ ከም ትዕምርቲ እንተዘይትረክብ ክንሰብር እንዳለና እንበል። እዚ እዩ ክርስቶስ ዝተወለደ እቲ ሃገር፣ ታሪኽን ምስርሓትን ኣብ ቆጽቲ ኦርቶዶክስ ባይብል ዝተሰናከለ። ኣብ እቲ ቆጽቲ ባይብል ንኹሉ ምንቅስቓስ ዘርኢ ክርስቶስ ብዝኾነ ጠርነቱ እንከሎ ኣለና።

እቲ ኣባትና ብዝኾነ ታሪኽ ኣብ ባይብል ጽሑፍ ስነ ትምህርቲ ምክፋፍ ከሎም። ንንስኻትና ብዝኾነ ቀዳማይ ተኸታታሊ ክርስቶስ ኣርኢና፣ ግን ናይ ደገ እቲ ሓደ ዓለም ክንከስት ክንድሕን ዘሎና እዩ።

እስልም ካብ መንግስቲ ምትእዛዝ ዓረብ ናብ ኣፍሪቃ ኣብ 7ተን ዘመን ተኣቱ። ብምሉእ ሰስተኛ ክፍል ዝነበረ ሙስሊም ሕዝብ ኣብ ኣፍሪቃ ይነበር። ሙስሊም እቲ ሕጂ ጂቡቲን ሶማልን ዘበጽሑ ኣካላት ንምጽዋት

ኣብ ናይ ኣክሱም ክርስቲያናዊ መንግስቲ እትሓበ ሓርነት ነበር። ብምሉእ
ኣካል ኣፍሪቃ ዝነበሩ ዝተለያዩ ሕዝቢ እቲ እስልም ናይ ልዕሊ ሓርነት ሃገር
ብከብዲ ክምስርሕ ነበሩ። ኣብ ኣፍሪቃ እቲ እስልም ብዝኾነ ሃገራዊ መሰል
ብምትምርሕ ዝተቀበለ፣ ንምምሕዳር ብምምዝጋብ ክንዳይ እተን መሰል
ክትኽእል ነበር።

ዕዳጋ ኣስማራ ኤርትረ

ዕዳጋ ኤዳጋ - ኣስማራ

ኤርትረ ዕዳጋ ኣስማራ

ኤርትረያ - ዕዳጋ እኽሊ ኣስማራ

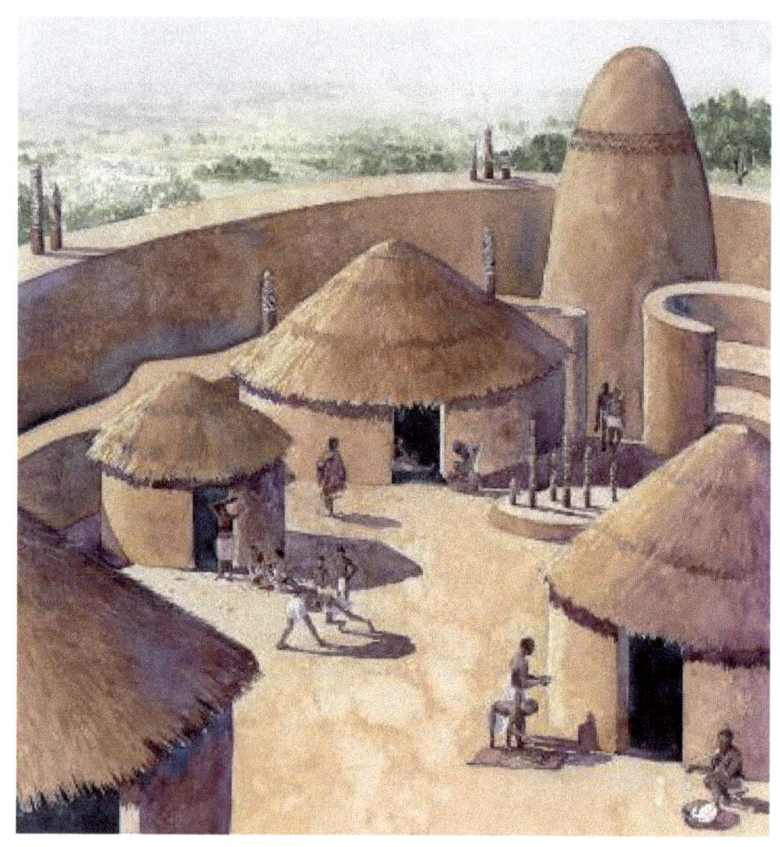

ዝጠፍአ ውርሻ መዐደኒ እምኒ ዚምባብወ

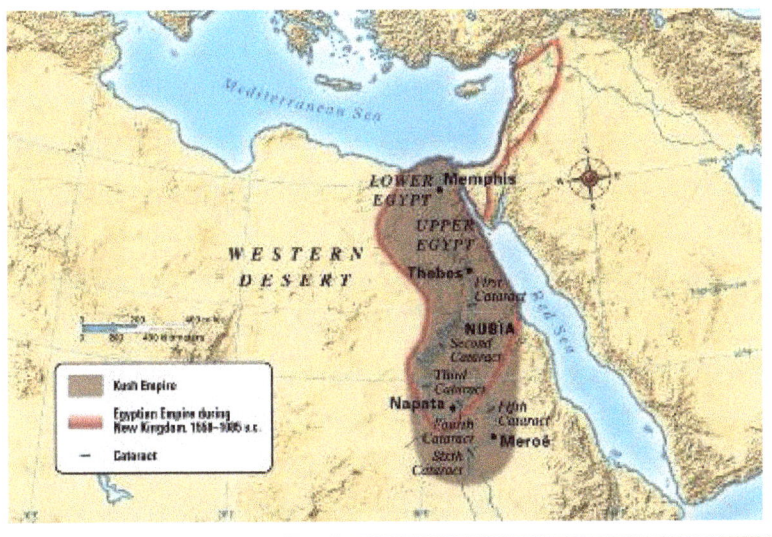

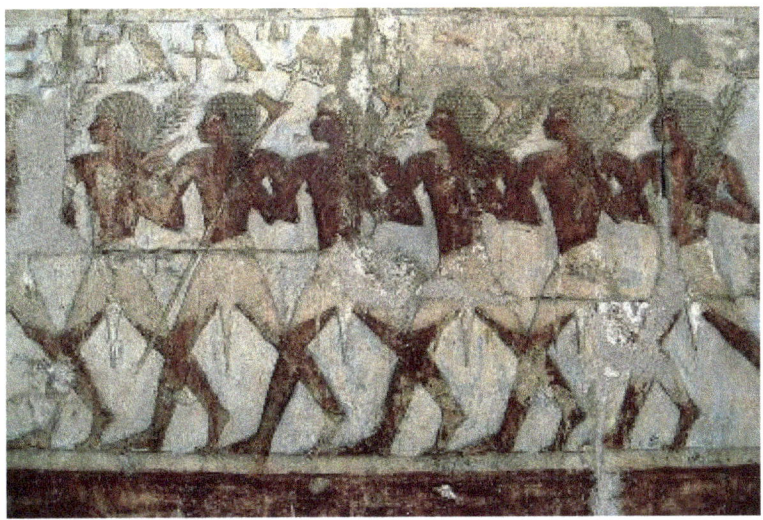

ሃጸያዊ ግዝኣት/ስልጣነ

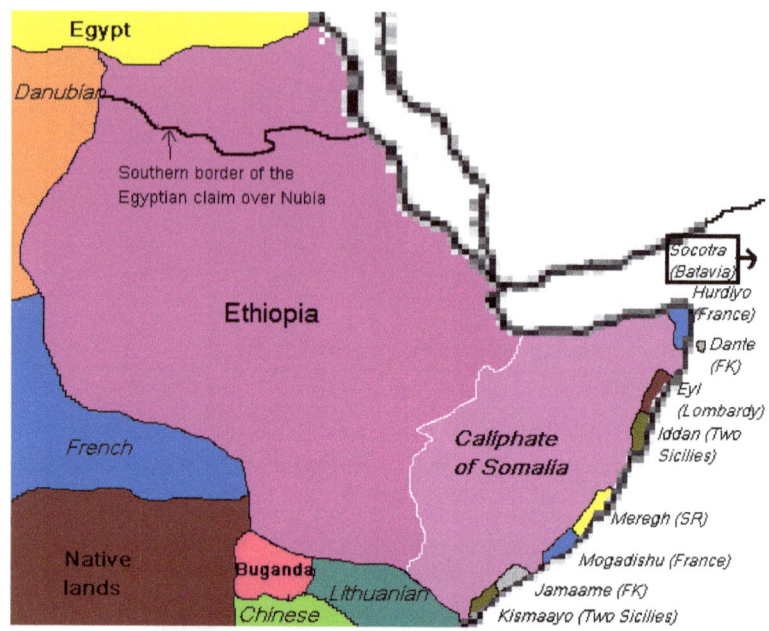

Egypt
Danubian
Southern border of the Egyptian claim over Nubia
Socotra (Batavia)
Hurdiyo (France)
Dante (FK)
Ethiopia
Eyl (Lombardy)
Iddan (Two Sicilies)
Caliphate of Somalia
French
Meregh (SR)
Native lands
Buganda
Mogadishu (France)
Jamaame (FK)
Lithuanian
Chinese
Kismaayo (Two Sicilies)

ኤርትረያ

ኤርትራ ብ1977 ክትውከል ተስፋ ምግባር

ደቂ ኤርትረያ

ሱዳን

መንግስቲ ኣምላኽ ጸሊም ፋሮ

ኑብያ ፒራሚድ ሱዳን

ኣፍሪቓዊ ተፈጥራዊ ሃብታት

- መሬት ሕርሻ
- ደኖች
- ማዕድናት
- ኃይል

ኣፍሪቃ ካብ 30% ማዕድናታት ዓለም ዝሓዘት ትነብር፣ ከም ወርቂ፣ ኣርማይቲ፣ ዳይመንድ፣ ዩራኒየም፣ ኮባልት፣ ኣምባገብ ጥራሕ፣ ጥጥ፣ ኮምቦም፣ ነዳይ።

እምባ ዝተዋህበ ደን: ኣፍሪቃ ቀዳማይ ሁለተኛ ዝተዋህበ እምባ ደኖች ትነብር።

መንኮራኩር: ናይ ኒል እና ካንጎ ናይ ሓደ ቀዳማይ ዝነበሩ ወንዞች ዓለም ኣብ ጥምቀትን ረጋምን።

ዳይመንድ: አንጎላ፣ ቦትስዋና፣ ማእከላይ ኣፍሪቃ ሪፑብሊክ፣ ዲ.ኣር. ኮንጎ፣ ኤርትራ።

ወርቂ: ቤኒን፣ ቡርኪና ፋሶ፣ ጅቡቲ፣ ደቡብ ኣፍሪቃ፣ ታንዛኒያ፣ ኢትዮጵያ።

ኒክልን ዩራኒየምን: ቡሩንዲ።

ናይ ባህሪ ሓርማዝ: ኮሞሮስ፣ ጊኒ፣ ቢሳው፣ ማውሪሸስ፣ ሶዓ-ቶመ እና ፕሪንሲፕ፣ ሴኔጋል፣ ሲሼልስ።

ኣምባገብ ጥራሕ: ላይቤሪያ።

ታይታኒየም: ጋምቢያ።

ግራፋይት: ማዳጋስካር።

ቶባኮ: ማላዊ።

ብረት: ማውሪታኒያ።

ፎስፈት: ምዕራባዊ ሰህራ፣ ሞሮኮ።

ኣልሙኒየምን ጋዝን: ጊኒ፣ ሞዛምቢክ።

ኮፐር: ዩጋንዳ፣ ዛምቢያ።

ምስራቕ ኣፍሪቃ ናይ መንጎሮብ ደኖች: ሞዝምቢክ፣ ታንዛኒያ፣ ኬንያ፣ ደቡባዊ ሶማሊያ።

ናይ መንጎሮቭ ደኖች ኣብ ምስትሕን ኣብ ቀዳማይ ተፈጥሮ እንተሎም፣ ብምምትሕን ናይ ሕርሻ፣ ጨው ግርገምን፣ ንናይ ዝተዛዘም ኣብ ናይ ባህሪ መደብ ይሳድኡ።

ኣፍሪቃ ቀዳማይ ምስክር ብምዝርዝር ምስ ተፈጥሮ ዝነበረ ምምህራብ ነበረት። ቀዳማይ ኣሽኮርቲ እና መሳርሒ ድንጋይ ብምስርሕ ኣብ ምስራቕ ኣፍሪቃ ተገንዘበ። ድሕሪኡ ምስክር ምምህራብ ኣብ ምዕራብ፣ ማእከል፣ ምስራቕን ደቡብን ኣፍሪቃ ተገንዘበ።

እቲ ታሪኽ ናይ ዘመናዊ ዝጀመረ ኣብ ኣፍሪቃ ከም ዝተበለ ክንብል እንተኾነ ኣይተዓረሰናን።

1. **ግብጺ:** ፒራሚድ ናይ ጊዛ – 3400 ዓ.በ.
2. ብሓደ እቲ ግብጺ ክልሎች ነበሩ፦
3. a) ዋሕደ ግብጺ – ናይ ደቡብን ማእከልን ግብጺ ኣብ ወንዝ ኒል ኣተኻን።
4. b) ታሕበይቲ ግብጺ – ኣብ ዝተተረፈ ናይ ኒል ደልታ፣ ሕጂ ግብጺ።
5. ኣብ 3100 ዓ.በ. ንጉስ ሞኔስ ካብ ዋሕደ ግብጺ ታሕበይቲ ግብጺ ዓቢሎም ክልሎች ኣንጽርዎ።
6. **መንግስቲ ኩሽ:** ካብ 1069 ናይ ቅድሚ ዓመት ክሳብ 350 ናይ ቅድሚ ዓመት፣ ኣብ ወንዝ ኒል፣ ሕጂ ቀይሕ ሱዳን። ኩሽታውያን ናይ ግብጺ ስልጣን ዓቢሎም። ኩሽታውያን ኣንድ መቶ ዓመት ይንክር ነበሩ። ከተማ ናይ ኩሽታውያን ናይ መሮኤ ከተማ ብምኽንያት ምስ 200 ብላይ ፒራሚዳት ይርከቡ።
7. **ፑንት:** ታሪኽ እትሓበ ትሕቲ ምስራቕ ኣፍሪቃ ዝነበረት እንተኾነ ኣብ ቀይሕ ባሕሪ፣ ሰሜን ምዕራብ ሶማሊያ፣ ጅቡቲን ኤርትራን።
8. **ካርታጅ:** ኣንቲክ ከተማ ናይ ካርታጅ፣ ቱኒዚያ ኣብ 8ተኛ ዘመን።

9. **መንግስቲ ኣክሱም:** ካብ 3ተኛ ክሳብ 10ተኛ ክፋል ዘመን፣ ሕጂ ኤርትራን ኢትዮጵያን።

10. **መንግስቲ ማሊ:** ዝነበረ ሃገር ብዙሕ ባህሊን ቋንቋን ሕግን ዝተሓበ። እቲ መንግስቲ ማሊ ናይ መንዲንካ ክልል ከም ዝተነሳ ካብ 1235 ናይ ቅድሚ ዓመት – 1610 ናይ ቅድሚ ዓመት።

11. **መንግስቲ ሶንጋይ:** ኣብ 15ተኛ ዘመን ድሕሪ መንግስቲ ማሊ ተነሲኡ። ትልሊ መንግስቲ ኣፍሪቃ ነበረ።

ሃጾያዊ ግዝኣት ማሊ

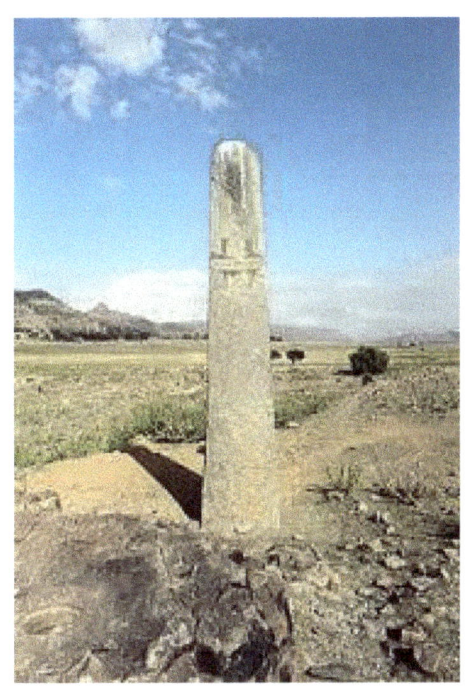

ሃጸያዊ ግዝኣት ኣክሱማት ካብ 3ይ - 4ይ ዘመን ኣብ ኤርትራ

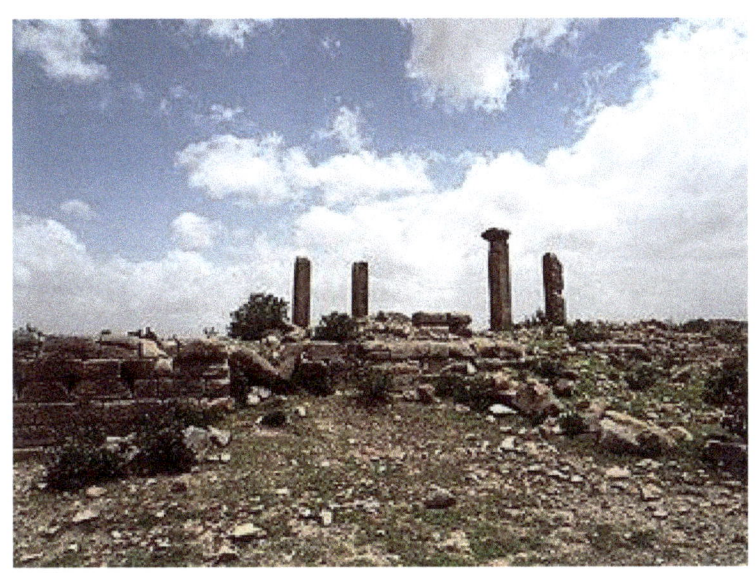

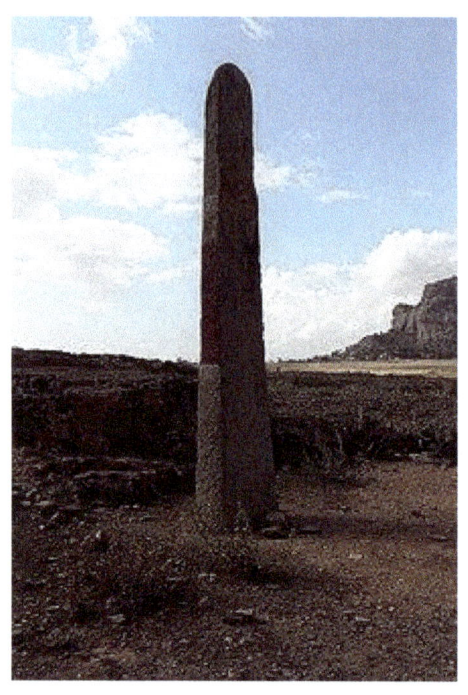

ቅድሚ ኣክሱማዊ ኦቤሊስክ ማታራ ኤርትራ

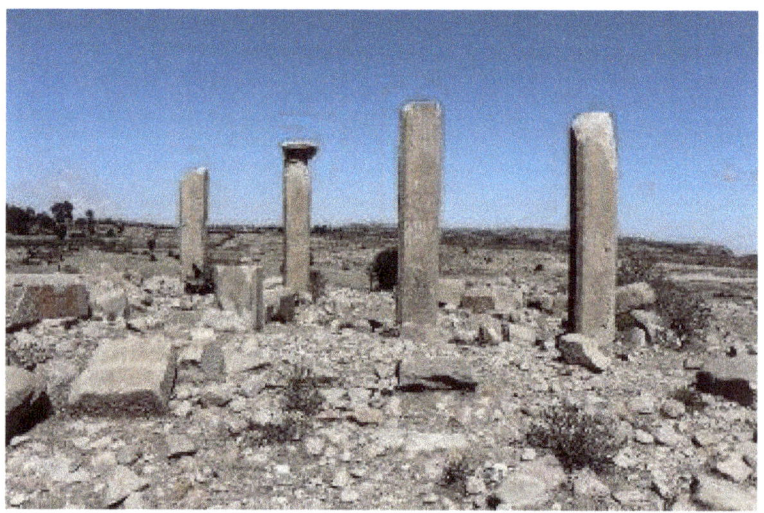

ቅድሚ ክርስትና ዝነበረት ቤተ መቕደስ ኤርትርያ ኣክሱሚት

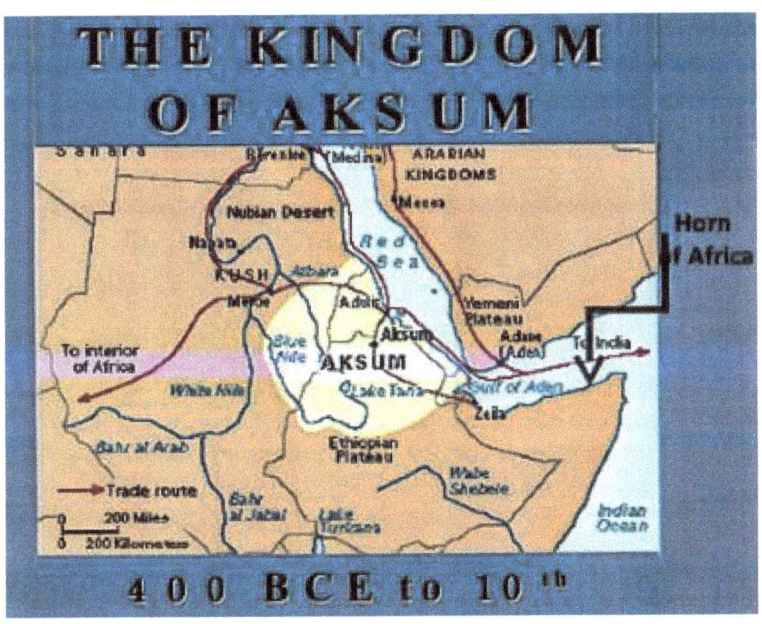

Aksum. Ethiopia

ሃጸያዊ ግዝኣት ኢትዮጵያ/ሃጸያዊ ግዝኣት ኣክሱማት ኣብ ኢትዮጵያ ሕጂ
ኣቢሲንያ ተባሂሉ ይጽዋዕ ኣሎ

ፒር ቫን ደር ኣ (1659 – 1733)

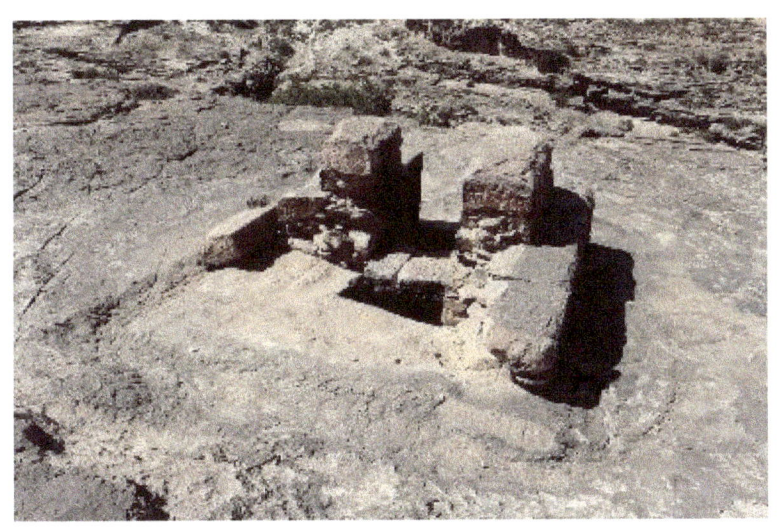

ኣብ ኤርትራ ኻብ 3ይ - 4ይ ዘመን ኣትሒዙ ናብ ሃጾያዊ ግዝኣት ኣላቭ ካላቭ ኣቻዮ ኣክማድ ምእታው

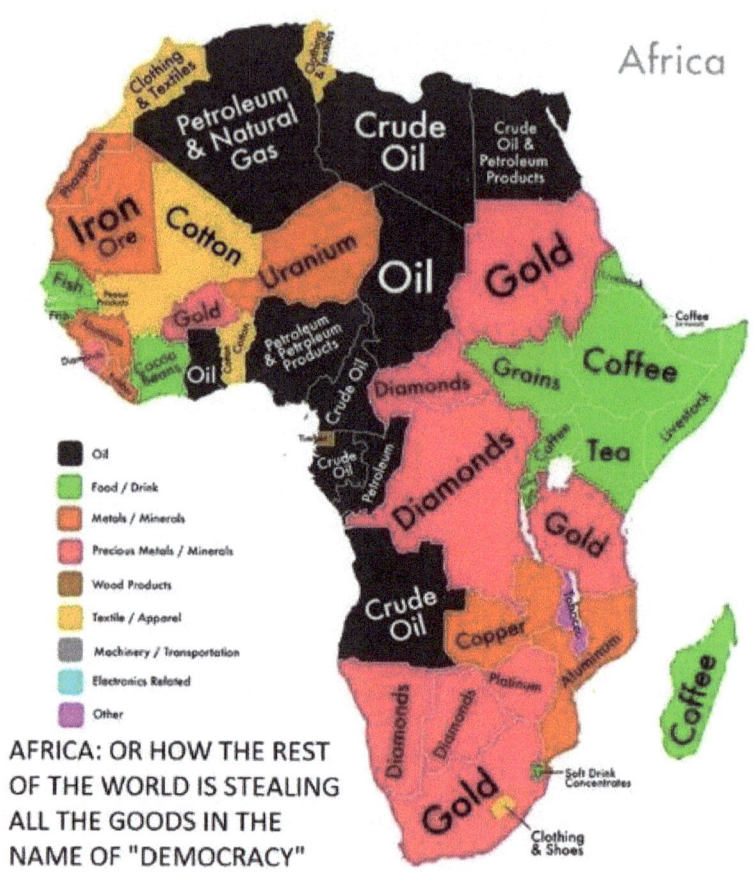

AFRICA: OR HOW THE REST
OF THE WORLD IS STEALING
ALL THE GOODS IN THE
NAME OF "DEMOCRACY"

ደቡብ አፍሪቃ

ሃገራዊ መናፈሻ ሰሪንጌቲ ታንዛንያ

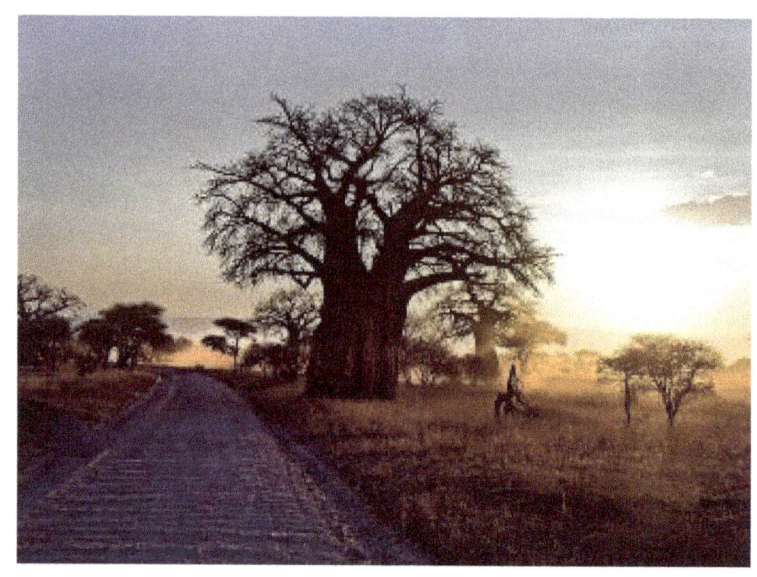

ተፈጥሮ – ባኦባብ – ኣእዋም – ኣፍሪቃ – ታንዛንያ – ጸሓይ ክትዕምብብ

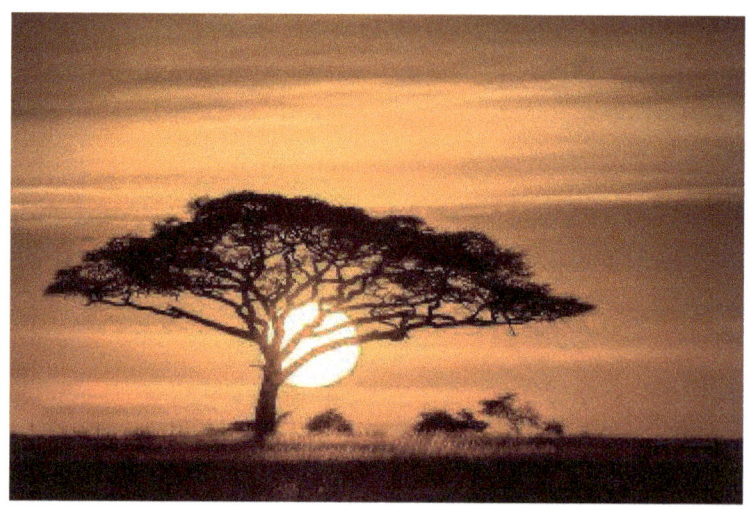

መዓስከር ስደተኛታት—ምዕራባዊ ሰሃራ ንልዕሊ 50 ዓመት። ኣብ መጻኢ
ዜተኣማምን ነገር

ኤርትራዊ መግቢ፣ 8 ብጣዕሚ ዝተመርጹ ባህላዊ መግቢታት ኤርትራ

ኤርትራ ኣብ ምስራቕ ኣፍሪቃ ከም ዝርከብቲ ሃገር ኣብ ሆርን ኣፍሪቃ ትነብር። ብኤትዮጵያ፣ ብሱዳንን ጅቡቲን ተዝርከባ። ኣብቲ ሃገር ካብ ዝተሓለፈ ቅድሚ ዘመን ግዳም ብተገዳስነት ዝተሰርሑ ዝበለጸ ኣብ ዓለም ናይ ብሉጽ መስርሕ ሕንጻታት ኣብዚ ትርከብ።

ኣብ ኤርትራ ህዝቢ ናይ ትሕቲ ቡድን 9 ኣውድባት ተጠምዑ። ትግርኛ ብዙሕ ካብ 55% ኣብ ህዝቢ እዮም፣ ትግረ ከም 30% እዮም። ኣብ ኤርትራ መግቢ ኣውድባትን ባህላዊ ተስተባባሪነት ተረኺቡ ብብዙሕ ዝበለጸ። ኣብ መግቢ ኤርትራ መብዛሕትኡ ብምስክር እንተተረኸበ ነጻነት እዩ።

ተወዳጅ መግቢታት ኤርትራ

መግቢ ኤርትራ ብሙሉእ ብመግቢ ሃገራት ቀርባን ብርክብ፣ ብተለይ ኤትዮጵያ እንተረኸበ ይመስል። ግን ኤርትራ ከም መልእኽቲ እቲ ባህላዊ ሓበሬታ ዘለዎ ልዕሊ እዩ።

ዋና ናይ ባህሊ መግቢ ኤርትራ "ጽብሒ" (ማእዘን) እዩ፣ እዚ ብ "እንጀራ" (ባቕሊ፣ ገለባ ወይ ሱርጎም ተሰርሐ) እንተተባህለን እና "ሕልበት" (ብተለይ

ብምስር እና ባቕሊ ዝተሰርሐ ሓንቲ ቅቡል ጩቕጩቕ እንተሰርሐ) ይበልዕ። ብተለይ ባህሊ ዝነበረ መግቢ ኤርትራ እንጀራ እና ተዓሚ ጽብሒ ብዝያዳ ብስጋ ከም በሬ፣ ግልጋሎት፣ ጠንዝረ ወይ ከም ነገር ሓርማዝ ተባሂሉ ይጠርጥር።

ኣብ ታሪኽ ዝተኻአለ ብተወሰኺ ገዛ ኮሎንያል፣ ኤርትራዊ መግቢ ብዙሕ ከም ኢጣልያን ተገድሲኡ እዩ። ስለዚ ፓስታ ምዕራፍ ብዙሕ ይገንዘብ፣ ከምኡ'ውን ናይ ቀረባ ነገራት እንተለዋዋጥ እና ኣብ ገዛ ምግቢ እንተጠቀሙ ትርከብ። ብምኻኑ "ካሪ ፓውደር"ን "ኲሚን"ን ኣብ መግቢ እንተሰርሑ እዩ ዝበለጸ።

ኣብ ህዝቢ ኤርትራ ብዙሕ ብምስክር ናይ ቡና ምጥማዕ ተለይቲ እዩ። ክርስትያናት ኤርትራ ከም ሰዋ (ብዚህ ዝተፈጠረ ዕፅም ስንዴ፣ ብዙሕ ዝመስል መራሕ)ን "ሜስ" (ብማር ዝተረበረበ መጠጥ)ን ይጠርጥርዎ። ነገር ግን ሙስሊም ብምኽንያት ኣልኮል ኣይጠርጥሩን።

ኡካሊ (ምብራቕ ኣፍሪቃ)

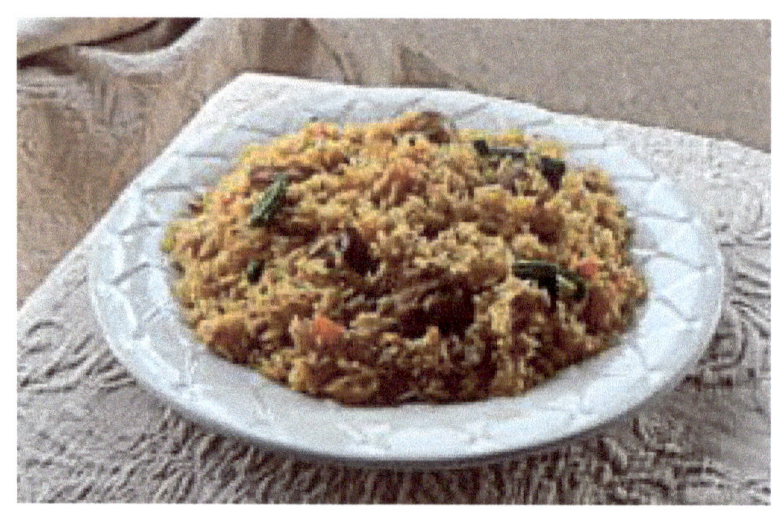

ጆሎፍ ሩዝ (ምዕራብ ኣፍሪቃ)

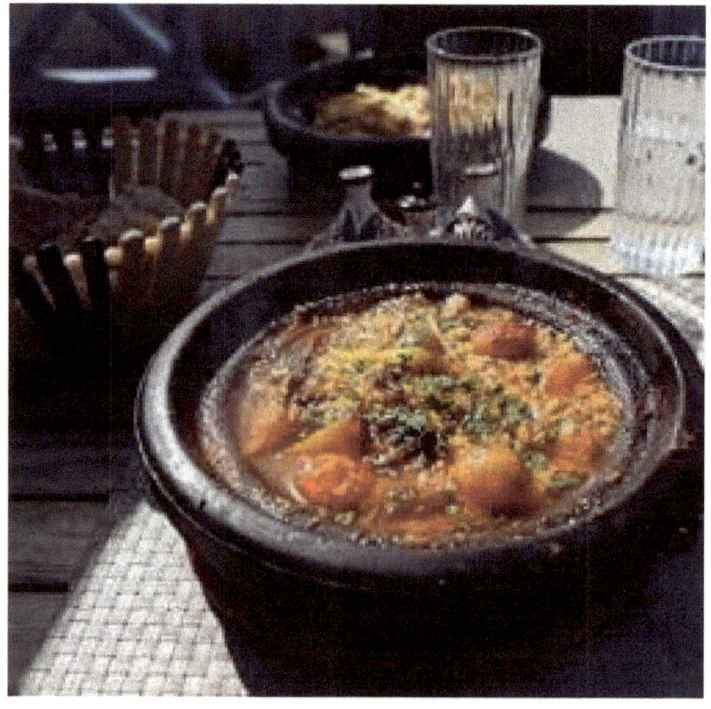

ታጊን (ሰሜን ኣፍሪቃ)

ኢንጀራ (ምብራቕ ኣፍሪቃ)

ቻፓቲ (ምብራቕ ኣፍሪቃ)

ኒያማ ቾማ (ምብራቕ ኣፍሪቃ)

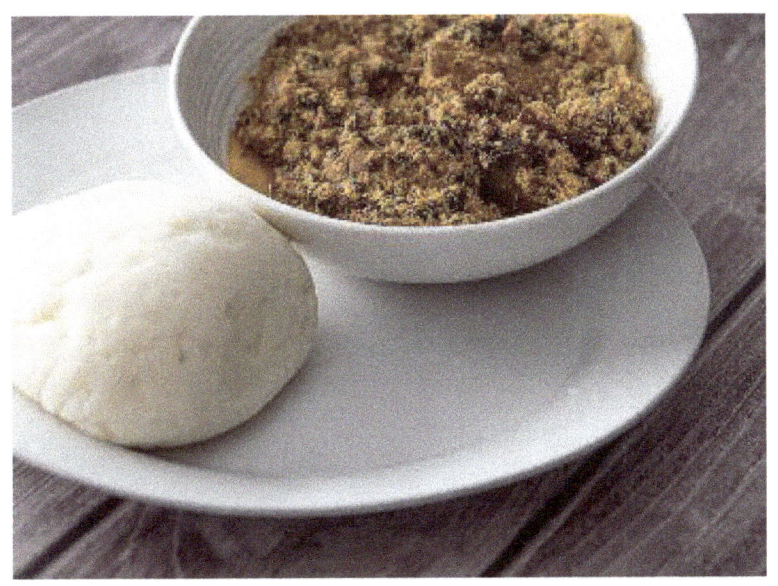

ፉፉ (ምዕራብ ኣፍሪቃ)

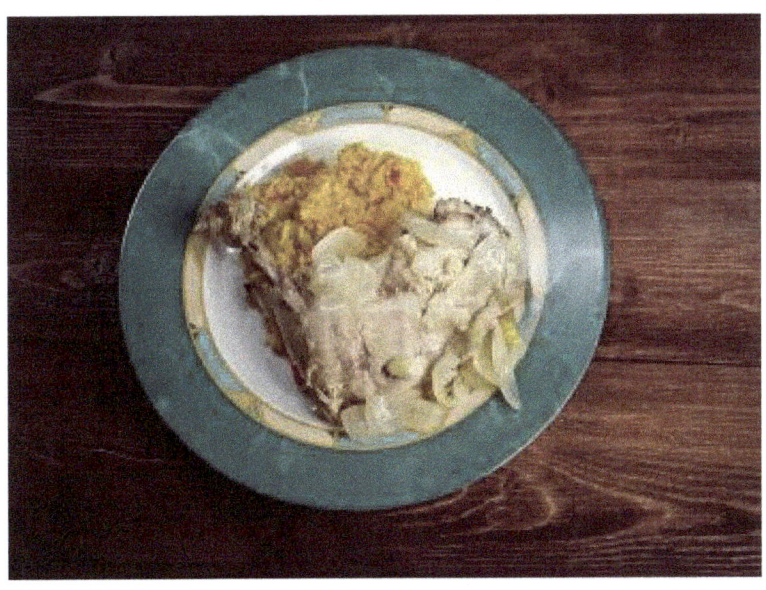

ደርሆ ወይ ዓሳ ያሳ (ምዕራብ ኣፍሪቃ)

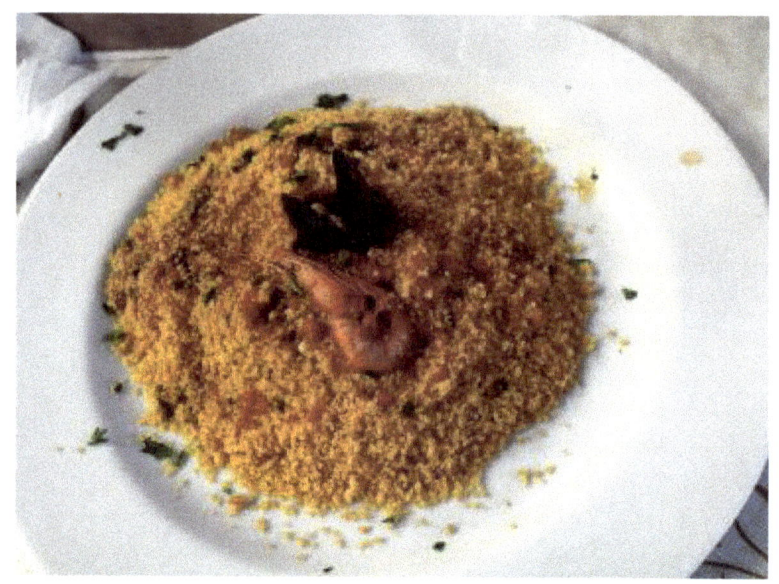

ኮስ ኩስ (ሰሜን ኣፍሪቃ)

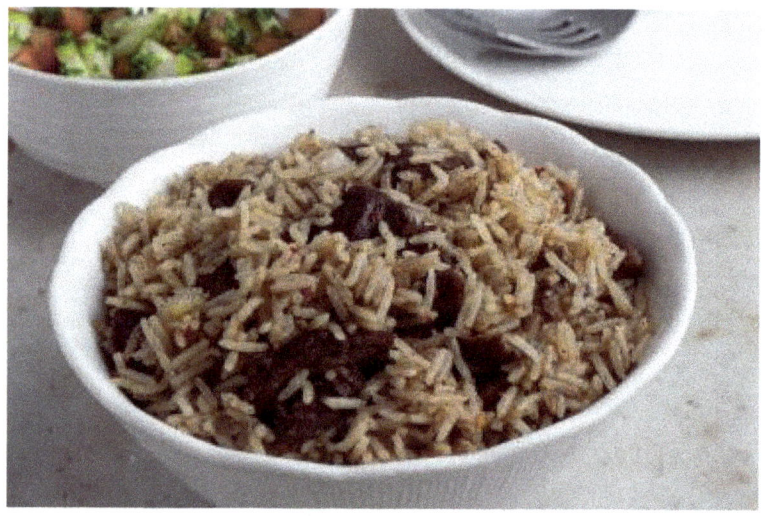

ፒላው (ምብራቕ ኣፍሪቃ)

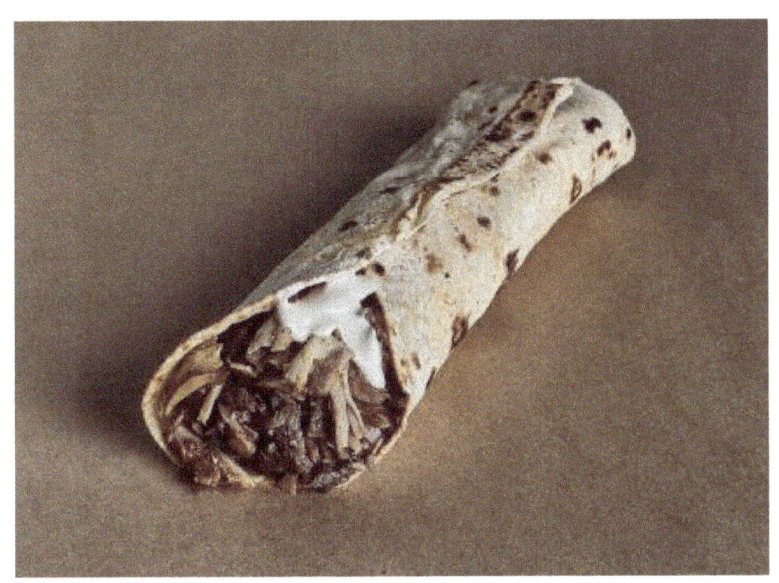

ሻዋርማ (ሰሜን ኣፍሪቃ)

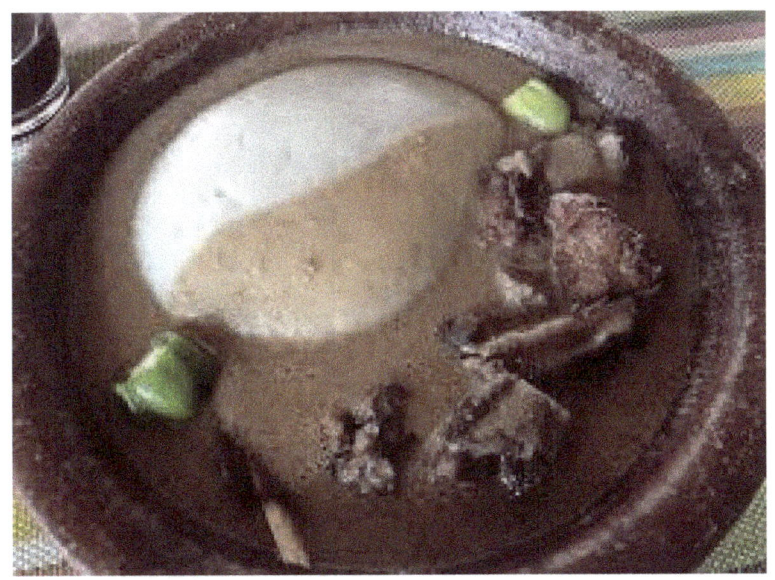

ማፌ ምዕራብ ኣፍሪቃ

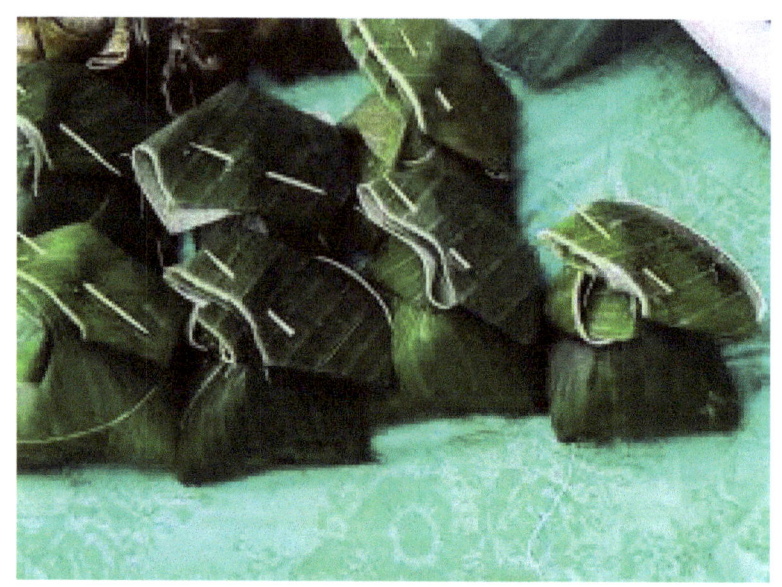

ማቦክ ማእከላይ ኣፍሪቃ

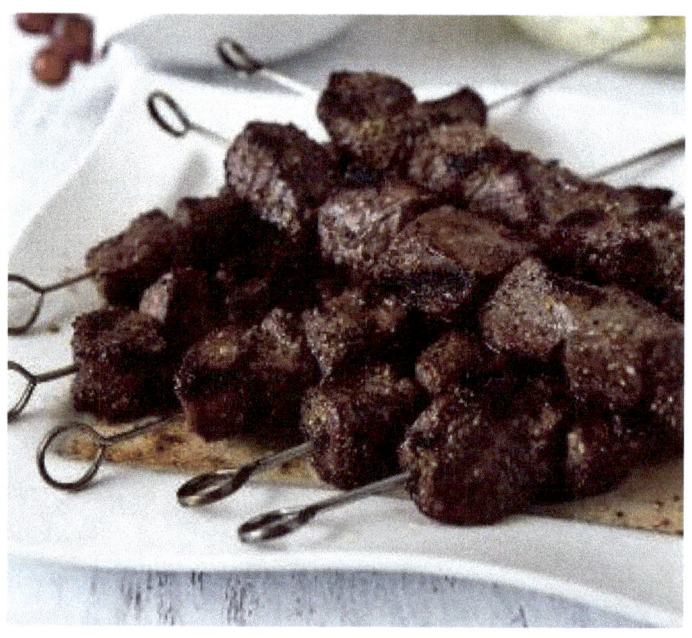

ማእከላይ ኣፍሪቃ

ኢንጀራ (ቅጫ)

እንጀራ ብተፍ ወይ ሱርጎም ዱቄት ዝተሰርሐ ናይ ምንባብ እንትመስል ባቕሊ እዩ። ከም ዝተለመደ ባህላዊ ዝተርበረበ ብኣሲድ ባቕሊ ብሓደ ትንሽ ንበጥባጥ ባህሪ ዝበለጸ እዩ ዝተቆጸረ። እዚ ባቕሊ ብተፈጥሮ ዘይተዋህዶ እዩ፣ እንተረኸበ ከም ተማሃሮ ንዚግኒ ኣብ ዝተረኸበ ምግቢ ይጠቐም።

እንጀራ ቀሊል ኣብ ሆድ ከም ዝተወደነ ይቆጸር። ብተለይ ኣብ ሓደ ዓቢ ሳንቲሃ ይቀርብ። እንጀራ ሓደ ዓይነት መግቢ እዩ ዝሓብነት ተወሳኺ ክወስድ እንተረኸበ፣ ሰባት ኣብ ሓደ ሳንቲሃ ከም ዝተረኸበ ክበልዑ ይረኽቡ።

ከም ኤርትራ ጥራይ ኣይኮነን፣ እንጀራ እንተ ዝተረኸበ ባህሊ ኢትዮጵያን ብዙሕ ኣካባቢታት ሱዳንን እንዳተሓለፈ እዩ ዝተለመደ።

ዝግኒ ሬሲፒ

ዝግኒ ናይ ጣዕሚ ብርቱዕን ዝሓብን ኤርትራዊ ቀለዓማ ምግቢ እዩ። መሰረቱ ብናይ ባህሪ መቕረብ ዝተሰርሐ ቅመማት ዝተባህለ "በርበረ" እዩ፣ እቲኡ ብቲማቲም ከም ዝተማልዐ ይቆርጽ። እዚ ከም ዝኾነ ቅመማት ጣዕሚ ክብዝሕ እንተዓደገ ይግበር።

እቲ ምግቢ ብተለይ ናይ ህዝቢ መናፍስቲ እዩ፣ ዝሓዘ ቅድሚ ኣይነት ስጋ ዘርከበ ክልቲ ዓይነት መለወጥ ይርከብ። ከም ምሳሕ፣ ብተለይ ስጋ ከብቲ እዩ ዝተለመደ ምዕባለ እቲ ምግቢ። ካልእ ዝርከቡ ስጋታት ከብዲ (ጠቕላላ ጠርሙዝ)ን ዶሮን እዮም። ብምምዕባል ዝውዕል ተኣማማት ናይ ኣትክልቲ ይቀርብ።

እዚ ናይ ሓጋይ ምግቢ እዩ ዝምልከት እንተማልዐ፣ ብተለይ ናይ ዝበዝሐ ዝኸውን ናይ ልዕሊ ኣውድ ተኣማማት ይተዓወት።

ሽሮ (ናይ ሽምብራ ምግቢ)

ሽሮ፣ እንተማልዐ ሽሮ ዋት ወይ ጽብሒ ሽሮ ዝተባህለ፣ ብተቆጻጻሪ ሽምብራ ወይ ባቕሊ ዝተሰርሐ ባህላዊ ኤርትራዊ ምግቢ እዩ። እቲ ምግቢ ብተለይ ካልእ እቃቕት እንተማልዐ ዝተጨመረ ይሃብ፣ ከም ትንሽ ሽንኩርቲ፣ ቀሪቡ፣ ብኣካባቢ ዝርከብ ዝሓዘ መለወጥ ከም በረቲ ዝተኸተለ ጂንጀር ወይ ዝተኸተለ ቲማቲምን ጨረቃ ቃሪን።

ሽሮ ብተለይ ንምሳሕ ወይ ንምሸቃም ይቀርብ። እንተ ኤርትራ ጥራይ ኣይኮነን፣ ከም ኢትዮጵያ ዝኸውን ቅድሚ ዓመት ምስል እዩ ዝምልከት። ሽሮ ብተለይ ንእንጀራ ወይ ኪቻ ይተዓወት። ካልእ ቤታት ክልተ ገንዘብ ዘይጠወቅ ከም ነባሪ ምርጫ እዩ።

ኣብ ኣፍሪቃ ባሮት

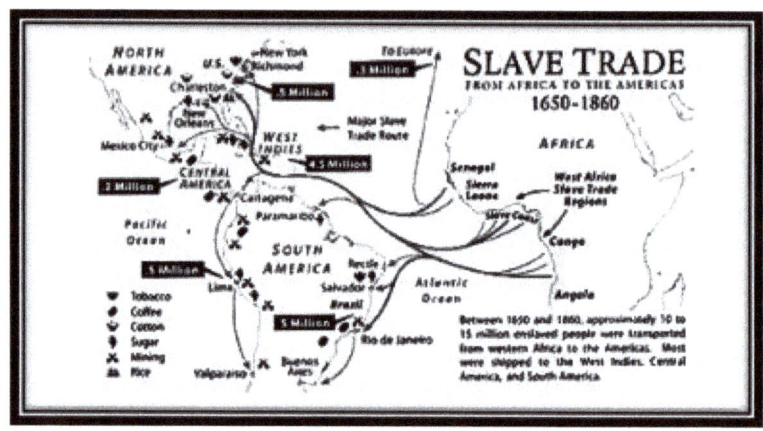

እዚ ከም ተረኸበ ኣብ ምስሊ 4 ላዕለዋ፣ ናይ ኣትላንቲክ ንጉስቲ ኣስራሕ ሓባር ዓፍሪቃውያን ካብ ምዕራባዊ ዳርቻ ኣፍሪቃ ናብ ሓድሽ ዓለም ኣውጺኦም። እቲ ሓድሽ ዓለም ብዙሓት ናይ ኤውሮፓ ኣስተናጋዶ ንዝነበረት ምኽንያት ናይ ምዕራብ ዓለም ክፍሊ ጠቓሚ ክኸውን ከምዝኾነት ይተወስን። እዞም ኣስተናጋዶ ከምዚ ጸሎት ዝኾነ የውሃትን ሙዚቃዊ ባህላትን ዘርከቡ እዮም። ግን ኣነ ዝበለጸ ተወሳኺ ሓደ መግንዚ እዚ እዩ፤ ጥራይ ንኽፍል ኣብ ናይ ኣትላንቲክ ባሕሪ ዝመሓላለፉ ኣስራሕ ኣብ ሰሜን ኣሜሪካ ዝተወሰኹ እዮም። ብናይ ምስሊ 4 እንተረኸበ፣ ጥራይ ሓዲሽ መን ኣንስትያት ናብ ዩናይትድ ስቴትስ ኣመሪካ ዝመጹ ይቕሬታ እዮም። ካብ 1650 ክሳብ 1860 ዓ.ም.፣ ብሃቡር 11 ሚሊዮን ወይ ካብቲ ዝሒሉ ኣፍሪቃውያን ናብ ሰሜን ኣሜሪካ፣ ደቡብ ኣሜሪካን እንተሃሉ ኤውሮፓን ተመጽዖም። ኣብ እዞም ከም 1/22 ጥራይ እዩ ናብ ዩናይትድ ስቴትስ ዝመጸ። ካብቲ ተመጽዖም ግን ብእኩብ ናብ ካሪብያን ደሴታት ዝመጽዑ እዮም፣ እኩብ ካልእ ናብ ብራዚል ጥራይ ዝመጽዑ እዮም።

ናይ እቲ ሓደ ምኽንያት ኣፍሪቃውያን ኣስራሕ ብዙሕ ኣብ እቶም ቦታታት ንዝተመጽዑ ይኾኑ እዩ። እቶም ኣካባቢታት ኣብ ባህር ዝኾኑን ቦታ ኣስተናጊ ምኽንያት ተመጽዖም። ንዝሓዘ ምንባር ምሕዋር ዕፅ ሓጋይ ተኽእሎም እቲ ናይ ኦዲስ ዓለም ቦታ ኣብ እቶም ኣካባቢ ኣስተናጊ ከም ዝኾነ ይተወስን። ኣብ ሰሜን ኣሜሪካ ዝሓለፈ መሬት ሓደ ብዙሓት ኣፍሪቃውያን ኣስራሕ ብብሕር ኣትላንቲክን ባሕር ግልፍን ኣብ ዳርቻ ከም ዝሠርሑ ይተወስን።

ኣብ ሓደ ከባቢ እቲ ኣፍሪቃውያን ዝተወለዱ እንድዩ ኣሃዱ ክትሕብኡ ብዙሓት ባህልኦም ኣብ ህዝብ ኣይተኣንጸበን።

ኣብ ብዙሓት ኣካባቢታት ኣብ ዝመጽዑ ናይ ኣፍሪቃ ኣስራሕ ዝሠርሑ፣ ኣብዚ ባህላት እንተዘይተሰርሑ ከምዘሎም ኣመጺኦም። ሪቻርድ ኤ. ዋተርማን (1952) እንተዝበለ፣ ክልተ ነገር እዮም ኣብ ዝኾነ ንምንባር ኣፍሪቃዊ ሙዚቃ ንምእካብ።

1. ናይ ኣፍሪቃውያን ቡድናት ብባህሊ ምኽንያት ምስ ናይ ውልቀ ክፍሊ ሓደ ክነበሩ ከምዘሎም እዮም። እዚ ኣብ ናይ ኤውሮ-ኣሜሪካ ባህሊ ክሳብ ኣይተቃረነን ዘሎ ዋጋ ንምእካብ ብዙሕ ክርከብ ኣግዲም እዩ።

2. ናይ ኣፍሪቃን ናይ ኤውሮፓን ሙዚቃ ዘለዎም ተመሳሳሊ ባህሊ ምኽንያት፣ ኣብ ሙዚቃ ምዕባለ እንትግብር ክትረክብ ከምዘሎ ይተወስን። እዚ ዝነበረ እቲ ናይ ኣፍሪቃ ባህሊ ኣብ ናይ ኤውሮ-ኣሜሪካ መለክዒ ክትርከብ እንተሃልዩ ኣገዲም እዩ።

ግን እዚ ምእካብ ኣብ ብዙሓት ኣካባቢታት ከምዘይረኸበ እዩ። ከም ተመሳሳሊ ህዝቢ ጉላህ ዝበለ ጥራይ ክህሉ፣ ብዙሕ ኣፍሪቃውያን ኣሜሪካውያን ሎም ክንዲ ወይ ክብላዕ ክፍሊ ካብ ነበሩ ዝመጹ ወይ ሽም ኣቦታትኦም ክረዱ ኣይፈለጥን። ኣብዚ እንተነበረ ዝኸውን ምኽንያት፣ ኣቦይቲ መሳርሓት ናይ ኣፍሪቃውያን ምኽንያት ናይ እነስትዮም ባህሊ ክጠፍእ ወይ ክጽምዕ እንተሃሉ ተመንይሩ። ግን ብተወሳኺ ባህላት ኣስተናገ ከምዚ ምኽንያት ኣብ ስርሓት ተዓዊቱ። ከም ምሳሕ፣ ሙዚቃ እዩ ዘርከበ።

ግን እዚ ሙዚቃ ከመይ ምስ ካልእ ባህላት ተዓዊቱ እዩ ብዝበለጸ ምኽንያት፤ ምክንያቱ ኣብ ሙዚቃ እዚ ዝተጠቐመ ምዕባለ እዩ፣ ካብቲ ሙዚቃ ጥራይ ኣይኮነን። ናይ ኣፍሪቃ ሙዚቃ ብዙሕ እንተሃልዩ ኣብ ሃገራዊ ሃይማኖታዊ ዝተወሰኑ ስነ-መርሓታት እዩ ዝተጠቐመ። እቶም ስነ-መርሓታት ብዙሓት ኣብ ሃይማኖታዊ ኣተወሳኺ እንትሃልዩ፣ ምሳሕ ሓደስታት ናይ መንፈሳዊ ጽቡቕ ህይወት ዝሃብ ነበሩ። እዚ ሓደስታት ንኣፍሪቃውያን ብምኽንያት ብዙሓት ኣርከበ ሓደስታት ዘይተሰርሑ ከም ምኽንያት ጠቓሚ እዩ። እዚ ከምዚ ብዝሒ ጠቓሚ ነበሮም ኣብ ዘመን ቀሊልኡ ተቐዲሙ ተስፋ ዘይተውሃበሎም ሰርሓት ሰባት ዘይከኣለኦም።

ምስ ዘርሕቡ ኣብ ስራሕ ዝነበረሎም ዘመን ሙዚቃ ምኺኑ ኣዳላይ ዕፅ ዝኸውን ነበሮም።

ኣብ እዚ ሓደሽ ዓለም ብዘመን ተመጺኦም ኣፍሪቃውያን ንብርቱዕ መሳል መሳል ዘተመሳሰሉ ዕፅ ተምሃሮም። ምሳሕ፣ ማሪምባ ዝበለ ዕፅ እንታይ እዩ፣ እቲ ካብ ናይ አፍሪቃ ኣቦታት ዘመሳሰሉ ቅርጺ ጥራይ ዘይሓዘ። ሮበርት ጋርፊያስ (1983) እንተዝበለ፣ እዚ ጥራይ ብናይ ሓደ ቅድመ-መደበኛ ነገር ኣይኮነን።

ኣርት – ክራፍት – ሙዚቃ፡ ኢስት ኣፍሪቃ

ካብ ሓደ ዝበዝሐ ግዜ ጀሚሩ ምስላታት ናይ ኮፕቲክ ኦርቶዶክስ ክርስትያን ምልክታትን ኣርትን ብጣዕሚ ቀልቢ ነውሲ ነውሲ ነው። ናቶም ናይ ሓንጺ ምስል ብኣብያተይ እዮም ጠቀሙ ከምኡውን ናይ ሸኾ ክፍሊታት ብምውሓስ ቀለማት ከም ቀይሕ፣ ሰማያዊ፣ ጻሊምን ጻዕዳን ሰርሕዎም። ብምውሃብ ወይ ብምጨምር ካልእ ቀለማት ከም ቢጫ፣ ቀጠል፣ ናሙና እንተዘይስተውዓል ኣድላዮም። ጉድ ሓላፊ ነበሩ ከምኡውን ታሪኻቶም ብቀለም ክትኣትዉ ደገ እዮም ዓዲኦም። ብክብሪ ክንኣምን ንሕና ኣፍሪቃ ብዝበዝሐ ግዜ ከም ናይ እዮሮጳ ዝኸውን ክእለት ዝገለጸት ዝነበረ ዝብል ስእሊ ተጀመረት። ኣብ ቤተክርስቲያን ተሰሪሑ ብ ሊዮናርዶ ዳ ቪንቺ ኢጣልያ ካብ ጣርጊ ኣላ እንተተመለከቱ በቲ ጽሕፈት "ERITREA" ተብሂሉ ዘሎ ክትርአዩ ትኽእሉ ኢኹም፣ እቲ ኣፍሪቓዊ ሃገር። ታሪኽ ኤርትራ ኣብ ትርከብ ኣይነበረትን እንተ ኢየሱስ ኣብ ኣፍሪቃ ዝተወለደ ምናልባት ኣብ ሓላዊ ትእምርቲ ዝሃነ።

ሙዚቃን ናይ ሙዚቃ መሳርሒታትን ሓቂ ካብ ብዙሕ ግዜ ኣንታዊ እዮም፣ ብኢድ ተሰሪሑ። ናይ ኣፍሪቃዊ ቆልዑ መሳርሒ ኣይፈልጥን፤ ኣቦኣትን ሰበኣይቲን ደቂ ኣንስትን ናይ ህሙማት ምስትዘምሩን ምስሕምሙን ይጀምሩ። ሓለፋይ ለዓላት ህጻናት ምስ ስዑርቶም ደቂ ቤት ይኣክሉ፣ ናይ ባህሊ ምንቅሰትን መዝሙራትን ካብ ተዋህዶ ክሳዕ ናይ ቤተ ስውኣት መዝሙር ይምሃሩ። እቲ ንኽልቲ ህጻናት ካብ እታ መንገዲ እዚ ተመሃሮም እዮም እንዳተወለዱ ይኣክሉ። ኣንጠቓቕማ እጀም ክምዝዩን ከም ጋንታ ከም ኣካል ትሕቲ ቀልቢ ምዝዋን ንሓላፍነት ኣካል እዩ፣ ብዝተለዓለ ሕልና ኢስት ኣፍሪቃ እንተኾነ ኤርትራ ከም ብምርካብ ቀልቢ ኣህጉራዊ ሙዚቃን ኣዳንን እያ።

ጦርነት ግድፍ

ከም ጣር እንታይ ክትጀመር ብርሃነት ይኸውን ኣይትብልን። ኢስትን ሰሜን ምብራቕ ኣፍሪቃን ካብ ዘመነ ሓድጊ ጀሚሩ ሓንጎም ኣብ ምብራቕ ሙሉእ ኣካባቢ ክትከውን ተጠቒሙ። ብሓደ ማይ እንታይ ከምዝጽሕፎም ጸገም እዩ።

ኢትዮጵያ፡ ብታሪኻ ዓብዪ ሃገር እያ፣ ብሃይማኖትን ብባህሊን ብጣዕሚ በጽሖት። ኣብ መጀመርታ ዓለም ጦርነት ሃገራ ኣይተኸበረትን፣ ኢጣልያ ኣፍሪራት ኣብ ሃዋሻ ድሕሪ ዓምሲ ሓሙሽተ ዓመት ይኸውን ተዋጊዑ።

ቴዎድሮስ ኢትዮጵያ 1818-1868

ሃጸይ ሰላምታ ናይ ኢትዮጵያ 1931-1974

1931 – ጀግናታት ኢትዮጵያ – ታሪኽ ኢትዮጵያ

ብመሰረቱ ናይ ክርስትና ሃይማኖት ምክንያት፣ ኣምላኽ ብረኻት ኣቐረበሎም፣ እቲ ሰልፊ ዝተወደቐ ኮይኑ፣ ምዕራብ ብምግዛእ ናይ ሕቡራት ሃገራት ኢጣልያ ተዓጊዙ። ኢትዮጵያ ከም ዘይተኮሎናይዘርና ክትገይር ይኣክል። ኃይለ ስላሴ ንጉስ ንጉሳት ሊዮን ናይ ይሁዳ ኢትዮጵያ፣ ብክብርን ብኣክብሮትን ካብ ዓለም ኲሉ ከተኸበረ ነይሩ። ብ1972 ኮሙኒስት ፓርቲ ንንጉሱ ኣውርዶ፣ ኢትዮጵያ ብጭንኩላ ህይወት ገብረት። ብ1993 ህዝቢ ትግራይ ብምግዛእ ናይ ኤርትራ ተዋፊያን ኮሙኒስት DERG ኣውርዶም። ትግራይ ኢትዮጵያ 27 ዓመት ኣብ መሬት ኣውርዳ ኣብ ብሕዝብን ብብሔርን ተከፊሉ ኣርኢቶ። ኲሉ ህቡእነት ኢትዮጵያ፣ ኲሉ ክብርን ጽቡቕ ምስልን ክምዕታ ክምዕታ ተለውጦ ጦርን ግብረ-መንፈሳዊ ግጭትን ክምዕታ ዝስዕብ ኮይኑ ምስ ኤርትራ። ምዕራብ ኢትዮጵያን ወዲ ንጉስን ብናይ ኣፍሪቃ ኣህጉር ዩኒየን ተጀምረ ከም ትምህርቲ ዘይኮነ ዝሓዘ ስለ ነበረ ንግዲ ይዕቅብ ነይሩ። ንሓደ ንሓደ ህዝቢ ትግራይ ብናይ ሓደሽቲ ኃይል ኣብ ደስታ ተዓልለው፣ ሕዝባቸው ግና ኣብ መከራን ጦርን ስጋብን ወዲኦም። መሪሕታትን ወልዳቶምን ኣብ ወጻኢ ትምህርቲ ኣብዚ ዘለው እንተሃልዩ እያ ነበሩ፣ ብዙሕ ገንዘብ ምስዑርዩ። ካልእ ኢትዮጵያውያን ግና ኣብ ትንሽ ተስፋ ተዓሊኦም፣ ግን ሃይማኖትን ክብርን ዝበጸሑ ጀጋናታቶም ከምቲ ኣስተዋፅኦ ንናይ ነበር መንነታቶም ብምዝጋፍ ጥራይ።

2018 ፣ ናይ Prosperity Party መንግስቲ ኣንጻርዎ ኢትዮጵያውያን ምርጫ ገብረዎም ንኣብዱ ኣብ መንግስቲ ኣብ ቃልሲ ኣቐምጠዎ። እዚ እንዳንበረ ኣብ ታሪኽ እቲ ብዙሕ ሓርነት ዘይብሉ ምርኣይ ናይ መንነት ኣብ ኢትዮጵያ። እቲ ንጉስ ኣብ ንእስኡ እዋን ሓምሳ ሃይማኖት ለውጦ፣ ክርስትያን፣ ኮፕቲክ፣ ሙስሊም እዩ ነበረ፣ ሕጂ ግን ኣብ ፔንተኮስታል ሃይማኖት Prosperity ክንዲ እዩ ተለዊጡ። ኢትዮጵያ ኣብ ታሪኻ ብዙሕ ጦርን ጭንኩላን ሓይሊ ተሓሰስባ ነበረት። እቲ ፕራይም ሚኒስተር ንናይ ኮፕቲክ ኦርቶዶክስ ክርስትያን ናይ ንጉስ ሰሎሞን ታሪኽ ምእንቲ ምግልበጥ ከም ዝነበረ ተበጊሱ። ገንዘብ ቅድሚ ኲሉ ይህብ፣ ሓሙኹሽቲ ምስ ኤምረት ብምግባር ንኮፕቲክ ክርስትያን ሃይማኖት ክውግዕ ከም ዘይምርግጽ ዝተነበረ ነይሩ።

እቲ ምርኣይ ኣብ ጦርን ጽምብልን ንካብ 1,000,000 ዝበልኩም ዓርፎ ኣሎ። ተሓባብላ እቲ ምስጢር ሃገር ብጽቡቕ ትዕቢት ምእንቲ ንኣማራጺ

ጎቦ ንእዩ ዘይተቐበለ፣ ምስ ስራሕን ክፍሊትን ንኽስክር ዝተስማምዐ ዝተነበረ ኣሎ። ሱዳንን ሶማሊያን ኣብ ጦር ጽምብል ተተኸስሉ፣ ምዕራብ ግን ብዝሽውር መሰርሕ ገንዘብ ክንደይ ዝተረከበ እዩ። ኤውሮፓ፣ ኣመሪካን ራሺያን ካብዚ ንብረት ምንጬ ትሕዝቶም ኣሎ። እቲ ኢትዮጵያ ብኣስተዋፅኦ ክፍሊትን ሃገራዊ ባህሊን ልምዓትን ከይከብር ይኸውን ክምርሕ ይግባእ።

ኤርትራ ብሞቶ "ክምትሕቱ ግዜ ግን ክብል እትጸልይ" ብዝተብሃለ ሃሳብ ሃገርን ኣብ ሓደ ክፋል ኣውጽኣ። ወጻኢ ምሕብር ዘይምሕበር ናይ ራሳ ተስማምዐ እቲ ባህሊ ውቕረት ዘለዎ፣ ጽቡቕ ከተማን ብዝበዝሐ ዘይተባህለ ታሪኽን ናይ ፍትሕ ኣፍሪቃ ምክትብ ክሆን እዩ። ሶማሊያ እንተኾነ ብዙሕ ሓርነት ዝተስሓበላ ናይ ምዕባለ ክትከኣል ዝኽእል ብምኽንያት ኣሎና።

ባህላዊ ኽዳን ኤርትረያ

ኤርትረያ

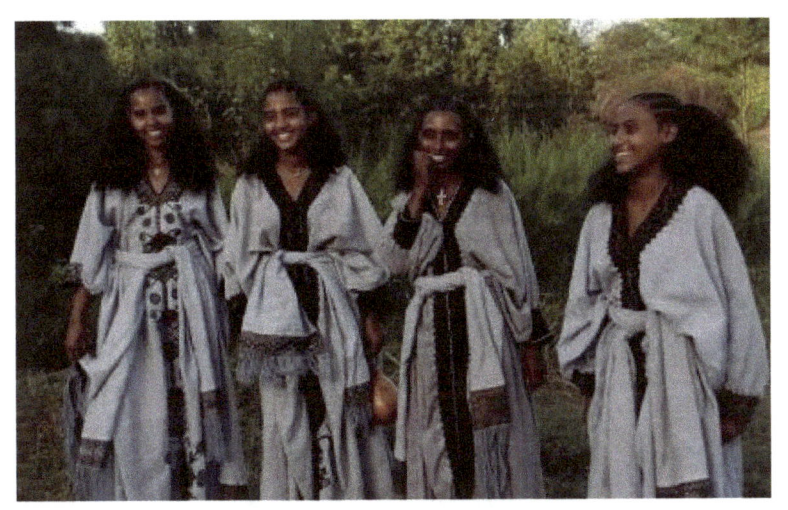

ዎሎ ኣምሃራ ባህላዊ ኽዳን

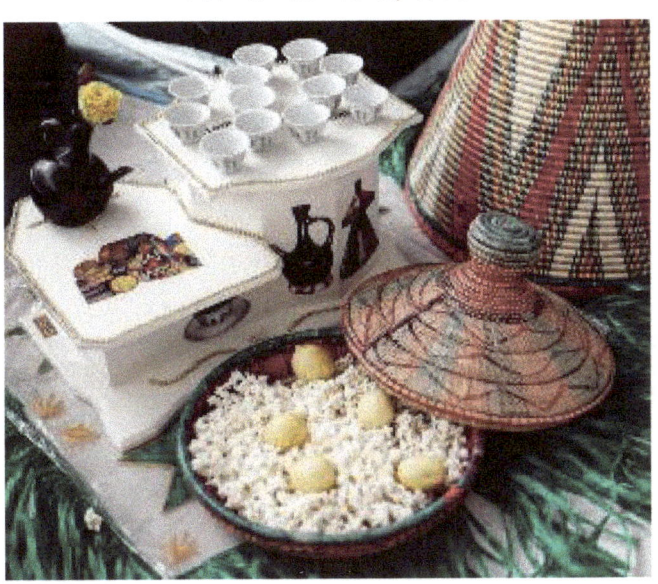

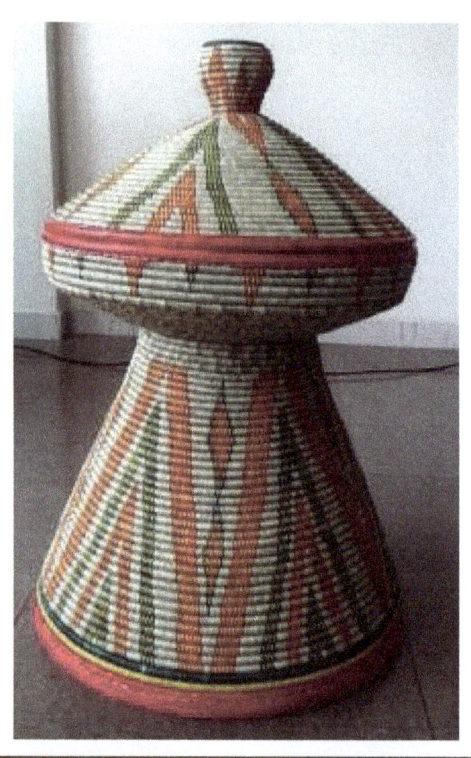

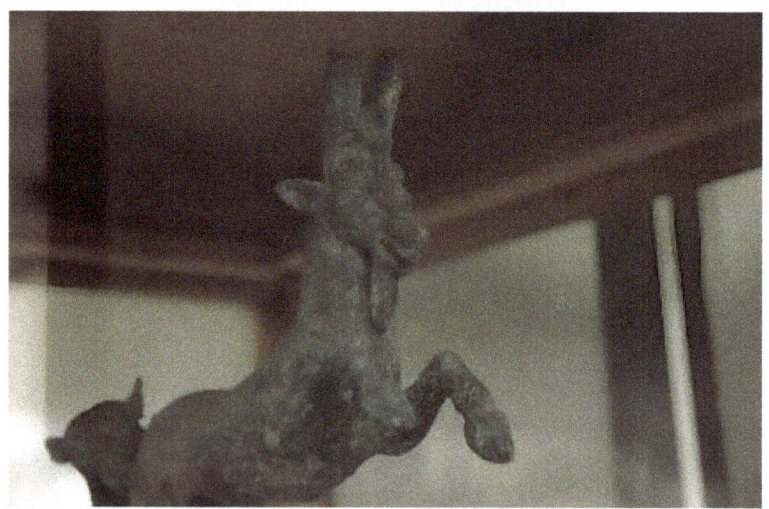

ቀዳማይ ዘመን ቅ. ክ. ማተራ ኤርትራ ኹዕታ መብራህቲ ዘይቲ ብሮንዝ

ጅምብል ቡን ሃበሻ

ኣፍሪቃዊ ኣርት ዝበዝሐ ታሪኽ ኣለዎ። ብናብረት ዝተሰርሑ ናይ ህይወት ምስልን ጥርናትን ኣብ ሳህራ በዓት ካብ 4000 ዓ.ም ቅድሚ ዝሓለፈ ዘመን ይጀምር። እዚ ስእልታት ናብ ኤውሮፓዊ ፓሊዮሊቲክ ኣርት ይመሳሰሉ። ንድሕሪኡ ኣፍሪቃዊ ጎቦ ኣርት ብህይወት ናይ ሃይማኖት እንተዘረበ ነይሩ፣ ከም ሰዓት ቀለም ምቕባል፣ ዘምልከት ዝበለ ዝዳርጋ ምኺኑ፣ ዘምልከት ዝበለ ዘምስታው እና ብተለይ ከበሮ ዝተጠቀሰ የንታዊ መሳርሒታት። ናይ መሸኽላ መሸኽላ ጨርቂ መሸኽላት፣ ንኣበታት ምስጋና ተዛሪቡ ናይ ትንኮሳት፣ መሳርሒታትን መዓልቲ ዝጠቐሙ ዕውታትን ናይ ምሳርሕ ኣብ ሓደ ምስል ዝኾኑ ናብ እዚ ዝኸውኑ ምሳሌታት እዮም። እንተ ዝተረኽበ፣ እንጨት ዋና መሳርሒ ነይሩ እና ኣርቲስታት—ብተለይ ዝንፈን ተሞዝ ከም ዘለዉ—ብዙሕ ክብር ነበረላቶም እና ኣብ ባህላዊ ኣቦ ምኽንያት ተዘይዝክሩ ነበሩ።

ካብ ግብጺ ኣርት ወጻኢ፣ ኣፍሪቃ ባሕሪ ብዝስተኻኸለ ኣርቲስታዊ ውስተት ዝተለወጠ ኣካል ነይሩ። ናይ ኖክ ቴራኮታ ርእሳት ካብ ናይጀሪያ፣ ዝሓለፈ 500 ዓ.ም.ቅ. ዘመን ዘሎ፣ ቀዳማይ ዝተረኽበ ኣፍሪቃዊ ስነ ስርሕ እዮም። ኣብ ምብራቕ ደቡብ ናይጀሪያ፣ እቶም ኢፈ ዮሩባ ኣብ መንገዲ ተጠፊኡ ሳሕቢ (cire perdue) ዘተተጠቀሙ ምዕባለ ብሮንዝ ርእሳት ናይ ተፈጥሮ ምስል እተስሩሑ ዝተቐበሉ ዕውትን ነበሩ። እዚ ኣውት ናብ ኣሻንቲ ብሄረ-ህዝቢ ጋና ተሓሳሰበ፣ እቶም ብተደኣኽፉ ምስልታት እተስሩሑ። እቶም ዶጎን ካብ ማሊ ብእንጨት ክሳድ ኣዳላዊ ምስልታት ብተደኣኽፉ መሸኽላት እተስሩሑ ዝተቐበሉ ዕውት ነበሩ። በዚናኽ ናይ ግሬት ዚምባቡዌ ድንጋ ሕንፃ ናይ ቅንጡ ዕውት ንዝስርሕ ተዋህዶ ነይሩ። ኣፍሪቃዊ ኣርት ኣብ መጀመርታዊ ዘመን ኤውሮፓዊ ኣርቲስታት ምስ ዝተኣኻኸለ ተስፋሕቶ ተቐቢሉ፣ ከም ፒካሶ ኣብ ኩቢዝም እና ሞዲልያኒ ኣብ መልክዓዊ ምስልታት ብዝሓተቱ።

ኣብ ኣፍሪቃዊ ባህላት፣ ካብ ህፍን ናብ ዓቕሚ ምቕያር ብተለያዩ ስነ-ግብሪ ኣምሃድቶም፣ ብዙሕ ግዜ ኣብ ግድን ዝተካየዱ ነይሩ። እዚ ስነ-ግብሪ እቶም ንእሽቶ ትውልዲ ንዓቕሚ ህይወት ንምዕዳእ ክትውሃብ እዩ፣ ባህላትን ታሪኽን ኣብ ማህበር ዝኣተኹ ምንባብን ምምሃርን እንዳትምሃር። እዚ ስነ-ግብሪ ብምኽንያት ብሃይማኖታዊ እናምሕደሩ እና ከም ምምሕዳር ተስፋሕቲ ዝምልከት። ንእዋናትን ኣቦታትን ምስ ዝተኣኻኸለ እዚ ምምሕዳር ውሕደት ንምልካእ ከም ምልክት ይገልጽ።

ቃለ-መጠይቕን መሰዋእታትን ንእግዚኣብሄር ብዝተኣኻኸለ ዝግበር እዮም፣ ንእቶም ዝእክት ክብራትን ስነ-ስርሕን ንምሃብ። ብምኽንያት ከምኡ ስነ-ግብሪ፣ ኣንስትዮን ተበልያን ምገርዓ ይከኣል፣ ግን ዋና ኣላ ዝኾነ ኣካል ኣይኮነን። ብብዙሕ ግዜ ኣብ ዝተዓቀበ ስንኩላት ብምፍጻም ንተስፋሕቲ ምስጢር ንምግባር ነቲ እተዛረበ ክተሓበሱ እዮም። ብምኺኑ እዚ ኣብ ባህሊ እንደተኻኸለ ቦታታት ዝኸውኑ ዝሓበሱ፣ ከም ደናት ወይ ኣረንጓዴ ሓደ ምስል ይፍጸሙ። እዚ ቦታታት ቅዱሳን ክኾኑ ተቐቢሉ፣ እቶም ዝእክት ንኣምላኽ እና መንፈሳት ምትሕዝብ ክትረኽቡ እንተኽእሉ።

ቤተ - ክርስትያን ሰይንት ሜሪ - ኣስማራ ኤርትርያ

ቅብጥ ኦርቶዶክስ ኢትዮጵያ 4ይ ዘመን ክርስትና ኢትዮጵያ

ኦርቶዶክስ ኤርትረ- ኣስማራ

ፔንተኮስታል ክርስትያናዊነትን ኣስልማዊ ፋንዳማንታሊስትነትን ብብዙሕ ዝበጽሐ ምትንታን ናይ ባህሊ ኣፍሪቃዊ ሃይማኖታት ሚና ኣብ ማህበር ኣፍሪቃ ኣብ እተሓዘ ምምላስ ኣውቲ ዘለዋ እንተሃበ። ኣፍሪቃዊ ባህላዊ ሃይማኖታት እዚ ንምትንታን ናይ ሃይማኖት እንትርከብ ብዘርኢ ኣብ

መንገዲ ናይ ህይወት ምምሕዳር ሃይማኖትን ሃይማኖታዊ ትምህርቲ ቤታት ምፍጣርን፣ ሓድሽ መጻሕፍቲ ምስራሕን፣ መደብ ኣቦታት ምፍጣርን፣ ሃይማኖታዊ ምኽንያት ንምእማንን ብዙሕ ዘይሕልፍ መንገዲ ብብልጽግና ኣብ ምምላስ ተዘይዝክርን። ንኹሉ ድማ እዞም ሃይማኖታት ካብ ኣፍሪቃ ወጻኢ ኣብ ዓለም ባህሊ ዘውጽእ ተሳትፎ ኣሎም፣ ብተለይ ኣብ ኣፍሪቃዊ ድያስፖራ።

ኣፍሪቃዊ ሃይማኖታት ብታሪኻዊ ዝተላፈኑ ዝተቀርበ ታሪኻዊ ቃላት ይመስረቱ። ስለዚ ሃይማኖታዊ ትምህርቲ ከም ተጻረረ መጽሓፍ ኣይኮነን፣ ንኹሉ ናይ ህዝብ ዝፈልጦ ዝበጸሐ ክትሓወስ ትኽእል። ኣፍሪቃዊ ባህላዊ ሃይማኖታት ብማህበራዊ ኣተኻኽል ይመሰርሑ፣ ሰብ ንኹሉ ቃልሲ ክምልከት ኣይትዕረፍን። እንተ ኣብ ዴሞክራሲ እንዳተኻኽል፣ ሰብ ብዝዕድሉ ኣብ ማህበራዊ ሚናን ሃይማኖታዊ መንበሩን ክትጠቕም ትኽእል። እንተ ሃይማኖት ናይ ባህሊ ክትዕገብ ኣይከኣልን እንተሃበ፣ ሰብ ካብ ቤተሰብን ካብ ሓውን ካብ ማህበርን ክርሕቕ ይኽእል።

ኣብ ታሪኻዊ ኣፍሪቃ ብዙሕ ኣቦታትን ኣንስትዮን ብታሪኻዊ ሃይማኖት ትሕቲ ኣቦ ዝነበሩ ነበሩ፣ ግን ሓደ ንላዕሊ ሓደ ኣይኮነን። ኣብ ባህላዊ ሃይማኖታት እቶም መሪሕቲ ናይ ተረት ኣምላኽን ባህላዊ ጀጋናት እዮም፣ እቶም ንመንግስታትን ንስብሓትን ንሓረስታትን ንቤተ-ሰብ ስርሑም ዝተቐደሱ። ኣብ እቶም ዝተኣኻኸሉ ስም ኣምላኽን ጀጋናት እንተምሃሩ፣ ኦዱዱዋ ኣብ ናይጀሪያ፣ ሻካ ዙሉ ኣብ ደቡብ ኣፍሪቃ፣ ኦሴይ ቱቱ ኣብ ጋና እዮም።

ሃይማኖታዊ ስቕለት

ኣፍሪቃዊ ባህላዊ ሃይማኖታት ሰብ ንኽቕረብ ኣይዕገብን። ብባህሊ ክፍሊ ዘለዎ ኣምላኽ ሓይማኖት ብምኽንያት፣ እዚ ኣይክኣል ንውጻኢ ሃይማኖታት ንክገብር ይኽእል። ግን ኣፍሪቃዊ ባህላት ብተሓሳስባ ኣብ ዝተለያዩ ሃይማኖታት ንምሕዳር ይብቃሉ። ሃይማኖታት ኣፍሪቃ እንተ ሓደ ኣብ ሓደ ምምላስ ኣብ እተሓዘ፣ ንውጻኢ ባህሊ ይሰብሓሉ። ናይ ብዙሕ ትርከት ዝተዛመዱ ክርስትያንን እስልምን እዮም። እንተ ተስነኩል ዝተኣኻኸሉ ባህላዊ ኣፍሪቃዊ ሃይማኖት ክተሰርሕ እንተኽእሉ፣ ብዙሕ ጊዜ ንተስፋሕቲ ሓደ ዓውደ ሃይማኖት ኣይተርፉን። ስለዚ ክርስትያን ኩሉ ዝፈልጡ ሃይማኖታዊ ስሜታት ኣይረኽቦምን። እስልም ድማ ብተሓሳስባ ኣፍሪቃዊ ባህሊ ዝተማሃደረ እና ክብር ብምምላስ ተቐቢሉ። ናይ ኣቦታት

ምስጋና፣ ብዙሕ ውሽጣዊ ውልድ (polygamy)፣ ገርዓ፣ ምድንጋ፣ ኣመናት ብነፍሲታትን እንተሃበ ዝተሓሳሰቡ ኣብ እስልምን ኣብ ኣፍሪቃዊ ሃይማኖታትን ይሓድሩ።

ቀለማት ብሰዓት ክስዕል እተዘይን ብምምላስ ክርስቲያን ይታይ። ምሳሌ፣ እቶም ዮሩባ ኣምላኽ ኣምላኽ (orisa) ዝከብሩ ቀይን ጻዕዳን ምልክት ኣብ ግርማቶም ይስዕሉ። ጻዕዳ ጨውዋታ ወይ ካልእ ዘርኢ ኣብ ሰውነት ምስዕላ ኣብ ሃይማኖታዊ ስነ-ግብሪ እቲ ክርስቲያን ዝከብሩ ይመለከት። ኣቦታት ኣብ ማህበር ዝነብር ክብር ዘለዎም ምልክት ይምልኩ፣ እንተ መስርሕ ክባር፣ ኣሃዱ እንተ ገንዘብ፣ ዓረፍቲ፣ ብሩስ ፈርምዶ፣ ኣቦታዊ መንበር ይወስዱ።

ስካሪፊኬሽን (scarification) ወይ ታቱ ብዘርኢ ንህዝብ ምትሕዝብ ንምልካስ ዝኸውን ዘለዎ ምልክት እዩ። ንድሕሪኡ እተሰርሐ መልክዓዊ ስእልታት፣ እተዳላዊ ዘርኢታት እንተ ኣተኽን፣ ናይ ዕጽበት እንተምሃሩ። ብብዙሕ ጊዜ ሰዓት እዚ ብኦጉን (Ògún – ኣምላኽ ብረት ናይ ዮሩባ) ዝተዛመደ ኣይኮነን፣ ግን ብረት ኣስተምህሮ ዝጠቀሙ ዮሩባዊ ኣርቲስታት ክስዕል እንተምሃሩ። ምሳሌ፣ ኣብ ሰውነት ዝስዕል ናይ ደን ዝተሳተፈ ምልክት ኦጉን እዩ። ስለዚ ብዛዕባ እዚ እተሰርሐ እቶም ከይሕትቱ ሓድሽ ሽርሓት ካብ ዘርኢ ዘይብር ዘርኢ ዝመስል ትጥቀም።

ኣፍሪቃዊ ባህላዊ ሃይማኖታት ሰብ ንኽቕረብ ኣይዕገብን፣ ምኽንያቱም እቲ ባህላዊ ሃይማኖት ብምኽንያት ናይ ብሄር ስርርዓት እዩ ብምብጻሕ።

ስዋዚላንድ ኢስዋቲኒ

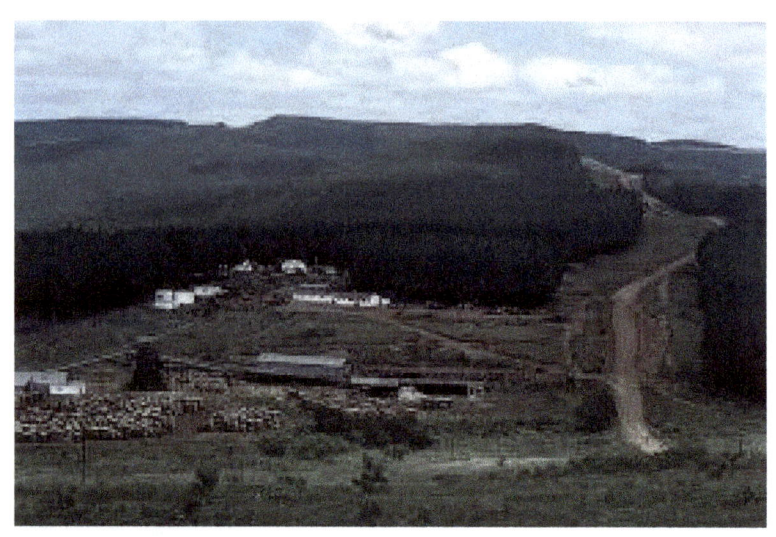

ስዋዚላንድ ኢስዋቲኒ

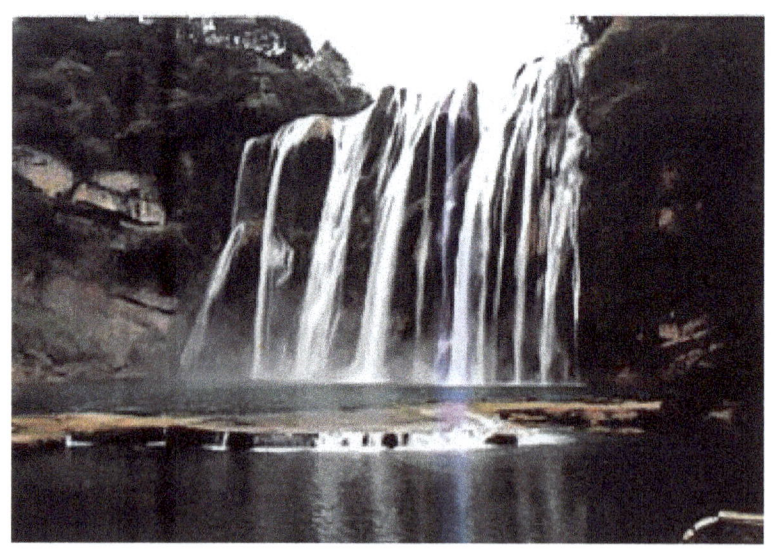

ኤኳቶሪያል ጊኒ

ቤተ-ክርስትያን ስላሴ ናይ ኢትዮጵያ ኦርቶዶክስ ቤተ-ክርስትያን

Addis Abea – Ethiopia

ኤኳቶሪያል ጊኒ

መንጫዕጫዕታ ማይ ጊኔ

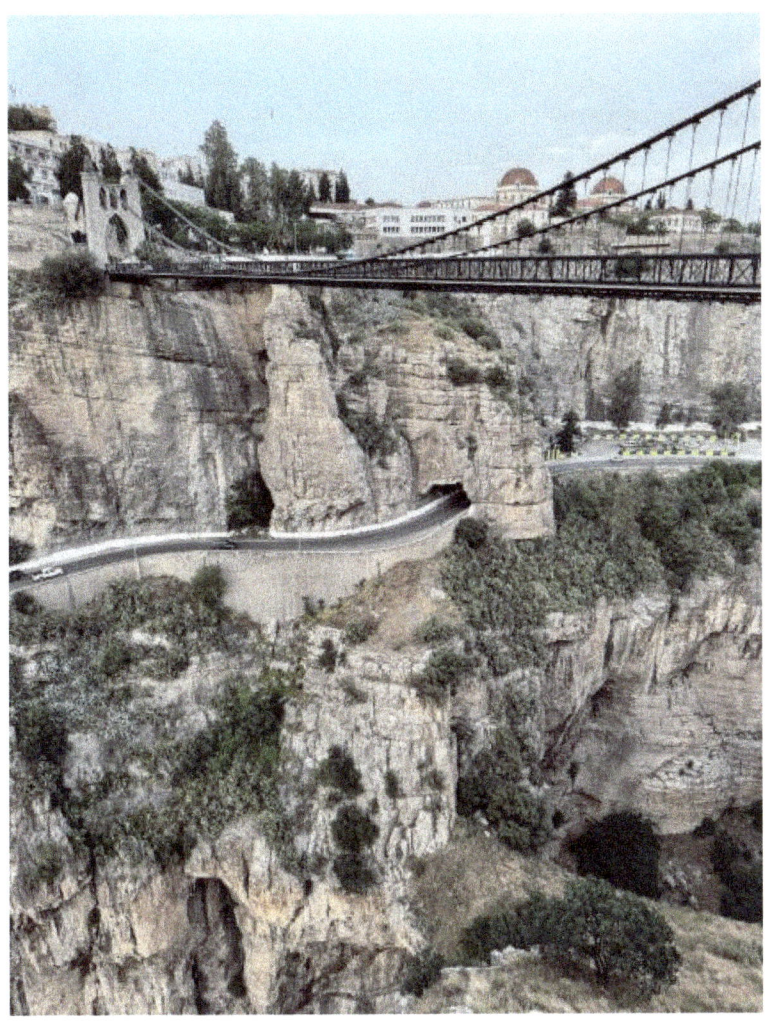

አልጄርያ

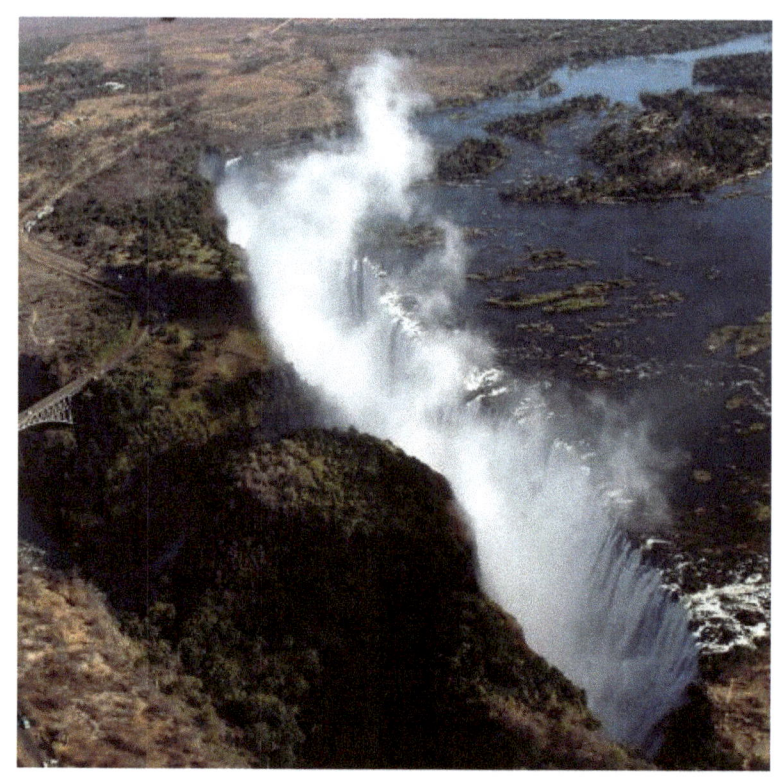

መንጫዕጫዕታ ቪክቶርያ - ዚምባብወ

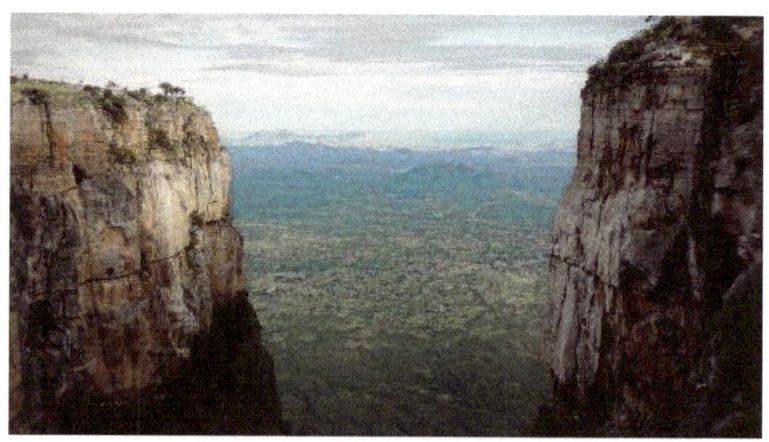

ኣንጎላ

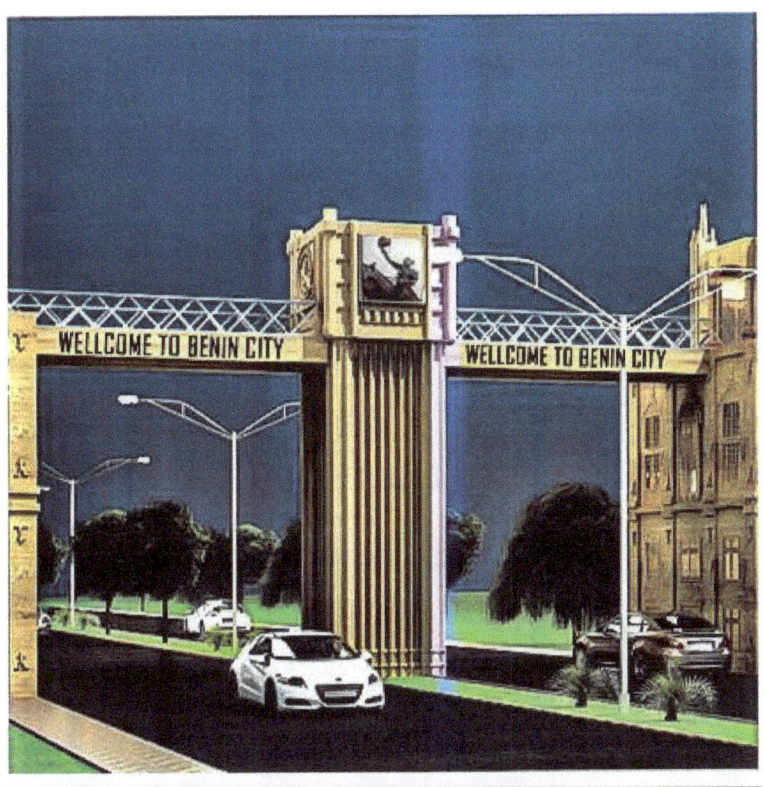

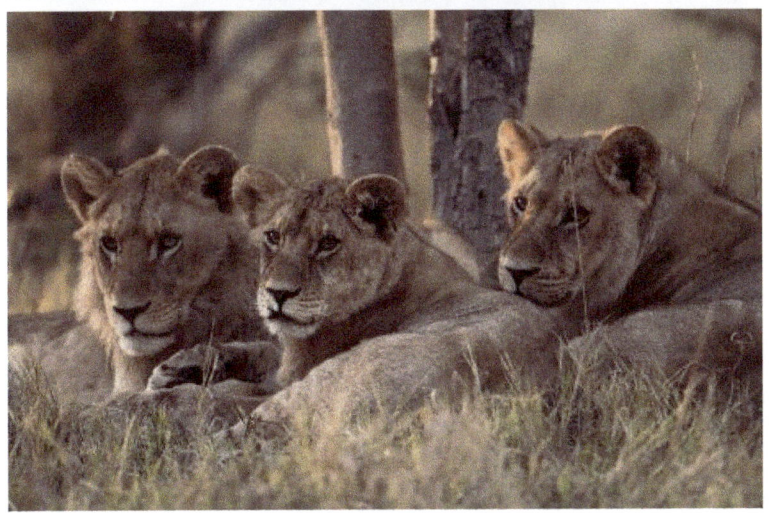

ቦትስዋና

ባህርያዊ ዶም - ቡርኪና ፋሶ

ሃገራዊ መናፈሻ ቡሩናዲ

ቡሩናዲ

ወደብ ባርያ ቢምብያ

ካመሩን

መዝገብ ዛንጋ - ሳንግላ

ጠሊ ዘለዎ ሪፓብሊክ ማእከላይ ኣፍሪቃ

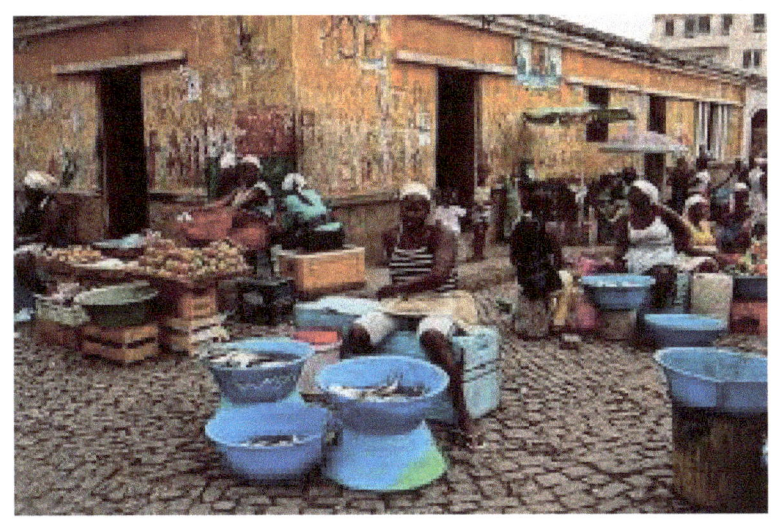

ኬፕ ቨርደ

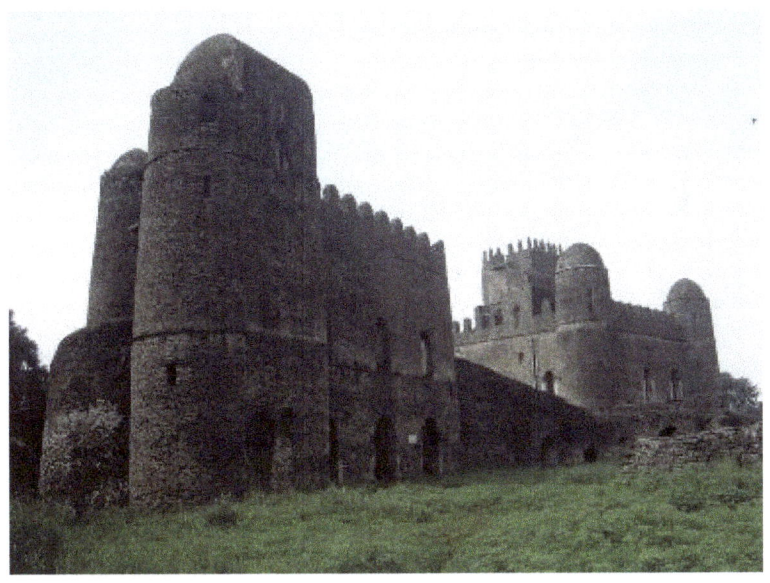

ታሪኻዊ - ቤተ - መንግስቲ ጎንደር ኢትዮጵያ

ጎንደር - ርእሲ ኸተማ ኢትዮጵያ

ካብ 1632 – 1855

ኢደ ጥበብ - እተቐርጸ ድስቲ ቡን

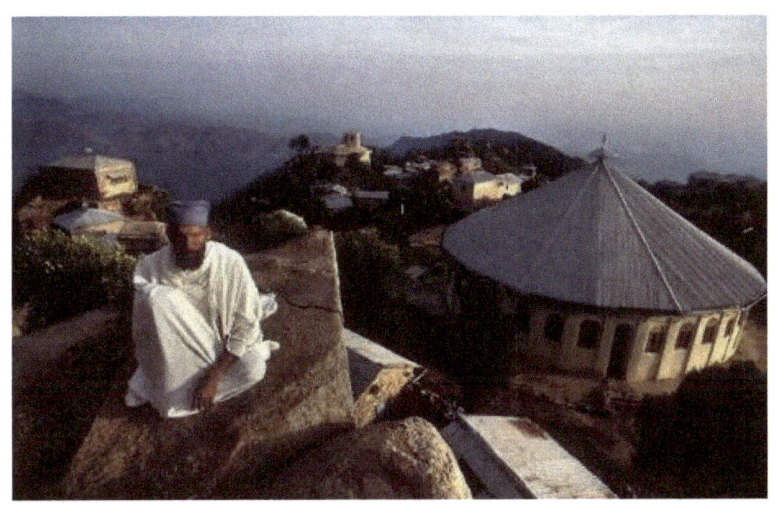

(650 ዓመት ዝገበረ።) ኤርትረያ

ገዳም ዴብረ ቢዘን ብ1350 ኣብ ዛራ ያኅብ (ሃጸይ) ተመስረተ

መንክር ደብረ ሲና ኣብ ናይ ኤርትራ ከፍሊላ ምዕራብ ከረን ናብ ኣስመራ ሓደ 18 ኪ.ሜ ብቐራብ ከተማ ኤላበረድ ዝርከብ፣ ኣብ ኤርትራ ኦርቶዶክስ ክርስትያናት ብብዝብዝት ዝኾነ ቅዱስ ቦታ እዩ። እዚ መንክር ከም መስተብ ቅድስቲ ማርያም ኣብ ወርሒ ሰነ ወጻኢ እዋን ሓደሽቲ ተኣምራት ብብዙሕ ዓለማት ተምሊኦም ኣብዚ ይሰብሓሉ እንተኾነ፣ ብቃልሲ ሓልዩት፣ ብመዝሙርን ብዝተለዋጠ ሐዊ ይስከር። ናይ እዚ መንክር ታሪኽ፣ ሓበሬታታት እና ተዓማኒታቱ ኣብ መንፈሳዊ እና ባህላዊ ምልክት እጅምር ዝኾኑ እዮም።

እቲ ባህሊ ተቐባሊ ሓበሬታ እቲ ብቐራብ ቤተክርስትያን ዘለዉ ክርኪራት ኣብ ሕይወቱ ዝነበረ ኣቡነ ፊሊፖስ ዘለዎ ጸሎት ቦታ ክኸውን ኣለዎም። እቲ መንክር ብተፈጥሮ ኣብ ዝርከቡ ቅዱሳን መፅሓፍቲ ብጣዕሚ ብዝተለዋጠ ቁጽሪ ዝተዘረቡ እዮም፣ ከም መፅሓፍ ብብዙሕ 40 ኪ.ግ ዝነዝነዘነ እና ከም 600 ብስፍራሕ መንፈሳዊ ጽሑፋት። እዚ መፅሓፍቲ ብብዙሓት ቋንቋታት ዝተፃረዩ እዮም፣ ከም ትግርኛ፣ ኣማርኛ፣ ዓረብኛ፣ ግእዝ እና ኦሮምኛ። ብዙሕ ተተኣማኒታት እናምርኦም ዝርከቡ እዮም፣ ከም ልብሲ፣ መንክር ከውርና እና ካልእ መሳርሒ እንተተኾሙ። ኣብ ዘንድዚ ብርኪት ስምዒት ዝተመዝገበ እንተኾሙ፣ ኣንጸባራቂ መስቀል እና 600 ዓመት ዝነበረ። ኣብ እቲ መንክር ዘርከቡ ኣቦ መንጎታትን ኣቦ ተባሕታትን እቲ ቅዱስ ከተማ ብባህሊ ዝጠቐመ እዩ።

ታሪኻዊ ኣመጽኡ ብተፈጥሮ ተባህሊ ሓበሬታታት ዝሞላ እዩ። ሓበሬታ ከም ቅድስቲ ማርያም ኣብ ህቡኣ ኢየሱስ፣ ኣቦና ዮሴፍ እና ሳሎሜ ምስኣቶም ከም በልዑል ንስራሕ ከነናይ ሄሮድስ ምኽኑ ናብ ግብጺ ተዓመዑ። ኣብ መንክር ኮስኩኦም ብጽንሓት እናዘንተዎም፣ ከምዚ ደጊምኦም ደብረ ስንሂት (ድሕሪኡ ዝተጠሚኣ ደብረ ሲና) ብኣርትራ ክረክቡ እንተኾሎም እዩ። ኣብዚ 40 መዓልቲ ተኣምረዋ። ተቐባሊ ብሓበሬታ ኣምላኽ እቲ ቦታ ክቅዱስ ክኸውን ብደምሓርኡ ኣንጸባራቂ ቀፂ ሓርነት ብምፍጣር ኣብ ዘንድዚ ሓደ ሰርቓ ኣብ ቀንዲ ምስል ብምእዳር ክረክብ እንተኾሎ እዩ።

ሓበሬታ ካልእ እቲ ደብረ ሲና ብትሕቲ ትሕቲ ዓለቓ ኣበል ቅድስቲ ማርያም ዝተርከበት ከም እተረአነ ኣላ እዩ። ከምኡ ኣብ እቲ ጽርኢ ዝርከበ ትሕቲ ኣበል ቤተክርስትያን ተተኣምረ።

እያን ዓመት መስሓቕቲ ብብዙሕ በዓል ዝኽእል እቲ መንክር ይምላእ፣ ምጽላይ፣ መዝሙርን ብዝተለዋጠ ሓዊ ይከኣል። እዚ መንክር እንተስሓተ መንፈሳዊ ርሑስ ተረኺቡ ህዝቢ ክጠቀም ዝኽእል ትምኒት እዩ።

ስእሊ ኤርትራውያን - ናይ ኤቶፕያ ተዋገዶ ኦርቶዶክስ ቤተ - ክርስትያን

ላሊቤላ ሞኖሊቲክ ቤተ ክርስትያን ኢትዮጵያ

ላሊቤላ ሰይንት ጆርጅ

ገዳም ሊባኖስ - ገዳም ሁም ኤርትሪያ

ገዳም ዴብራ ሲና - ኤርትራ ኣብ መበል 4 ዘመን ብሰይንት ኣላ ሳላማ እተመስረተት ሓንቲ ኻብተን ኣብ ዓለም ዘለዋ ብጥንታውነቱ ቐዳማይ ቦታ ዝሓዘት ኣብያተ - ክርስትያን እያ

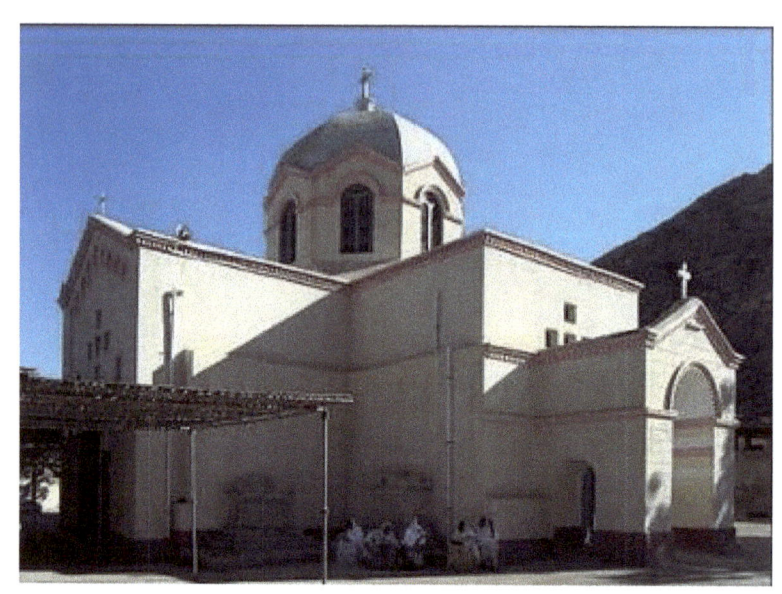

ማይክልስ ካቴድራል ከረን ኤርትረ

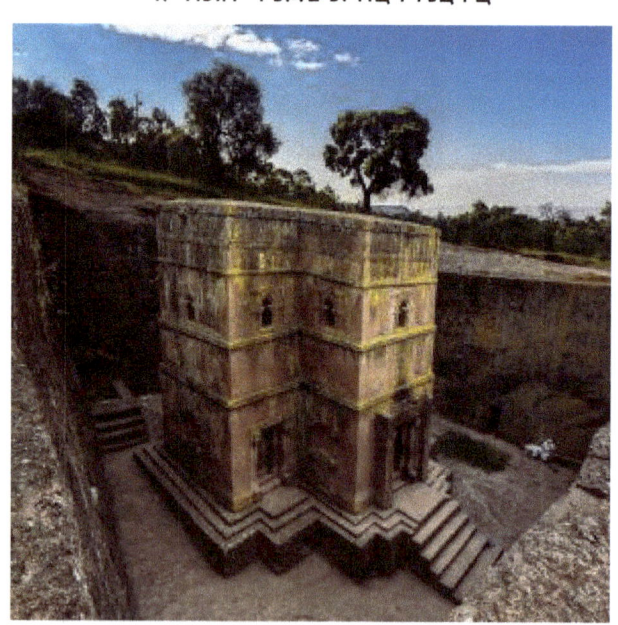

ላሊቤላ ኢቲዮጵያ

እታ ምስጢራዊት ቤተ ክርስቲያን ናትን ላሊበላ። እቲ ድንጋይ ተቐርፀ በሮታትን መስኮታትን ኣምዳትን ጣርን ፈጠረ። እያ ቤተ ክርስቲያን ካብ ሓንቲ ናይ ድንጋይ ክፍሊ ተቐርፀት እያ፣ መንፈሳዊነትን ትሕትናን ንምልክት። ቤተ ቅዱስ ጊዮርጊስ ከም ብዝግባእ ዝተሰርሐ ንምሉእ ዝተጠቐመትን ተቐቢሉ እያ።

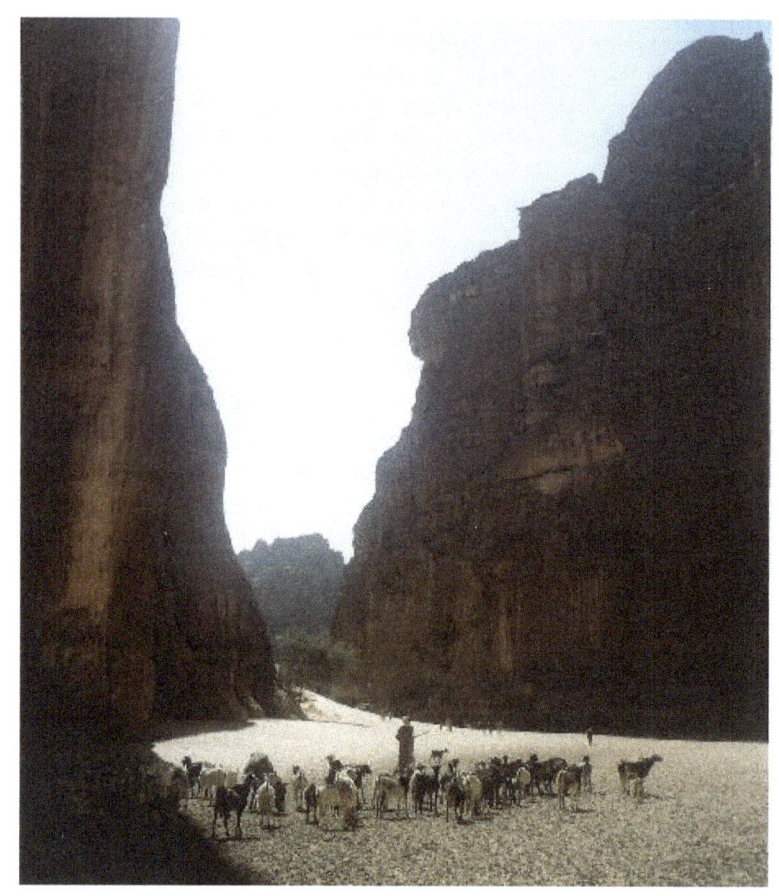

ቻድ

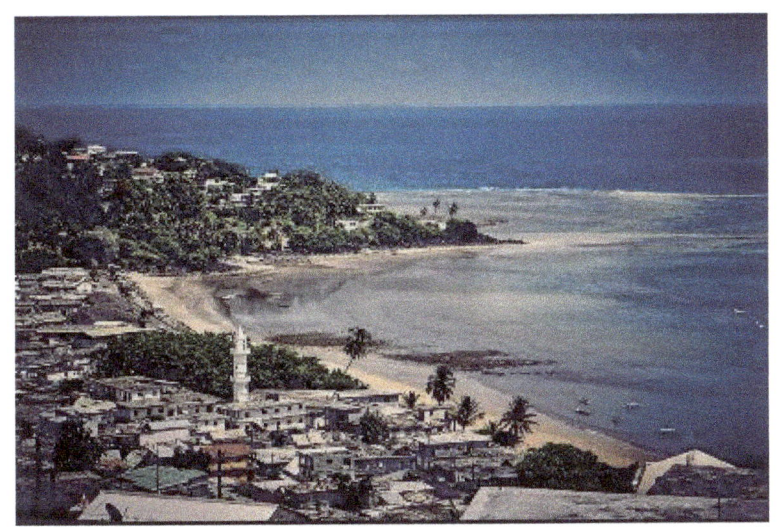

ኮሞሮስ

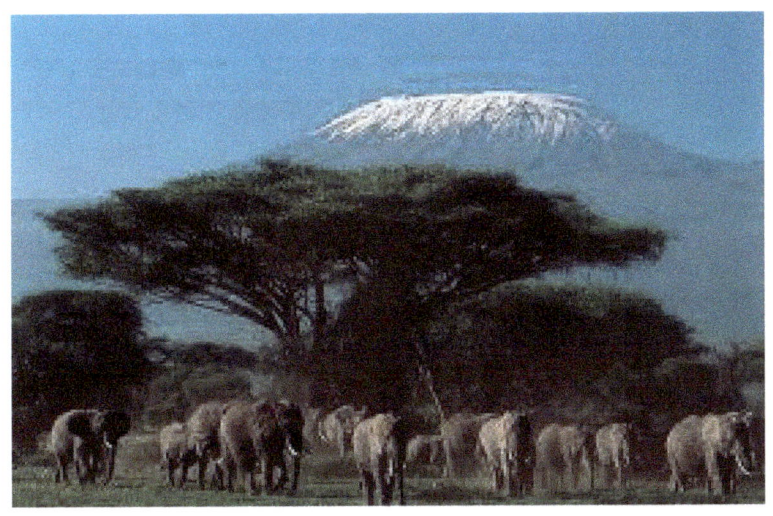

ሃገራዊ መናፈሻ ኣሩሻ ታንዛንያ

ሃገራዊ መናፈሻ ኬንያ

ባዮዳይቨርሲቲ

ዲሞክራሲያዊት ሪፓብሊክ ኮንጎ (DRC) ኣብ ዓለም ካብ 17 ኣገራት ብዝሓበ ባዮዳይቨርሲቲ ዝተለዓለ ተመርጺታ ይትረኸብ። ዝተሰፈረቶም ናይ ዝነበሩ ዝርያት እናዘይ ሓደሽቲ ኣዝዩ እዋን ብጣዕሚ ከባቢ እንስሳት ኣብ ዝተሰፈረት ኣፍሪቃዊት ጫካ ይከብሩ። እዚ እንታይ ይኸውን፡ **10,000 ናይ ጽላሎት ዓይነታት፣ 600 ናይ ጽላል ዝተመርጹ ዓይነታት፣ 1,000 ናይ ወፍሪ ዝርያት፣ 280 ናይ ስንድሮት (reptiles) ዝርያት፣ 400 ናይ እንስሳት ዝርያት** ዝኾኑ ይትረኸቡ። እዚ ብተለይ ኣካላት ከም ዱር ኣህያ፣ ጎሪላ፣ ዱር ቡቃላ፣ ቦንጎን ኦካፒ ይኾኑ።

ናይ ምጥፋእ እንስሳት

ዲኣርሲ (DRC) ሓደ ኣገር እያ ኣብ ዓለም ብዝተፈላለዩ ኣብ ዱር ቦኖቦስ ዝተሰርሑ ይርከቡ። እንዳበለ፡ ኣብዚ እቲ ብሕጂ ናይ ምጥፋእ ዝኾኑ **ምዕራባዊ ታሕባዊ ጎሪላ፣ ምስራቃዊ ታሕባዊ ጎሪላ፣ ኣፍሪቃዊ ዱር ኣህያ እና ኦካፒ** ይኾኑ ዝርከቡ።

ብሔራዊ ፓርኮት

ካብ ኣብዚ ኣገር እንተሃልዩ፡ **5 ብሔራዊ ፓርኮት ኣብ ዓለም UNESCO ባሕሪ ትምህርቲ ዝተመዝገቡ መንፈሳዊ ቦታታት** እዮም። እነዚ እተኾኑ፡ ጋሩምባ፣ ካሁዚ-ቤጋ፣ ሳሎንጋ፣ ቪሩንጋ እና ኦካፒ ዋይልድላይፍ ሪዘርቭ። ሓደሽቲ ክሳብ UNESCO እቲ ሓሙኹሱ እቲ እምበር **ኣብ ምጥፋእ ዝተመዝገቡ** እዮም።

ሓገዛት

ኣብ ዲኣርሲ እቲ ናይ ኣካባቢ ችግርታት እዮም፡ ብዝተበዝሐ መርኣይ ምቅራብ፣ ቁጽጽር፣ ማይኒንግ (ምምካን ሓዳር) እና ጦርነት። እቲ ናይ ውሽጢ ጦርነት እና ናይ ትካል ችግር እቲ ብዝተለዓለ ባዮዳይቨርሲቲ እቲ ኣገር ኣይረኸብን እዩ።

መደብ

ናይ ዲኣርሲ ተፈጥሮ ተዓምርታት እነዚ እዮም፡ **ብዝሓበ ባዮዳይቨርሲቲ፣ ሓርነታት ጫካ፣ ናይ ተፈጥሮ ዝተፈላለዩ እንስሳት**። እቲ ብሔራዊ ፓርኮታት ምግባርን ናይ ተፈጥሮ እንስሳት ምፍላጥን ናይ ሓርነት ሓድሽ ተምህርቲ ተሳትፎ ዝኸውን መሰል ናይ ስራሕ ምንባር እዩ።

ናይ ዲሞክራሲያዊት ሪፐብሊክ ኮንጎ (DRC) ካብ 17 ናይ ዓለም ምስ ተመርጾም ኣገራት ብባዮዳይቨርሲቲ ብዝተለዓለ ዝተከበረት እያ። እቲ ዝተሰፈረ ጫካ ብዙሕ ዘይተለመዱን ብቀርበት ዘሎምን እንስሳት እንተሃልዩ፡ **ጅቡናይዝ፣ ቦኖቦስ፣ ዱር ኣህያትን ኦካፒን**። እቲ ኣገር ናይ ተፈጥሮ ናይ ዝወድኡ ሰባት መዓልቲ እዩ።

1. ባዮዳይቨርሲቲ

ናይ ዲኣርሲ ኢኮስስተም ዝደግፍ፡

- ካብ 10,000 ተፈጥሮ ጽላል ዝርያት፣ 600 ናይ ጽላል ዝተመርጹ።
- 1,000 ናይ ወፍሪ ዝርያት፣ 280 ናይ ስንድሮት፣ 400 ናይ እንስሳት ዝርያት።
- ዝተኣክሉ እንስሳት ከም **ጎሪላ፣ ዱር ቡቃላ፣ በንጎ ኣንተሎፕ፣ ኦካፒ**።

2. ናይ ምጥፋእ እንስሳት

እቲ ዲኣርሲ ሓደ ቦታ እዩ ቦኖቦስ ኣብ ዱር ዝርከቡ። እዚ እንተሃልዩ ክሳዕ ናይ ምጥፋእ እንስሳት መኸበር እያ፡

- ምዕራባዊ ታሕባዊ ጎሪላ
- ምስራቃዊ ታሕባዊ ጎሪላ
- ኣፍሪቃዊ ዱር ኣህያ
- ኦካፒ

3. ብሔራዊ ፓርኮት

ካብ ዲኣርሲ ብሔራዊ ፓርኮት 5 ብUNESCO ናይ ዓለም ባሕሪ መዝገብ ዝተመዝገቡ እዮም፡

- ጋራምባ ብሔራዊ ፓርክ
- ካሁዚ-ቤጋ ብሔራዊ ፓርክ
- ሳሎንጋ ብሔራዊ ፓርክ
- ቪሩንጋ ብሔራዊ ፓርክ

- ኦካፒ ዋይልድላይፍ ሪዘርቭ

ግና እዚኦም ሓሙኹሱ 5 ፓርኮት ብብዝሓበ ተፈጥሮ ሓገዛት **ናይ ምጥፋእ ባሕሪ መዝገብ ኣብ ዝርከቡ**።

4. ኣካባቢ ችግርታት

እቲ ዲኣርሲ ብዙሕ ኣካባቢ ጽንዓት ትርከብ፡

- እተበዝሐ መኣዛ ምቅራብ (bushmeat)
- ቁጽጽር
- ምምካን ሓዳር (mining)
- ጦርነትን ናይ ትካል ውዕልታትን እቲ ባዮዳይቨርሲቲ ናብ ምጥፋእ እንተኣምርት ዘይምካነ ይግበር።

መደብ

እቲ ዲኣርሲ ዝሓበ ጫካታት፣ ዝተፈላለዩ እንስሳትን ዝበለጸ ኣካባቢን እቲ ብጣዕሚ ውቕረት እዩ። ናይ ብሔራዊ ፓርኮታት መግባርን ዘይተለመዱ እንስሳት ምፍላጥን እቲ ናይ ተፈጥሮ ባሕሪ ናብ ምርኣይ ኣምርሓን እዩ ዝተገልጸ።

ሓራምዝ ንሉዌሁ ደቡብ ኣፍሪቃ ይሰግርዎ

ዲቡቲ

ቀይሕ ባሕሪ ማሳዋ - ኤርትረ

ማስዋ - ወደብ ኤርትረ

ኣዋስን ኣብ ፈለግ ኒል

ኒል ግብጺ

ግብጺ

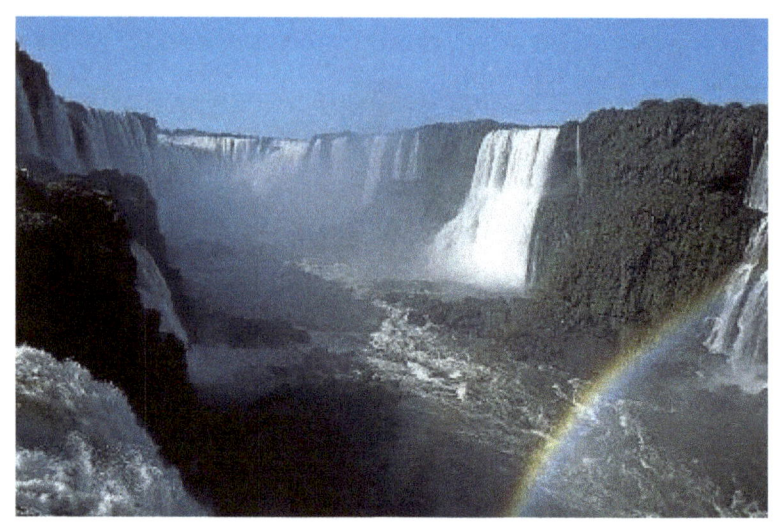

ኮንጎ ዲ. ኣር. ሲ.

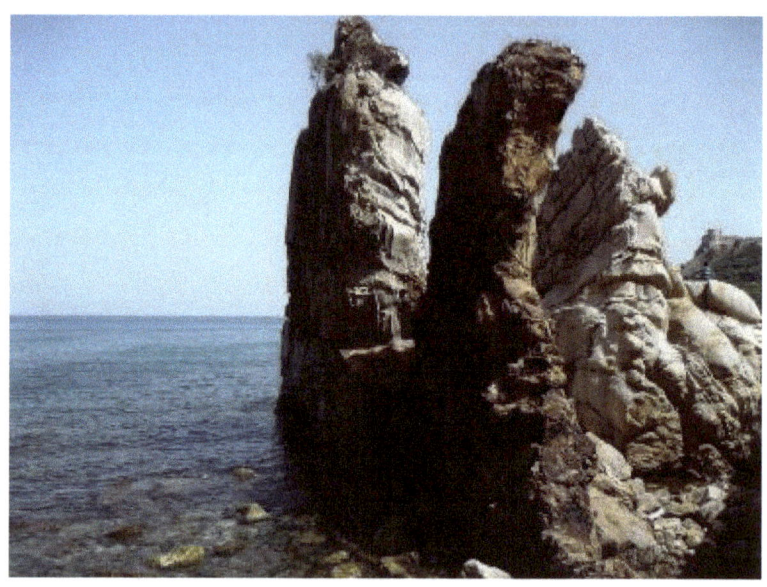

ቱኒዝያ

ስፍራ ኣታኽልቲ ኣትክልቲ ጋና

ሰራ ልዮን

ሰኔጋል

ጊኒ ፎውል

ናሚብያ

ሊብያ

ላይበርያ

ፓፕዋ ጊኒ (ሃገራዊ ዕምባባ)

ሃገራዊ ዕምባባ ጊኒ ቢሳው

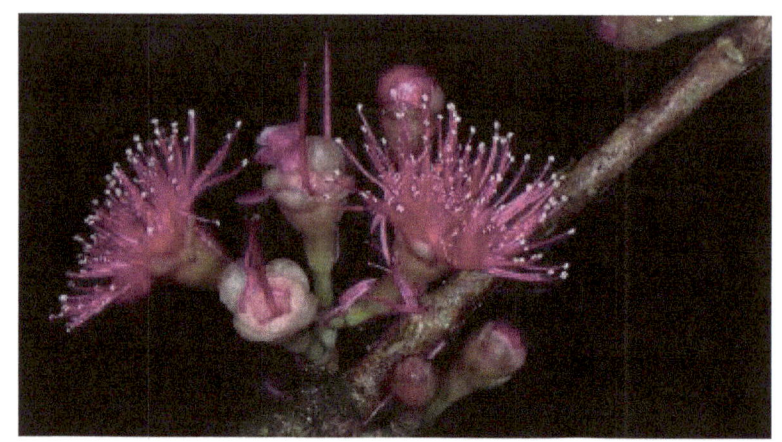

ዕምባባ ጊኒ ቢሳው

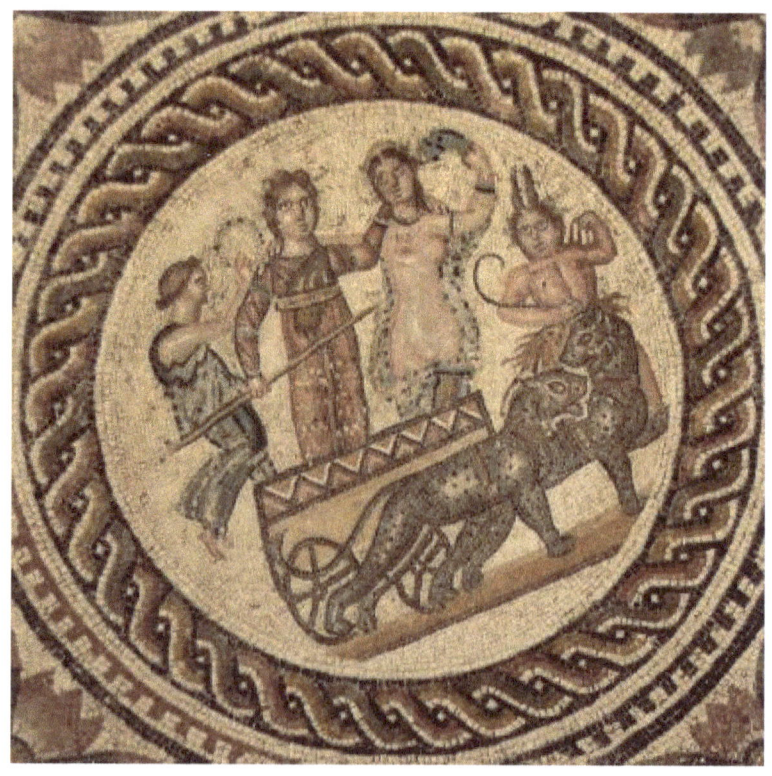

ሊብያ ጥንታዊ ናይ ሮማ ሞዛይክ ሳብራታ

ማላዊ

ALGERIA
LIBYA
EGYPT
MAURITANIA
MALI
NIGER
CHAD
SUDAN
YEMEN
NIGERIA
SOUTH SUDAN
ETHIOPIA
SOMALIA
KENYA
DEMOCRATIC REPUBLIC OF THE CONGO
TANZANIA
ATLANTIC OCEAN
ANGOLA
ZAMBIA
ZIMBABWE
NAMIBIA
BOTSWANA
MADAGASCAR
SOUTH AFRICA
INDIAN OCEAN
N

ኣገር – ዕለተ ናጽነት – ኣገዳሲ

• ሪፐብሊክ ና ላይቤሪያ, 26 ሓምለ 1847, ዘይተኮሎናይዝ እቲ

• ሪፐብሊክ ና ደቡብ ኣፍሪቃ, 31 ግንቦት 1910, ብሪጣንያ

• ዓረብ ሪፐብሊክ ና ግብጺ, 28 ለካቲት 1922, ብሪጣንያ

• ህዝባዊት ዴሞክራሲያዊት ሪፐብሊክ ና ኢትዮጵያ, 5 ግንቦት 1941, ጣልያን

• ሊብያ (ሶሺያሊስት ህዝባዊት ሊብያዊት ዓረብ ጃማሂሪያ), 24 ታሕሳስ 1951, ብሪጣንያ

• ዲሞክራሲያዊት ሪፐብሊክ ና ሱዳን, 1 ጥሪ 1956, ብሪጣንያ/ግብጺ

• ንጉስታት ና ሞሮኮ, 2 መጋቢት 1956, ፈረንሳይ

• ሪፐብሊክ ና ቱኒዝያ, 20 መጋቢት 1956, ፈረንሳይ

• ሞሮኮ (ሰሜናዊት ዞን እስፓንያ, Marruecos), 7 ሚያዝያ 1956, እስፓንያ

• ሞሮኮ (ዞን ኢንተርናሽናል, ታንጂርስ), 29 መስከረም 1956

• ሪፐብሊክ ና ጋና, 6 መጋቢት 1957, ብሪጣንያ

• ሞሮኮ (ደቡባዊት ዞን እስፓንያ, Marruecos), 27 ሚያዝያ 1958, እስፓንያ

• ሪፐብሊክ ና ጊኒ, 2 ጥቅምቲ 1958, ፈረንሳይ

• ሪፐብሊክ ና ካሜሩን, 1 ጥሪ 1960, ፈረንሳይ

• ሪፐብሊክ ና ሴኔጋል, 4 ሚያዝያ 1960, ፈረንሳይ

• ሪፐብሊክ ና ቶጎ, 27 ሚያዝያ 1960, ፈረንሳይ

• ሪፐብሊክ ና ማሊ, 22 መስከረም 1960, ፈረንሳይ

• ዲሞክራሲያዊት ሪፐብሊክ ና ማዳጋስካር, 26 ሰነ 1960, ፈረንሳይ

• ዲሞክራሲያዊት ሪፐብሊክ ና ኮንጎ (ኪንሻሳ), 30 ሰነ 1960, ቤልጅየም

• ዲሞክራሲያዊት ረፐብሊክ ና ሶማሊያ, 1 ሓምለ 1960, ብሪጣንያ

• ረፐብሊክ ና ቤኒን, 1 ነሓሰ 1960, ፈረንሳይ

• ረፐብሊክ ና ኒጀር, 3 ነሓሰ 1960, ፈረንሳይ

• ህዝባዊት ዴሞክራሲያዊት ረፐብሊክ ና ቡርኪና ፋሶ, 5 ነሓሰ 1960, ፈረንሳይ

• ረፐብሊክ ና ኮት ዲቯር (ኣይቨሪ ኮስት), 7 ነሓሰ 1960, ፈረንሳይ

• ረፐብሊክ ና ቻድ, 11 ነሓሰ 1960, ፈረንሳይ

• ረፐብሊክ ና ማእከላይ ኣፍሪቃ, 13 ነሓሰ 1960, ፈረንሳይ

• ረፐብሊክ ና (ብራዛቪል) ኮንጎ, 15 ነሓሰ 1960, ፈረንሳይ

• ረፐብሊክ ና ጋቦን, 16 ነሓሰ 1960, ፈረንሳይ

• ፌዴራል ረፐብሊክ ና ናይጄሪያ, 1 ጥቅምቲ 1960, ብሪጣንያ

• ኢስላሚክ ረፐብሊክ ና ማውሪታንያ, 28 ሕዳር 1960, ፈረንሳይ

• ረፐብሊክ ና ስየራ ልዮን, 27 ሚያዝያ 1961, ብሪጣንያ

• ካሜሩን (ብሪጣንያዊ ዞን ደቡብ), 1 ጥቅምቲ 1961, ብሪጣንያ

• ታንዛኒያ (ህቡባት ረፐብሊክ), 9 ታሕሳስ 1961, ብሪጣንያ

• ረፐብሊክ ና ቡሩንዲ, 1 ሓምለ 1962, ቤልጅየም

• ረፐብሊክ ና ሩዋንዳ, 1 ሓምለ 1962, ቤልጅየም

• ዲሞክራሲያዊት ና ህዝባዊት ረፐብሊክ ና ኣልጀሪያ, 3 ሓምለ 1962, ፈረንሳይ

• ረፐብሊክ ና ኡጋንዳ, 9 ጥቅምቲ 1962, ብሪጣንያ

• ረፐብሊክ ና ኬንያ, 12 ታሕሳስ 1963, ብሪጣንያ

• ረፐብሊክ ና ማላዊ, 6 ሓምለ 1964, ብሪጣንያ

• ረፐብሊክ ና ዛምቢያ, 24 መስከረም 1964, ብሪጣንያ

• ረፐብሊክ ና ጋምቢያ, 18 የካቲት 1965, ብሪጣንያ

- ሪፐብሊክ ና ቦትስዋና, 30 መስከረም 1966, ብሪጣንያ
- መንግስቲ ና ሌሶቶ, 4 ጥቅምቲ 1966, ብሪጣንያ
- መንግስቲ ና ማሪሽየስ, 12 መጋቢት 1968, ብሪጣንያ
- መንግስቲ ና ስዋዚላንድ, 6 መስከረም 1968, ብሪጣንያ
- ሪፐብሊክ ና ኢኳቶሪያል ጊኒ, 12 ጥቕምቲ 1968, እስፓንያ
- ሞሮኮ (ኢፍኒ), 30 ሰነ 1969, እስፓንያ
- ሪፐብሊክ ና ጊኒ-ቢሳው, 24 መስከረም 1973 (ወይ 10 መስከረም 1974), ፖርቱጋል
- ሪፐብሊክ ና ሞዚምቢክ, 25 ሰነ 1975, ፖርቱጋል
- ሪፐብሊክ ና ኬፐ ቨርዴ, 5 ሐምሌ 1975, ፖርቱጋል
- ፌዴራል ኢስላሚክ ሪፐብሊክ ና ኮሞሮስ, 6 ሐምሌ 1975, ፈረንሳይ
- ዲሞክራሲያዊት ሪፐብሊክ ና ሳኦ ቶሜን ፕሪንሲፔ, 12 ሐምሌ 1975, ፖርቱጋል
- ህዝባዊት ሪፐብሊክ ና ኣንጎላ, 11 ሕዳር 1975, ፖርቱጋል
- ዝተሓበረ ሰሜን ምዕራብ (Western Sahara), 28 የካቲት 1976, እስፓንያ
- ሪፐብሊክ ና ሲሸልስ, 29 ሰነ 1976, ብሪጣንያ
- ሪፐብሊክ ና ጂቡቲ, 27 ሰነ 1977, ፈረንሳይ
- ሪፐብሊክ ና ዚምባብዌ, 18 ሚያዝያ 1980, ብሪጣንያ
- ሪፐብሊክ ና ናሚቢያ, 21 መጋቢት 1990, ደቡብ ኣፍሪቃ
- መንግስቲ ና ኤርትራ, 24 ግንቦት 1993, ኢትዮጵያ

ፈጠራ እቲ ሓደሽ ዓለም – ክፋል ፪

ሒሳብ: ቅድሚ ናይ ኤውሮፓ ስብሓት ስርዓት ሒሳብ እንተሰርሐ፣ ኢትዮጵያዊ ነጋይቲ ሓደሽቲ ስርዓት ኣብ መንግስቲ ኣክሱም ናይ ሕዝቢ ሓባር ሓደሽቲ እዩ ኣተወሉ።

ኣብ መንግስቲ ኣክሱም፣ ብዙሕ ክፍለ ኤርትራን ኤስት ኣፍሪቃን ዝዛረብ፣ ከምኡ ግን ከም ኮምፒዩተር እዚ ሕጂ ዝጥቀመሉ ሓሳብ ዘለዎ ስርዓት ሒሳብ ተጠቕሙ። እዚ ዘይተለምዐ ስርዓት ብ **ኣትሪ፣ ክልክልን ክልተ ብኩልን (doubling & halving)** እዩ ዝመስል።

ኣብ እዚ ስርዓት፣ ምምዝጋብ እትብሃል ብሓደ ብሓደ ኣብ ዝተዳለወ መደብ ኣይትሰርሕን። ክልተ ወይ ክልክል ብምግባር ተዳላዊ ትጥቀም። እቲ ከምኡ ዝተሓለፈ ቁጽሪ (እንተ ግማሽ ኮይኑ) ይወጽእ እዩ።

ምሳሌ: 18 × 31

ኣብ ክልተ ኣምዲ ክንደይ ኣኣርኩም፡-

ሓጺር (Half)	**ክልክል (Double)**
18x	31×1
9	62×2
4x	124×4

ኣበርክቶ – ኣፍሪቃዊ መንገዲ

ኣበርክቶ ኣብ ኣፍሪቃ ካብ ሓሳብ ሰብ ክልተ ይንከብሮ። እቲ እትዘውዕሩ ሓደ መንግስቲ ኣፍሪቃ፣ ብዙሕ ባህላት ክትማርፅ ትኽእል፣ እዚ ኣበርክቶ ዝኾነ ትሕቲ ኣብ ብሕታዊ ዝኣምኑ ባህላት። እንተ ዘይሕልፉ እትዘውዕሩ ኣፍሪቃ፣ ብቐይሕኩም ቀረባ ባህሊ ኣብ ዓዲ ዝርከብ ክትኽውን ኣለኩም። እዚ ከም ከተማዊ ኣበርክቶ ዘሎ ግን ኣብ ግዜ ብኩል ዝተቀየረ ዘሎ። ባህሊ ክጠብቕን እዋናዊ ክዕዘን።

ኣንጻር ኣብ ኣፍሪቃ ባህሊ እንተሃልዩ እንተዘይሃልዩ፣ ጻዕዳ እዩ እቲ ኣበርክቶ። እቲ ኣሕዋት ዝመጽኡ ከም ቤቶም ክሰምዑ ብዙሕ ተኣክሮም። እቲ ሕፃን እዚ እንተኔሩ እቲ ናይ ኣናቱ ገዛ ብዙሕ ኣበርክቶ ሰባት ካብ ዓዲን ካብ ወገን ከተማን ዝመጹ ዝኾኑ ክትዘዋዕር እዩ ዘነበረ። እቲ ኣናቱ ኣንዲ ኣናት እያ ንወላዲ ክትምህር እንተ መሃርኒ፣ ንጻዕዳ ዓዲ ዘመጽእ ክትሓብርን፣ ክትስዕብን፣ ክትምርህን ብኣንቲ ድኹም ኣከብርቶ።

እቲ ኣንጻር ሓላፍነቱ ብዘይ ክፍሊ እቲ ግዜ ዝተወሰነ ክዘዋዕር እዩ። ብነፍሲ ማእከላይ ንግድን ምቕላዕን ተዓቀቡ። እቲ ጻዕዳ ከም ሓደ ከምዚ ከምዘለዎ ዝስዕብ ዘርእስታን ታሪኽን ክምሃር እዩ። እቲ ኣንጻር ብኩሉ ቤተ-ሕማም ዝተሰራሕ እዩ ዝስዕብ። እዚ ካብኡ እዩ ኣፍሪቃዊ ሕፃናት ባህሊ ክትዕበር እንተዘይተምሃረ፣ ንርእሱ ክድንግያ እንተተማሃረ። ኣብ ዝነበረ ሓሳብ ባህሊ ተወሳኺ ዝኾነ፣ ከምዘሎና ክንትርከብን ንዝመጽእ ትውልዲ ክንምሃርን እንትኽእል እዩ።

እዚ ብቕላም ከተማዊነትን ዘይትምህር ለውጢ ዝሓለፈ ዓለምን እንተ ዘሎ፣ ኣፍሪቃውያን ባህላትናን ታሪኻትናን ኣይንረክቡን። እንተ ዘይተረኸበ ታሪኻዊ ኣበርክቶ ካብ ዝነበረ ዝሕለፈ ትውልዲ ናብ ዝመጽእ ትውልዲ እዩ ዝተተላለፈ።

ኣብ ምንቅስቓስ ኣፍሪቃ እዩ ኣሎ ባህሊ ኣፍሪቃዊ። እንተ ክንዳይ ንውሕስን ሕይወትን ክጠቕምን ከም ምሕደራ እዩ ዘሎ።

ንዓና ትጵዓናት ኣፍሪቃ ናብና ኩሉ ኩሉ ክትመጹ እንድዩ። ንምስጢርና፣ ንደስታና፣ ንሓፋሽነትና – ንትሕቲ ናይ ቅድሚ ኣበርክቶ።

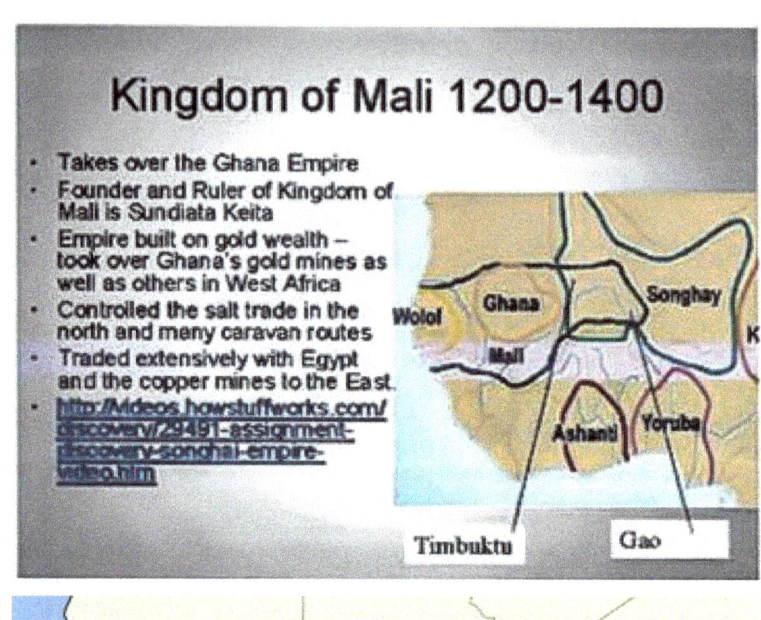

Kingdom of Mali 1200-1400

- Takes over the Ghana Empire
- Founder and Ruler of Kingdom of Mali is Sundiata Keita
- Empire built on gold wealth – took over Ghana's gold mines as well as others in West Africa
- Controlled the salt trade in the north and many caravan routes
- Traded extensively with Egypt and the copper mines to the East.
- http://videos.howstuffworks.com/discovery/29491-assignment-discovery-songhai-empire-video.htm

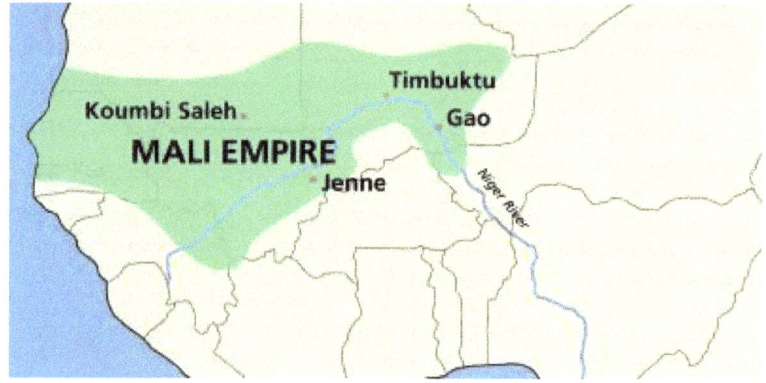

መፍሊ ኣፍሪቃ

ማውሪቲየስ

ካሪ ትራይፐስ ግሮ ፖይስ

ሉሚ ቢንስን ትራይፐስ ካሪን

- 375 ግራም ሉሚ (ሊማ) ቢንስ
- 1 ኪ.ግ. ሆነክምብ ትራይፐስ (ከብቲ ትራይፐስ)
- 4 ማንኪያ ቁርበት ካሪ
- 4 ማንኪያ ቁርበት ኮሪያንደር ሽምዒት
- ካሪ ፑለት (ወይ ቤይ) ጨውቲ
- 4 ክሎፍስ
- 450 ግራም ቲን ተቐሊሑ ቲማቲም
- በጣም የትሕቲ ጨውን በስተትን
- 1 መካነ ሽጉርቲ ሽምዒት
- 1 ማንኪያ ቁርበት ቅቕዕ ጅንጅር
- 1 ማንኪያ ቁርበት ቅቕዕ ቖልቖሊ

መርሓ ግብሪ

1. ሉሚ ቢንስ ኣብ ቀይሕ ማይ 30 ደቒቕ ክትከል ኣድልዩ።
2. ትራይፐስ ኣብ ኣንስተይ መጠን ክትሕለፍ ኣድልዩ።

3. ሉሚ ቢንስ ካብ ማይ ንምሕኣር ባጽሑ። ሉሚ ቢንስን ትራይፐስን ሓደ ሊትር ንኽፍሊ ማይን ክሎፍስን ኣብ ሳላ ስርሒት ውሰዱ። ክትፍለጥ ኣድልዩ፣ ከምኡውን ሉሚ ቢንስን ትራይፐስን ምስ ተዓጽዩ ክህሉፍ ክትከውን ኣድልዩ።

4. ካብ እቲ እሳት ኣውርዱ።

5. ኣብ ካሳሮላ ሳላ ካልእ፣ 2 ማንኪያ ዘይቲ ኣክዩ። ሽጉርቲ፣ ቖልቖሊ፣ ጅንጅር፣ ተቖሊሑ ቲማቲም፣ ካሪ ፑለት፣ ፍርቂ ኮሪያንደር ኣክትሕብኡ። ክትቀርብ ክምርህ ክትደምስስ ኣድልዩ።

6. ካሪ ቁርበት ኣብ ሳስ ኣክቱ፣ ብጥንቃቐ ክትዕልፍ ኣድልዩ። 5 ደቒቕ ክትምርህ ኣድልዩ።

7. ሉሚ ቢንስን ትራይፐስን ብማይ ኣብ ሳስ ኣክቱ፣ ብጥንቃቐ ክትዕልፍ ኣድልዩ። 35 ደቒቕ ክትምርህ ኣድልዩ።

8. ክትፍለጥ ክትከውን እንተደሊኹም። ማይ እንተደሊኹም ክትኣክቱ ትኽእሉ።

9. ካብ እሳት ኣውርዱ፣ ኣብ ሙቕ ሰርቪንግ መደብ ክትኣክቱ ኣድልዩ። እቲ ከምዚ ዘረኣ ኮሪያንደር ላዕለዋ ክትርጨፍ ኣድልዩ።

10. ከምዚ ኣብ ሩዕስ ወይ ሰላጣ ኣብ ግዜ ምግቢ ክትሰርብ ኣድልዩ።

ቡሩንዲ

ባናናን ባኒን

- 500 ሚ.ሊ ደረቕ ቀይ ኪድኒ ቢንስ
- 4 ኣረንጓዴ ባናናታት (ወይ ፕላንቲንስ)
- 2 ማንኪያ ንጹሕ ዘይቲ ፓልም
- 1 ንእሽቶ ሽጉርቲ፣ ብጥንቃቐ ዝተቀረጸ
- ¼ ማንኪያ ጨው
- ትኩስ በርበረ ክትሓትት እንተደሊኻ

መርሓ ግብሪ

1. ቢንስ 3 ሰዓት ኣብ ማይ ክትከል ኣድልዩ።
2. ንእሽቶ ዝተከሉ ቢንስ ኣብ ማይ 30 ደቒቕ ክትፍለጥ ኣድልዩ ክህሉፍ።
3. ኣረንጓዴ ባናናታት ክትሕሉፍ፣ ከምዚ ክትቖርጽ ኣድልዩ።
4. ዘይቲ ኣብ ሳላ ክትሙቕ ኣድልዩ፣ ሽጉርቲ ክትቀርብ ኣድልዩ።
5. ቢንስ፣ ባናናታት፣ ጨውን በርበረን ኣክቱ፣ 2 ደቒቕ ክትዕልፍ ኣድልዩ።
6. 1 ኩባያ ማይ ኣክቱ፣ ክትምርህ ኣድልዩ እና ባናናታት ክትፍለጥ እና 200 ሚ.ሊ ማይ ክትቀርሕ።
7. ብሙቕ ክትሰርብ ኣድልዩ።

ሴኔጋል ዓሳ

Chef-au-Jen

እትዮ:

- 3-4 ፓውንድ (1½ – 2 ኪ.ግ) ሙሉ ዓሳ
- 2-3 ኢንች (5-7 ሴ.ሜ) ዘይቲ ንቁርስ መጥፍ

ብስንኩት ምስሪት ዓሳ ብጥንቃቐ ሓዝ ክትቐርጽ ኣድልዩ፣ ግን ክትሕሉፍ ኣይክእልን። ክፍቲ ዝተቐረጹ በታታት ኣብ ቅሩብ ዘሎ ስቱፍ (roff) ኣብኣታት ክትሓትት ኣድልዩ። እቲ ምርድ ብቀሪቡ ቅዱጽ፣ በርበረ፣ ጐርሊክ፣ ጨውን ፔፐርን ይኽውን።

ዘይቲ ኣብ ትልቅ ኣሰራርሓ ሳላ ክትሙቕ ኣድልዩ፣ ዓሳ ክትምርህ ኣድልዩ ከምኡውን ክትለሕልፍ ኣድልዩ። ዓሳ ኣውጽኡ፣ እቶም ብዘይቲ ተሰርቑ በዝሒ ዘሎ ወረቐት ክትምርህ ኣድልዩ።

ሶስ (Sauce)

- 3 ሽጉርታት፣ ብጥንቃቐ ዝተቀረጹ
- 3 ቡዩሎን ኩብስ
- 1 ኪ.ግ ታማሪንድ ፓስት
- 6 ኩብ ማይ

እቲ ሳላ ከምዝነበረ ኣውጽኡ፣ እቶም ሽጉርታት፣ ቡዩሎን ኩብስ፣ ታማሪንድ ፓስትን ቲማቲ ፓስትን ኣብ ማይ ኣክቱ። ክትምርህ ኣድልዩ።

ስቲው ሩዝ (Stew Rice)

1. 1 ካላባሽ
2. 5 ንእሽቶ ትሕርቲ ካልኦ
3. 8 ኦክራ
4. 3-4 በርበረ ክቡር
5. 2 ትኩስ በርበረ
6. 2 ኣረንጓዴ በርበረ
7. 1 ፓውንድ (½ ኪ.ግ) ደረቕ ኮድ
8. 1 ኩባያ ሩዝ

መርሓ ግብሪ

1. እቶም ትሕርቲ ካልኦን ኦክራን ክትቖርጹ ኣድልዩ እቲ ብትሕቲ ጠንካራ እንዲኾን።
2. እቶም ትሕርቲ ካልኦን በርበረን እናክቱ ብኮድ ሰስ 30 ደቒቕ ክትምርሀ ኣድልዩ እና ክትፍለጥ።
3. እቲ ዓሳ ኣብ መዓልቲ ምግባር ከም መወሰኽ ክትሓትት ኣድልዩ።
4. እቶም ትሕርቲን ዓሳን ኣብ ሳላ ክትወጹ ኣድልዩ፣ ክትሸፍኑ ኣድልዩ እና ብሙቕ ክትሰርብ።

ደሞክራስያዊት ሪፓብሊክ ኮንጎ

ኮንጎ

ሞዋምበ (Moambe)

እትዮ:

- 3 ፓውንድ ዶሮ ብክፍል ዝተቖረጸ
- 2 ሽጉርታት ዝተቀረጹ
- 2 ማእዘን ካሪ
- 1 ማእዘን ፓፕሪካ
- ½ ማእዘን ጅንጅብል
- 2 ትልልቲ ፖቴቶ ዝተጸልሑን ዝተቀረጹ
- 6 ኦውንስ ቲማቲ ፓስት
- 4 ፓውንድ ቅሉ ቂጣ ተፋትፎ
- 1 ማእዘን በርበረ ትኩስ
- 1 ኩባያ ማይ
- 12 ኦውንስ ማሽሮም ዝሓሸ
- 1 ሳንታ እንጨት ዝተረበረበ ስፒናች

መርሓ ግብሪ:

1. ዶሮን ሽጉርታን ክትምርሀ ኣድልዩ እና ዶሮ ክትሓረት እና ሽጉርታ ክትበረት እንዲኹን።
2. ካሪ፣ ፓፕሪካ፣ ጅንጅብል፣ ፖቴቶ፣ ቲማቲ ፓስት፣ ቂጣ፣ በርበረ ትኩስን ማይን ኣክቱ።

3. ጨው ኣክቱ።

4. ማሽሮምን ስፒናችን ኣክቱ፣ 10 ደቒቕ ክትምርህ እና ዶሮ ክትፍለጥ።

5. ብሙቕ ኣብ ሩዝ ተብሊል ክትሰርብ ኣድልዩ።

ካሳታ (Cassata)

እቶም ሥርታት እንዲሕስቶም ይጠረብርቡ፣ እና ብቆርቆር ክውስን ከም "Manioc meal" ይብሉ ዝበለ ነገር ክምርህ እንዲኹን። እቲ ቆርቆር ተዋህዶ እንዳትፍርስርስ ዝመስል ዳቦ ይሰርሓል።

ሶማሊያ

ጉበይ እና ሽጉርታ

እትዮ:

- 1 ኩባያ ምዕራፍ (milk)
- ½ ኩባያ ነጭ ቆርቆር (flour)
- 1-2 ፓውንድ ዝተቀረጸ ጉበይ (ድሙ፣ ግርግር ወይ ጋሚላ)
- 4 ማእዘን ቅቤ ወይ በርበር ነቲ ስኦርተኒንግ (shortening)
- 2 ማእከላይ ሽጉርታ ብክብረ ዝተቀረጹ (ሪንግ)
- ጽላል ማይ ወይ ሎሚ

መርሓ ግብረ:

1. ምዕራፍን ነጭ ቆርቆርን ኣውርዱ።
2. ጉበይ ብዚ መርትዕ ተዓርኮ እቲ በርበር 3/4 ማእዘን ዘለዎ ፓን ኣብ እዩ ኣእምሩ። ሓሙኹሱ ጉበይ ሓሙኹሱ ክሳብ ምእንቲ ከቢብሎ በጺሑ።
3. ጉበይ ኣብ ጎና እቲ ፓን ኣእምሩ። ነቲ ቀሪ ቅቤ ወይ ስኦርተኒንግ ኣእምሩ፣ ሽጉርታ ኣእምሩ ክትበረት እና ቡናዊ ክኸውን።
4. ምርጫ እዚ ሎሚ ወይ ማይ ትንሽ ኣእምሩ።
5. ብሙቕ ተርከብ።

ሳምቡሳ

እትዮ:

- 1 ፓኬት (14 አውንስ) ስፕሪንግ ሮል ሽርቀት
- 2 ማእዘን ዘይት ኦሊቫ
- 2 ፓውንድ ስጋ ተፋሪፉ
- 1 ሊክ (leek) ተቀረጺ
- 2 ቀንዲ ቅመም ኩምን
- 2 ቀንዲ ካሪ
- 1 ማእዘን ጨው
- 1 ቀንዲ ጨው ጥቕሲ (pepper)
- 1 ንእሽቶ ሽጉርታ ብጥቕሲ ዝተቀረጸ
- 1 ጋርሊክ ተዓርኮ
- 1 ማእዘን ቆርቆር ኦል-ፓርፖስ (flour)
- 1 ማእዘን ማይ (ወይ እንተዘይሓገዘ)
- ¼ ኩባያ ዘይት ክምርሀ

መርሓ ግብሪ:

1. ኦሊቫ ዘይት ኣብ ሓደ ስኪሌት ብመካከላይ ድምብ ኣእምሩ።
2. ሽጉርታ፣ ሊክ፣ ጋርሊክ ኣእምሩ እና ሽጉርታ ክትበረት ክኸውን ክትምርሀ።
3. ስጋ ኣእምሩ እና ግን ብኽፋል ዝተሓለፈ እንዲኹን።
4. ቅመም ኩምንን ካሪን ኣእምሩ።

ናይ ኒጀር

ብሔራዊ ምግቢ – ፉራ (Fura)

1. ዝተዘዋወረ ከብሪ ወይ ሰርጎም ከም ሽርባ ኣብ እቲ ምዕራፍን ቅመማትን ዝተዋሐበ።

2. **(ቱዋ እና ሚያ)** – ስብሒ ዝኸውን ዝበለ ግድሚ፣ ከም ትንኩሽቲ ድንሽ ዝሓስብ። ካብ ከብሪ ዝገበረ እዩ፣ ግን ካብ ሩዝ፣ ሰርጎም፣ ማይዝ ወይ ተረኺቢ ይሰርሕ።

3. እቲ ስብሒ ኣብ ውሽጢ ሽጉርታ፣ ኦክራ፣ ካሰቫ ወይ ወረቓት ባምቡ ይርከብ፣ ብዘይት ይምርህ፣ እና ስጋ ብብዝሒ ብተሓዊሱ ይጨመር።

ዳምቡ (Dambu): ብሓርማይ ቤት ዝሰርሕ ምግቢ እዩ። ካብ ሩዝ ወይ ከብሪ እዚ ዝገበረ፣ ብተማጽዑ ቆርበት ባህርያዊ ጽጌ ዛፍ (ሞሪንጋ ኦሌፈራ) ዝተሓለፈ እና ብቂንጢት በቆሎ ተዓርኮ ይተዓየን።

ሳጋይ (Sagai): ምግቢ ብምቁላል ዝሰርሕ፣ ኣብ ውሽጢ ከባቢ ወረቓት ዝምርሕ። ካብ ተረኺቢ ወረቓትን ሰረል ወረቓትን እቲ ዘይከሰስ ምርጫ እዩ።

እቲ ዝተፈጠረ ነቲ ዱቄት ካብ ዝበዝሐ እቲ ተለዋዋጢ ተኽሊ፣ ብክራንክሪ እናዝረቐ፣ ክምርህ እንዳ ይግበር።

ሴራ ሊዮን

ምሳ – ምርማሕ ቆርበት ካሳቫ (Cassava Leaf Soup)

- ስጋ (እንተደሊኻ ኣይኮነን)
- ዓሳ (እንተደሊኻ ኣይኮነን)
- ቀይሕ ዘይቲ
- በርበርዒ
- ማጊ
- ነጭ ማጊ
- ሽጉርታ
- ኦግሪ (እንተደሊኻ ኣይኮነን)
- ቁሩብ ኦክራ (እንተደሊኻ ኣይኮነን)
- ተቀላል ስጋ/ዓሳ
- ጎያ ቢንስ

መመሪያ:

1. ስጋ/ዓሳ 5–10 ደቓይቕ ኣብ ማይ ክትቀልዎ ጀምር።
2. ዓሳ ኣወግዶ ቆርበት ካሳቫ ኣእትዎ።

ምብራቕ ኣፍሪቃ

ሱዳን

1. ሹርቢ ለምብ
2. ማሽሺ – ቲማቲምን ኣቕልጠን ብሩዝን ብስጋ እንስሳ ዝተሞሉ
3. ጋሞኒያ – ቆልዑ ኣንበሳ ብቲማቲም፣ ሽጉርታን ኣቕልጠን ብሚና በርበርዒ ዝተበሰሐ፣ ብሎሚ ጨርቕ ዝተለበሰ
4. ሻታ – እትረት በርበርዒ
5. ኪስራ – ሓድሽ ፍሩት፣ እትረት እና ቡን
6. ኪስራ – ወፍሪ ዳቦ

ሾርባ

- 3 ፓውንድ ወይ 1.4 ኪ.ግ. ኣጻብዕ ለምብ
- 2 ኳርተር ማይ
- 2 ማናይ ሽኮርታ ምሳሕ
- 1 ኩባያ ሽጉርታ (ተሰንዲቑ ዝተቆረጸ)
- 1 ኩባያ ካሮት (ተሰንዲቑ ዝተቆረጸ)
- 1 ኩባያ ካርኦባጅ (እትረት ዝተቆረጸ)
- 1 ኩባያ ስትሪንግ ቢንስ (ተንጽርዶ)
- 3 ዝንጉር ትንሽ ነጬ ሽጉርታ (ብጣዕሚ ዝተቆረጸ)
- ½ ኩባያ ተቀላል ብሩዝ (እንተደሊኻ)
- ሽኮርታን በርበርዒን እንተሓደሸ

መመሪያ

1. ኣጻብዕ ለምብ፣ ማይን ሽኮርታን ኣብ ዓቢ ሳስፓን ኣእትዎን ሰናእ 1 ሰዓት ክትቀልዎ ይግበር።

2. ኩሉ ተቆርጺ ኣቕልጥን ሽጉርታን ኣእትዎን ሰናእ 1 ሰዓት ክትቀልዎ ክትከኣሉ እዩ።

3. ኣጻብዕ ለምብ ኣወግዶ ናይ መዓልቲ ማሽን ተኣሚርካ።

4. ቂጡ የሕብሩ ከምኡውን ሎሚ ጨርቕ ኣእትዎ፣ ብሩዝ (እንተደሊኻ) ኣእትዎ።

5. ምርት ብሽኮርታን በርበርዒን ኣኽእሎ፣ ሾርባ ኣብ ሳስፓን ኣእትዎ። ኣንፈት ኩባያ ክርእየክ ይብሉ።

ህዩስ ግብጻዊ ብልዒ

- 30 ኦዝ ካን ናትር ባቆሎ (Garbanzo beans)
- ½ ኩባያ ታሂኒ (ፍርፍር ናትር ሰሰሚ ቁርበት)
- ½ ኩባያ ሎሚ ጭርቕ
- 4 ትሕቲ ማናይ ዘይቲ ዓውራ
- 2 ዝንጉር ትንሽ ነጭ ሽጉርታ ዝተጨብጨበ
- ½ ትሕቲ ማናይ ፓፕሪካ
- ½ ትሕቲ ማናይ ኩምን
- 1 ትሕቲ ማናይ ሽኮርታ (ንምብላዕ)
- 2 ማናይ ተቆርጺ ጽበቕ (እንተደሊኻ)

መመሪያ

1. ባቆሎ ኣንጻር፣ ½ ኩባያ መዓይ ክትዕዝብ ኣድልዎ፣ እናበዝሑ ባቆሎ ንምብላዕ ክትከይድ ይቕሬታ።
2. ብብሌንደር ወይ ምሳሌ ምግቢ ተቆማርካሪ ታሂኒን ሎሚ ጭርቕን ቀሊሑ ኣእትዎ፣ እንዳብርቱ ደና ክቕረጽ ይግበር።
3. ዘይቲ ዓውራ፣ ሽጉርታ፣ ፓፕሪካ፣ ኩምንን ሽኮርታን ኣእትዎን ቀሊሑ።
4. ግምት እዋን ናትር ባቆሎ ኣእትዎን ቀሊሑ።
5. ዝተረፈ ግምት ባቆሎ ኣእትዎን ቀሊሑ።
6. እቲ ተዕዚቡ መዓይ ባቆሎ 1 ማናይ ምሳሕ ኣእትዎ እንዳተሓደሰ ክቕረጽ ክርእየክ እዩ። ኩሉ ዝተዕዘበ ክትጠቀም ኣይክእልን እዩ።

7. (እንተደሊኻ) ጽበቕ ኣእትዎን ቀሊኡ።

8. ሓደ 2 ሰዓት ኣብ ቀዝለል ክትሕበዎ ይግበር።

9. ብባቆሎ እናበዝሑ፣ ጽበቕ፣ ዘይቲ ዓውራ እናተፈላለየ፣ ፓፕሪካ እናተለበሰ ብታቦል ኣብ ነብስ ኣእትዎ። ንፒታ ዳቦ፣ ቺፕስ፣ ሳላጣ ወይ እንታይ ዝደሊኹ ብትሕቲ ኣብዩ።

ብሑራዊ ምግቢ ሊብያ

ኩስኩስ ቢል-ቦስላ

መፍለይ እቃቕታት

- 1 ½ ፓውንድ ኩስኩስ
- 1 ማናይ
- 1 ትሕቲ ማናይ ሽኮርታ
- ½ ኩባያ መዓይ
- 4 ትልዓል ሽጉርታ
- 2 ማናይ ቡታር
- 5 ክፋል ስጋ ገረብ
- 1 ኩባያ ናትር ባቆሎ (Garbanzo beans)
- 2 ኣርትቦት
- 2 ጃላፐኖስ
- ½ ትሕቲ ማናይ ሓምሲ ቃርያ
- 2 ማናይ ቲማቲም ፓስታ

ሶስ

1. ዘይቲ ኣብ ፓን ኣፍልጦ፣ ስጋን ቁርጽቲ ሽጉርታን ኣእትዎ። እንዳተቀየረ ናይ ቢጫ ቀለም ክረክብ ይግበር።

2. ቅመማት ንእኡ ኣእትዎ፣ ቲማቲም፣ ባቆሎን ½ ኩባያ መዓይን ኣእትዎ። ብዝተንእሰ ሙቀት 2 ሰዓት ክትበልዕ ይግበር። ዝያዳ መዓይ እንተደሊኻ ኣእትዎ። ናይ ግምት ግዜ ዘሎ ተንከይዎ።
3. 4 ትልዓል ሽጉርታ ብቀለል ክትቆርጽ ኣብ ሳስ ፓን ኣእትዎ፣ ብዝተንእሰ ሙቀት ክትበልዕ ይግበር እንዳተቀየረ ቢጫ።
4. ቡታርን እንተወፈቀ ሽኮርታን ኣእትዎ፣ ሐምሲ ወይ ቃርያ ኣእትዎ። እንዳተበልዐ ክትሕዝ ይግበር።
5. እቲ ቁርጽቲ ሽጉርታ ኣብ ሶስ ኣእትዎ፣ እዚ ሶስ እንዳተበልዐ ኩስኩስ ብኣንዲ ማናይ ዘይቲን ሽኮርታን ኣእትዎ። እቲ ግዜ ምስተኣካእ ኣብ እንታይ ክትሕበዎ ይግበር።
6. ብሶስ ተፈሊሉ ኣብ ነብስ ኣብዩ።

ሞዛምቢክ

ማታታ – 8 እንታይ

ቃልምን ናትር በላዕሊ ዝተጨመረ ምሕቢር

መፍለይ እቃቕታት

- 4 ክፋል ሳስ ፓን
- 1 ኩባያ ተቆርጺ ሽጉርታ ኣብ ዘይቲ ዓውራ ኣፍልጦ፣ እንዳተረገሰ እንተኾይኑ ግን ኣይተቀየረን
- 4 ኩባያ ናትር ቃልም ቁርጽቲ ኣብ ቲማቲም ካን
- 1 ኩባያ ናትር በላዕሊ ተቆርጺ
- 2 ቲማቲም ተቆርጺ እትራፊ
- 1 ማናይ ሽኮርታ
- ½ ማናይ ጥቕሚ ቃርያ ጥቕሚ
- ½ ማናይ ኣተወሳሰ ቀይሕ ቃርያ
- 1 ½ ፓውንድ ናትር ስፒናች (ቅድሚት እትረከብቲ ቅጽበታት) ተቆርጺ ቀለል

መመሪያ

1. ሽጉርታ ኣብ ዘይቲ ዓውራ ኣፍልጦ እንዳተረገሰ እንተኾይኑ ኣይተቀየረን።
2. ቃልም፣ ናትር በላዕሊ፣ ቲማቲም፣ ሽኮርታ፣ ጥቕሚ ቃርያ ጥቕሚ፣ ኣተወሳሰ ቀይሕ ቃርያ ኣእትዎ።
3. ሕሉፍ 30 ደቓይቕ እንዳተሓደሰ ብዝተንእሰ ሙቀት ክትበልዕ ይግበር።
4. ስፒናች ተቆርጺ ኣእትዎ። ጽቡቕ እንዳተዓደሰ ክትከይድ ይግበር።
5. ቅመማት ኣስተካክል።
6. ንሩዝ ብታቦል ኣብዩ።

ዛንዚባር

ምቁዚ ዋ ውያማ

ካሪ ስጋ ዛንዚባር

- 1 ኩባያ ተቖርጺ ሽጉርታ ኣፍልጦ።
- 1 ኩባያ ቁርጽቲ ኣተረኽቦ ትርብቲ ትኩር ቁርጽቲ ቂምሽሽ (garlic)።
- 1 ትሕቲ ማናይ ሽኮርታ።
- 1 ትሕቲ ማናይ ቱርመሪክ (turmeric)።
- ¼ ትሕቲ ማናይ ቀይሕ ቃርያ ጥቕሚ።
- 1–2 ትሕቲ ማናይ ካሪ ጥቕሚ።
- 4 ማናይ ዘይቲ ወይ 1 ትሕቲ ማናይ ማርጋሪን።

እነዚ ኣብ ፓን ኣፍልጦ እንዳረገሰ ሽጉርታ እንተኾይኑ ግን ኣይተቀየረን።

- 2 ፓውንድ ስጋ ክፋል ንሳሳይ ክልተ ወይ ሰለስተ ቁርጽታት ተቖርጺ ኣእትዎ።
- ብቀለል ኣፍልጦ፣ ግን እንታይ ኣይተቀየረን።
- 2 ኩባያ መዓይ ኣእትዎ።
- 4 ማናይ ናይ ሎሚ ማርሽ ኣእትዎ።

ክትሕብ ብጥቕሚ ዝያዳ ይዕትዉ፣ ንሓደ ሰዓት ክትበልዕ ይግበር።

እንተ ሶስ ኣብ ቀለል ከም ዝበለ ሰፍነይ፣ 2 ማናይ ኮርን ስታርች ኣብ 2 ማናይ መዓይ ዝተረኽበ ተማምርኩም ኣብ ሶስ ኣእትዎ።

ደቡብ ኣፍሪቃ

ሶሳቲስ (SOSATIES)

እቲ ተማሪኔ ዝተዘጋጀ ስጋ እናብ ኣፕሪኮት ንምግባር ዝርዝር፡-

- 2 ፓውንድ ስጋ ግርግር ነታሕቲ ክፍል ተቆርጹ
- 1 ፓውንድ ስጋ ፖርክ ብእኩል ክፍል ተቆርጹ
- 1 ቁርጽቲ ቂምሽሽ ተኣውሲዑ
- ሽኮርታ እና ጨው
- 4 ማናይ ዘይቲ
- 1 ኩባያ ሽጉርታ ተቆርጹ
- 1 ማናይ ካሪ ጥቕሚ
- 1 ቁርጽቲ ቂምሽሽ ተፈሪሑ
- 2 ማናይ ሽኮርታ
- 1 ማናይ ቲማቲም ፓስታ
- 2 ኩባያ ነጩ ኣሲጥ (vinegar)
- 2 ማናይ ኣፕሪኮት ጃም
- 2 ማናይ ኮርን ስታርች ኣብ 2 ማናይ ቀይሕ ወይን ዝተረኽበ
- ½ ፓውንድ ድርቂ ኣፕሪኮት
- ½ ኩባያ ድርቂ ቸሪ

መንገዲ ምዝጋብ

1. ስጋ ግርግርን ፖርክን ኣብ ትልልይ ሳህን ኣእትዉ፣ ቂምሸሸ ተተውዒኡ ብጨውን ሸኮርታን ንምቅላብ።
2. ኣብ ሳሕን ዘይቲ ኣእትዉ እና ሙሉእ እዩ ክሕዝን ከይትኽእል።
3. ሽጉርታ ኣእትዎን ን 5–6 ደቒቃ ሓርስዎ፣ ኣብ ኋላ ካሪን ቂምሸሸን ኣእትዎ።
4. ሽኮርታ፣ ቲማቲም ፓስታ፣ ነጭ ኣሲጥን ጃምን ኣእትዎ፣ ብትኽክል ሓርሱ።
5. ኮርን ስታርች ከምተተውዒኡ ኣእትዎ፣ ሶስ ክውስን ድሕሪ 3 ደቒቃ ይውስን።
6. ንኽርሕቡ ክልተ–ሰለስተ መዓልቲ ኣዝርቡ ኣእትዎ።

ምቅዳም ንምግባር

- ናይ ድርቂ ኣፕሪኮትን ቸሪን ኣብ ንኣንስተይ ሳህን ኣእትዎ፣ ናይ ማይ ተኽእሎም ብምእዋት ኣብ መዝገብ ምስርሕ ንሓደ ምሸት ኣብ ብርዒ ብምቕመጥ ይቕመጡ።
- ስጋ ካብ ሶስ ኣውጽኡ እናረኸበ ተቐይሩ። ናይ ስጋን ድርቂ ኣፕሪኮትን ኣብ ስኪውር ኣትርቡ።
- ኣብ ከምሓሊ ካርቾላ (charcoal) ክሓርስ ክሳብ ስጋ ብኹሉ ጎን ይቀየር።
- ሶስ እንዳረኸበ ይምልኩ እና ሞይቱ ኣእትዎ።

ማዳጋስካር

ቫረንጋ (Varenga)

እቲ ተቀጣጠረ ተጨኒቑ ስጋ ንምዝጋብ ዝርዝር፦

- 8 ፓውንድ ተቀጣጠረ ብትኽክል ዝተጨኒቑ ስጋ በሬ
- 4 ፓውንድ ዘይብነት ዝተቆርጸ ኣብ 1 ኢንች ቁራጽ ዝተጨኒቑ ስጋ ዶሮ
- ¼ ኩባያ ማይ
- 2 ማናይ ጨው
- 2 ቁርጽቲ ቂምሽሽ ተፈሪሑ
- 1 ኩባያ ሽጉርታ ተቆርጺ

መንገዲ ምዝጋብ

1. ንስጋ፣ ማይ፣ ጨው፣ ቂምሽሽ እና ሽጉርታ ኣእትዉ። ንሽኮር ከይትኽእል ኣብ ምሕዋት ኣትርኢ፣ ብትኽክል 2 ሰዓት ክስምር ኣድርጉ።
2. ክስምር ክትኽእል ማይ ብቀናይ ኣእትዉ።
3. ንስጋ ብመቀረፂ ኣንፈር፣ ክብዝሕ ተጨኒቑ ክቕርጽ እንተኾይኑ ይምልኩ።
4. ንዝተጨኒቑ ስጋን ሶስኡን ኣብ ናይ 9x12 ናይ ተተርፎ ሳህን ኣእትዉ።
5. ኣብ 400 ዲግሪ ፋርናይት ምስ 30 ደቒቓ ኣትቀይሩ፣ ስጉርታ ብብርቱን ክቕየር ክሳብ ይቀየር።
6. ኣብ ላሰሊ 3–4 ቅርንጫፍ ናይ ናይ ፓርስሊ ክንደይ ኣእትዉ።
7. ብነጭ መርሓ ሩዝ ንምምጋብ ኣዘዙ።

ኬፕ ቨርዲ

ካንጃ ጋሊንሃ (Canja Galinha)

ኣካላት

- 1 ዶሮ
- ሩዝ – ንብዙሕ ሰብ እንዳትኽእል
- 1 ማናይ ዘይቲ (ዘይቲ ዓውሊት)
- 2 ቲማቕ ተቐልጢ
- 1 ሽጉርታ
- 1 ቅጹር ሎረል
- 1 ቂምሽሽ
- 1 ቅጹር ሴጅ
- 1 ማናይ ስኳር
- ስጋ
- ፒሜንቶ (ቃርዲ)
- ጨው እንዳትኽእል

መንገዲ ምዝጋብ

1. ዶሮን ክቕርጽን ኣጥራውን፣ ብማይ ወይ ጨው ክትሕበን።
2. ኣብ ድሕር ማሕበር ሳህን ውሽጢ ምእንቲ ጨው፣ ቂምሽሽ፣ ሽጉርታ፣ ዘይቲን ሎረልን ከተዛዘልዎ፣ ሓደ ለዓለ ክቕየር ይድለ።

3. ኣብ ሳህን ክቕየር ከም ብርቱን ኣትሪ። ማይ ብቒጽ ክትከውን ኣእትዉ ንሩዝ መጥቀሲ ይከኣል።
4. ኣብ ምቕጻል ቲማቕ ተቖልጢን ፒሜንቶን ኣእትዉ።
5. እቲ ምርቃቕ ክምህር ከሎ፣ ብቕንየት ማይን ሩዝን ክሳብ እንተኾይኑ ይጥል። ምርኣይ ምስ ተረኸበ፣ በዚ ዝሓዘ መጠን ይሕርር።
6. ኣብ ትልሊ ኩባያ ንምድላው ኣዘዙ፣ በላይ ቅጹር ሴጅ ኣእትዉ።
7. ንዝደለኹም ባህሪ ቃርዲ ኣእትዉ።

ማዳጋስካር

ላሶፒ – 8 ኣብ ክልተ

ኣካላት

- 4 ኩዋርተር ሳሑእ ሳህን (sauce pot)
- 3 ፓውንድ ክንታዕ ከብቲ ኣሕዋ (veal bones)
- 2 ኩዋርተር ማይ
- 2 ማናይ ጨው
- 3 ካሮት፣ ተቐልጢን ተኸፍለሉ ክልተ-ክልተ
- 1 ንእሽቶ ትርኒፕ (turnip) ተቐልጢን ተኸፍለሉ
- 6–8 ስካሊዮን (scallions) ተኸፍለሉ ትልኢ ክፍሊ
- 1 ኩባያ ናይ ሓድሽ ክሪም ቢንስ
- 1 ኩባያ ቲማቕ ተኸፍለሉ ክርክብ ክርክብ
- ½ ማናይ ቀይሕ ፕፕር (black pepper)

መንገዲ ምዝጋብ

1. ክንታዕ ከብቲ ኣሕዋ፣ ማይን ጨውን ኣብ ትልሊ ሳህን ኣእትዎ ከም ምሕርር ሓደ ሰዓት ኣትሪ።
2. ካሮት፣ ትርኒፕ፣ ስካሊዮን፣ ቢንስን ቲማቕን ኣእትዎ፣ እንዲኡ ፕፕር ኣእትዎ። ከም ምሕርር ሓደ ሰዓት ክሳብ ተርኣየ ክብርክባር ክኸውን ክትሕርር።

3. ክንታዕ ከብቲ ኣሕዋ ኣውጽኡ፣ እቲ ተቐሊሉ ተበልዕ ኣብ መሽርር ስብሕ ክትጠቐም ኣዝዙ (vegetable mill to puree).

4. ዝበለ ክሳዕን ዝሙቕን ኣብ ናይ ሱፕ ጽዕነት ወይ ባርል ሱፕ ኣብ መንእሰይ ኣዝዙ።

5. ማክረር ምስ ዘርኢ ንምስጋን።

ናይ ቤኒን

ሳውስ ለጉሜ (Sauce Légume)

ኣካላት

- 2 ማናይ ዘይቲ
- ሽጉርቲ
- ½ ሽሙን (ኦኒዮን)
- 1 ንእሽቶ ቲማቕ (ወይ 2 ማናይ ቲማቕ ፓስታ)
- 1 ማናይ ፒሚንቶ (pimento)
- 1½ ኩባያ ኮላርድ ግሪንስ (collard greens)
- ዓሳ ወይ ናይ ዓሳ ሳውስ
- 1 ቡዮን (bouillon cube)
- 2 ኩባያ ማይ

መንገዲ ምዝጋብ

1. ኦኒዮን፣ ፒሚንቶ፣ ሽጉርቲን ቲማቕ ፓስታን ኣብ ዘይቲ ከም ምቁላል ጥራይ ክርእየ ክትሓርር።
2. ማይ፣ ቡዮን ኩቡን ናይ ዓሳ ሳውስን ኣእትዎ ከም ምሕርር 15 ደቓይቕ ክትሕርር።
3. ኮላርድ ግሪንስ ኣእትዎን 5 ደቓይቕ ክትሕርር።
4. ምስ ዝሙቕ ተርኢኡ ኣምጽ።

ኬፕ ቨርዲን

ካቻፓ ራይስ (Cachapa Rice)

ኣካላት

- 4 ኩባያ ዝተባቐለ ሽሮ ናትራ (beaten corn)
- 200 ግራም ስጋ በቕሊ
- 200 ግራም ቤከን (bacon)
- 4 ሳስጅ (sausages)
- 2 ኣሜሪካ ኣሳላስ (potatoes)
- 2 ኦኒዮን (ሽሙን)
- 2 ሽጉርቲ (garlic)
- ጨውን በርበርዒን እንተወደኻ
- 200 ግራም ደረቕ ቢንስ
- 200 ግራም ዓንኪበ እምባሕር (pig trotter)
- 2 ትሑት ኣሳላስ (big potatoes)
- 2 ማንድሮቾ (Mandroche)
- 200 ግራም ካበጅ ሳቮይ (savoy cabbage)
- 2 ወረቕት ሎሪ (laurel leaves)
- ዘይቲ እንተወደኻ

መንገዲ ምዝጋብ

1. ስጋ በቕሊ፣ ቤከን፣ ዓንኪበ እምባሕርን ሳስጅን ኣብ ድስቲ ኣብ ዘይቲ ሽጉርቲ ከምኡውን ሎሪ፣ ፓፐሪካን፣ ጨውን ኣእትዎ ከም ምሕርር 3 ሰዓት ክትሕርር።
2. ሽሮ ናትራን ቢንስን ኣብ ማይ ድስቲ ከም ምሕርር 30 ደቓይቕ ክትሕርር። ምስ ኦኒዮን፣ ዘይቲ፣ ሎሪ፣ እና ጨው ውሑስ ኣእትዎ።
3. ናይ ቢንስን ሽሮን ብዝሓበ ድስቲ ኣእትዎን ከም ምሕርር። እንተዘጋጀ ድማ ስጋ ኣእትዎ።
4. ኩሉ እንተተዛዘመ፣ ኣሳላስን ካበጅን ኣእትዎ።
5. እንተተበሃሉ ድማ ጥቕም ዝሒርኩም ከም ምስታይ ተዕጻፉ።

ኣፍሪቃዊ ዜና መጽሓፍ ምግቢ

ኮኮናት ኣይስ ክሪም ቦል ንምስ ስትሮቤሪ ፓይናፕል ሳስ

ኣካላት

- 1 ፡ ቫኒላ ኣይስ ክሪም
- 1 ኩባያ ዝተጨበጠ ኮኮናት (shredded coconut)
- ½ ኩባያ ስትሮቤሪ ጃም
- ½ ኩባያ ፓይናፕል ቶፒንግ
- ¼ ኩባያ ጣፋጭ ወይን ወይ ብራንዲ

መንገዲ ምዝጋብ

1. ብኢስ ክሪም ስኩፕ ይጠቐሙ፣ ንሱር እጀም ኣይስ ክሪም ኣብ ኳስ ክትኸዱ ክትገብሩ። ክሳብ ዝኸውን በዚ እንዳ ትገብሩ እንዳ ኣይስ ክሪም እንተ ይዓርፍ፣ ክትዕዝሩ ኣብ ቀዝሒ ዝረኸበ ቁርሲ ወይ ትሪ ኣእትዎ ንምዝጋብ።
2. ኮኮናት ኣብ መካነ ስርሒ ኣእትዎ። ኣይስ ክሪም ኳስ እዚ ከም ንስኻ ወጺኡ ብቕልጡፍ ኮኮናት ዝተኸፈነ ክኸውን ክትኸዱ ክትገብሩ።
3. ንኡስ ስርሒ ስትሮቤሪ ጃም፣ ኣይስ ክሪም ቶፒንግ እና ወይን/ብራንዲ ተዋሕዶ ኣእትዎ።
4. ቅድሚ ምስ ትሕበሩ ብትሑት ይጋሩ። ሳስ ንምስ ብቕልጡፍ ስርሒ ኣእትዎ፣ ኣይስ ክሪም ኳስ ኣብ ላዕሊ ኣእትዎን ብቀዝሒ ኣሣኡ።

ጋና

ካተንኳን (ማርማር ቂጡ ተዘዋወር ብፒናት / ቂጡ ፒናት ስቲው)

ኣካላት

- 1 ዋና ዶሮ ኣብ ቁርጽታት ዝተኸፈነ
- 1 ኢንች ቅቡት ጅንጅብል ኣምርሓር (ወይ 1 ቀረጸ ቅቡት ጅንጅብል በትር)
- 1 ብዙሕ ሽምኒ ተካሊፉ፣ እንተኾነ ፈሊጡ ፈሊጡ፣ እቲ ሓደ ፈሊጥ ዘይተካሊፍ
- 1 መሓዘ ዘይቲ ፒናት፣ ወይ ንኽብሪ ዘይቲ ካልእ
- 1 መሓዘ ቲማቲም ፓስታ
- 1 ብዙሕ ቲማቲም ዝተካሊፈ
- 2/3 ኩባያ ፒናት በትር (ምልካም ጠርነት)
- 1 ቀረጸ ቀይ በርበረ ወይ ካያን (cayenne)
- 1 መንኩር ኣትክልቲ ኤግፕላንት፣ ተካሊፍካ ቁርጽታት ዝተኸፈነ
- 1 ኩባያ ኣንስተይ ወይ ከረን ኦክራ፣ ተቆርጸ ዝተኸፈነ
- 1 መሓዘ ማርማር

መንገዲ ምዝጋብ

1. ዶሮ፣ ጅንጅብል እና ሽምኒ ፈሊጥ ኣብ ትሑት ስኪሌት ኣእትዎ። ብቀዝሒ ማይ ይክዱን ክትኽዱ እንድሕር ኣብ ላዕሊ እቲ ማይ ክዕዝል ክትሕዝዝ ክትገብሩ።

2. እቲ ዶሮ እዚ ኣብ ምቕራብ ኣብ ካልእ ስርሒ እቲ ዘይቲ ኣብ ትንሽ መዓልቲ ሙሉእ ብዙሕ ክትዕጽብ ክትገብሩ። ቲማቲም ፓስታ ኣእትዎን ን5 ደቒቕ ይትቕረጽ። ተካሊፉ ሽምኒ እና ቲማቲም ኣእትዎ፣ እንተኾነ ንኽብሪ ሓደ ሓደ ክትዘውድ ክትገብሩ፣ ሽምኒ ክስተርክብን ክሓድሽን ክኸውን ክትገብሩ።

3. እቲ ዶሮ ዝኾነ ስኪሌት ንምጥፋእ ክሕዝእ ክትገብሩ። ዝተሓዋሩ ቁሩብ ዶሮ ኣውጽኡን ተካሊፉ ኣትክልቲ ኣብ ስርሒ ኣእትዎ ከምኡውን ሓደ ካልእ ክፍሊ ዶሮ ስቶክ ኣእትዎ (ጅንጅብልን ሽምኒ ፈሊጥን ኣርጉጽኡ)።

4. ፒናት በትር፣ ማርማርን በርበረን ኣእትዎ። እንተኾነ ንኽብሪ ሓደ ሓደ ክትዘውድ ክትገብሩ ን5 ደቒቕ ክሳብ ፒናት በትር ክደልዩ ክትገብሩ።

5. ኤግፐላንትን ኦክራን ኣእትዎ። ዶሮ ክትሕረም ክትገብሩ ንትርከብ ንብርቱን ክትሓድሽን ክትገብሩ። ክልኣይ ብቃል ስቶክ ክኸውን ክትደልዩ እንድሕር ምስ ምትህል ክትገብሩ።

የም ፉፉ

ኣካላት

- 1 ፓውንድ የም (Yams)
- 1 መሓዛ ማርማር
- 1/2 መሓዛ ጥቁር በርበረ
- 1 መሓዛ ቅቢ ወይ ማርጋሪን

መንገዲ ምዝጋብ

1. የምታት ኣጥብቅካ ኣብ ትሑት ዕፅ ኣእትዎን ብቀዝሒ ማይ ምስ ማርማር ክትሸፍኡ ክትገብሩ። ክትቕረጹን እንተኾነ ብመካነ መትከል 25–30 ደቂቕ ክትገብሩ፣ የም ሓርማት ክኸውን ክትረክብ።
2. ዝተቀቕለ ሙቅ ማይ ኣክፉን ብቀዝሒ ማይ ክትሓምሙኡ ክትገብሩ። ብስቱ ከም ክትሓምም ከምኡውን ቆርበይቲ ክትኽፍሉ ክትገብሩ።
3. ብዙሕ የም ክፈሉን ኣብ ዕፅ ኣእትዎ፣ በርበረን ቅቢን ኣእትዎ። የም ብመሰል ዘተኸልበሉ መሳርሒ (Potato masher) ወይ ብትሑት ኣንጭዋ ክትጽብብ ክትገብሩ፣ እንድሕር ብኹሉ ክትበልዕ ክትኽፈል። ፉፉ ምስ ትገብር ምጽታው ጥሩ እንተሃለ፣ እንደተ ጋግዒ ስጋብ ይመስል።
4. ኣብ ንጹሕ ኣፍልጦ እግሪ ክትረግጹ ክትገብሩ፣ ፉፉ ኣብ ዓቐን 2 ኢንች ዝኾነ ኩርናዕ ክትገብሩ።

ፉፉ ብሙቕ ክትበልዕ ክኸውን ይኽእል፣ ወይ ኣብ ምቕርብ ሾርባን ስቲውን ይጨመር።

ኮት ዲቧር (Ivory Coast)

ከጅኖን (Kedjenon)

ብትንክ እቲ ምግቢ ኣብ ዝበጽሐ ኣፍራስ መሸኒ ብትሑት ዓንጸባርቒ ኣብ ኩርናዕ ናይ ሓጋዚ እንተዘርአ ይበስሓ። እንተኾነ ኣብ ጫካ እንተተበሰሐ፣ እቲ ምግቢ ብበናና ቆርበይቲ ይጸውን ኣብ ናይ ጽሩቕ ጸው ትሓተት ይተተን።

ኣካላት

- 3 1/2 ፓውንድ ዶሮ
- 1 ባይኔታ (eggplant) ብትንክ ዝተቆረጸ
- 2 ትሑት ሽጉርቲ ብዝርከበ ዝተቆረጸ
- 2 ኣዲስ ቀይ ወይ ኣብዚ ናይ ጸባሕ ፐፐር ከቢብ ብዝነጻ ክፋል ዝተሸርፈ
- 4 ቲማቲም ዝተነጻን ዝተኸፍአን
- 1 ንእሽተይ ጅንጅር ኣብ ቀለል ዝተጨረረ
- 1 ጥምረት ታይም (thyme)ን 1 ቆርበይቲ bay leaf
- ማርማር

መንገዲ ምዝጋብ

1. ዶሮ ንጹሕ ግበሩን ክፋል ክትገብሩ።
2. ኣብ መሸኒ ወይ ኣፍራስ ታንኮ ዶሮ ኣብ ኣብኡ ኣብ ባይኔታ፣ ሽጉርቲ፣ ፐፐር፣ ቲማቲም፣ ጅንጅር፣ ታይም፣ bay leafን ማርማርን ኣእትዎ።

3. ናይ መሸኒ ክፍሊ ብበናና ቆርበይቲ ብትክክል ምዝጋብ ክስርሕ ክትገብሩ፣ እንተዘይክእል ኣየር ክወጽእ ዘይክእል።

4. ውሃ ክትጨምሩ የድልየን።

5. መሸኒ ኣብ ትንክ ናይ ጵሩቕ ጸው ክትጨንቁን ክትገብሩ። ብዝሒ 45 ደቒቕ ክትቕረጹ።

6. ኣብ ምቕራብ ናይ መሸኒ ክትረዱን ብክብደት ክትወድኡን ክትገብሩ። እንተኾነ ናይ ምግቢ ክትለውጡ እንተዘይተተንኩ።

ኮት ዲቭር (Cote d'Ivoire)

- ንእሽተይ ዶሮ 2-3 ፓውንድ ብክፋል ዝተቆረጸ
- 1/4 ኩባያ ዘይቲ ተንበር (peanut oil)
- 1-2 ኩባያ ቀይ ዘይቲ ነብሪ (red palm oil) ብትሑት
- 1 ትሑት ሽጉርቲ (ነጭ ወይ ቢጫ) ዝተቆረጸ
- 2 ጅብ ቅርፊ ናይ ቁርጥ (garlic minced)
- 1 ቀይሕ ፐፐር ዝተቆረጸ
- 3-6 ኩባያ ማይ
- 10-15 ሓዱሽ ፐፐር ኣብ ብዙሕ
- 1-2 ፓውንድ ሓዱሽ ቲማቲም ዝተነጸን ዝተቆረጸን
- 2-3 እቶም ሽምዒት ዓሳ ዝተደረቐ ተጸሊሙ (ground dried shrimp)
- 1-3 ጣብያ ካይን ፐፐር
- ማርማርን ፐፐርን ንማዕረፍ
- 2 ካትል ማጊ ቡሊዮን ኩብ (chicken flavor)
- 2-3 ኩባያ ቀይሕ ቂጡ ተንበር (raw peanut butter)

መንገዲ ምዝጋብ:

1. ዶሮ ብክፋል ቁርጽ ኣድልዩ እዚ ብኣጋን ክቐየር ይትፈትዎ።
2. ኣብ ትሑት መሸኒ ኣብ መካከላይ-ከፊል ሙቀት 1/4 ኩባያ ዘይቲ ተንበርን 1/4 ኩባያ ቀይ ዘይቲ ነብሪን ኣእትዎ። ዶሮ ክፋል ኣእትዎ ብዙሕ 10 ደቒቕ ክብርኸሩ ክትገብሩ።
3. ብዛዕባ እቲ ግዝያ ኣብ ትሑት መሸኒ 1 ኩባያ ቀይ ዘይቲ ነብሪ ኣእትዎ፣ ሽጉርቲን ቅርፊን ኣብዚ ዘንሱ ክርርክሩ ክትገብሩ። ቀይሕ ፐፐር፣ ቲማቲም፣ ዓሳ ዝተደረቐ፣ ካይን፣ ማርማርን ፐፐርን ኣእትዎ 10 ደቺች ክትችርጹ።

4. ዝተበርከረ ዶሮ ኣብ መሽኒ ኣእትዎ፣ ካትል ማጊ ኣእትዎን ኣብ ትኩር ስምር ክትቕረጹ።

5. በርኮ ቂጡ ተንበር ኣብ ቦል ክርክሩ ብ1 1/2 - 2 ክፍል ማይ ክትቕረጹ ክትገብሩ። ማርማርን ፐፐርን ካይንን ኣእትዎ፣ 20-30 ደቒቕ ክትቕረጹ።

6. ኣጋን ንክውጽኡ ቀይር። ብነጬ ሩዝ ጽቡቕ ክትወስኡ ክትገብሩ።

ኣርቺ ሶስ (Archie Sauce)

ኣቕሑ ነገር:

- ንእሽተይ ዶሮ 2-3 ፓውንድ ብክፋል ዝተቆረጸ
- 1/4 ኩባያ ዘይቲ ተንበር (peanut oil)
- 1-2 ኩባያ ቀይሕ ዘይቲ ነብሪ (red palm oil)
- 1 ትሑት ሽጉርቲ (ነጭ ወይ ቢጫ) ዝተቆረጸ
- 2 ጅብ ቅርፊ ናይ ቁርጥ (garlic minced)
- 1 ቀይሕ ፐፐር ዝተቆረጸ
- 1-2 ፓውንድ ሓዱሽ ቲማቲም ዝተነጻን ዝተቆረጸን
- 2-3 ጥርነት ዓሳ ዝተደረቐ ተጸሊሙ (ground dried shrimp)
- 2 ጣብያ ቂጡ ተንበር (peanut butter)
- ማይ
- 4 ፐሚንቶስ (pimentos)
- 18 ሓዱሽ ትንንሽ ቲማቲም ዝተረቱ
- ምስ ዘይትዎ ከብቲ ወይ ዶሮ ወይ ኣሳ
- ቅንጣት ማርማር
- ዘይቲ
- ግማሽ እንታይ ናይ እንታይ ትሑት ሽጉርቲ

መንገዲ ምዝጋብ:

1. ቂጡ ተንበር ኣብ መሸኒ ኣእትዎ ንምንጻእ ድምር ማይ ክርክሩ ክትገብሩ። ከም ሰስ ክምልከት እዩ። ሓደ ኩባያ ማይ ኣእትዎ ክትቕረጹ ክትቕርጹ፣ ሕንጻ ትኩር ክትርከቡ ክትገብሩ። ኣብ 25 ደቒቕ ዝተዓቀበ ግዜ 2 ኩባያ ማይ ክትጨምሩ ክትገብሩ።

2. ፐሚንቶስ ኣእትዎ። 12 ትንንሽ ቲማቲም ንዝነብሩ ክርርክሩን ኣእትዎን። እንተዘ 4 ኩባያ ማይ ኣእትዎን ክትቕረጹ ክትገብሩ። ኣብ 50 ደቒቕ ምርካብ ቀጽል።

3. 2 1/2 ኩባያ ማይ ኣእትዎን ብሓድሽ 20 ደቒቕ ክትቕረጹ። ቅድሚ ተበርከረ ምስ ዘይትዎ ስጋን ማርማር ኣእትዎን ን35 ደቒቕ ክትቕረጹ።

4. ብሓድሽ 6 ትንንሽ ቲማቲም ከም ቀዳማይ ዝተዘጋጀ ኣእትዎ። 1 ጣብያ ዘይቲን ንተስተንብር ሽጉርቲን ኣእትዎ። ብሓድሽ 15 ደቒቕ ክትቕረጹ።

ሴኔጋል (Senegalese)

ሓዳስ ናይ ሓርማዝ ዓሳ ዝተለመደ:

- ባራኩዳ (Barracuda)
- ቱና (Tuna)
- ባስ ዓሳ (Sea Bass)
- ሙሌት (Mullet)
- ማይል ፐርች (Mile Perch)
- ሰውርድ ፊሽ (Swordfish)
- ዲቨል ፊሽ (Devilfish)
- ክራብ ሓርማዝ (Sea Crabs)
- ሎብስተር (Lobsters)
- ክራይ ፊሽ (Crayfish)
- ሲ ኣርቺንስ (Sea Urchins)
- ኦይስተርስ (Oysters)

ስጋ:

- በጊዕ – ዝተለመደ
- ላም – ዝተለመደ
- ብከላ – ዝተለምደ ኣይኮነን

Cheb-ou-jen (Rice and Fish / ባህላዊ ሴኔጋል ምግቢ):

- ዝተለዋወጠ ናይ ሓርማዝ ዓሳ፣ ኣሳ ክንድ፣ ዝተደረቐ ዓሳ እንተስቲ በርኪ ብፍራን፣ ቅጹር ኣበል እንተስቲ ዝተቐጸሉ ፓፐር።
- ንበርበር ብምስራሕ ኣብ ናትካ ናይ ትሩ ስታይክስ ምትብል (Roff ተብሂሉ ቅመም ምስላጥ).
- ናይ ዓሳ ብቆይታ ዝተቐጸለ ክትገብር።
- ኣብ ዓቢ ካልድሮን ኣበል ይበልዑ፣ ቀጺሉ ሩዝ ኣብ እቲ ናይ ካልድሮን ይበልዑ።
- ኣብ ታሕቲ መሸኒ ናይ ሩዝ እተቀሊ ሓቂ ኣበል እዩ፣ እቲ ክርስት ንመልእኽቲ *ceeb* ይብል.

ቸብ ኡ ጀንRuff (ቅመም

ኣብ ታሕቲ)

1. 2 ፓውንድ ዝበለ ሓርነት ዝርከብ ኣንጣጢት (flat-leaf parsley)
2. 4 ስካሊዮንስ (scallions)
3. 4 ቁርጽ ቅድሚ ዝቆረጹ ትሕቲ (garlic)
4. 1 መንኩስ ዘይቲ (tbsp oil)
5. 1 ሕማማ ፐፐር ዝተወግሠ እናተንከየ (sweet pepper, seeded and minced)
6. 1 ቡሊዮን ኩብ (bouillon cube)

ኩሉ ኣቕሑ ኣብ ሓደ ቦታ ክብል ክጽርሑ ኣድልዩ።

እቲ ዝቀረ ሓሙሽቲ መዓልቲ ኣብ ገምጋም ዘሎ ሓሙሽቲ ማይ ክመርሖ ኣለዎ። ምሰኻ ኣብ ዝተዛወረ ውሃ ምስ ሩብ ሓደ ኩሉ ሩብ ርኢስ (2 ኩብ ማይ/1 ኩብ ሩብ ርኢስ) ክምሃር ኣለዎ። እቲ ርኢስ ኣብ ገምጋም ኣእቱ፣ ኣብ ልዕሊ ኣትሓሊፉ እናተረጋገፀ ክትበሉ ኣድልዩ።

ኣብ ምድላው ዘሎ ጊዜ፣ ርኢስ ኣብ ትልዕኒ መረት ዘርግጹ፣ እናዝነኑ ኣሳን ተሳትፎ ዝኾኑ ኣብ ርኢስ ላዕሊ ድረኹ። እቲ ዝቀረ ሳስ ብተጨማሪ ኣብ ርኢስን ኣብ ኣታን ኣፍሉጡ፣ በዚኦም ብቢትር ኣዝኑ።

ካሜሩን

ኢጉሲ ስቲው (Egusi stew)

- 2 ትልቂ ቲማቲም ዝተሰርቑን ዝተቆርጹን
- ½ ኩብ ዝተቆርጸ ፓርስሊ (flat parsley)
- 1 መንኩስ ዝተሓነ ጅንጅር (ginger powder)
- 3 መንኩሳት ዘለላ ዘለዋይ ሰላሪ (celery seed)
- 2 ½ ኩባት ማይ
- 3 መንኩሳት ዘይቲ ከረንቲ (vegetable oil)
- 1 ½ ፓውንድ ስትሪንግ ብስኪ ብትንክሽታ ቁራጽ ዝተቆረጸ
- 1 መንኩስ ማርሽ (salt)
- 1 ኩብ ዝተሸልቐ ዘይቲ ዘይጽር (pumpkin seeds)

መርሓ ኣስሓት

1. ቲማቲም፣ ፓርስሊ፣ ጅንጅር፣ ቅድሚ፣ ሓሙኹሽቲ ፐፐር፣ ½ ዝተቆርጸ ኣሽኮርቲ፣ ዘላሪ እና ¼ ኩብ ማይ ኣብ ብሌንደር ወይ ኣብ ፉድ ፕሮሰሰር ኣእቱ። ክንዱኡ ናብ ፈሳሲ ይቕየር።
2. ኣብ ትልቅ ሳንካ ማይ ንትሕቲ መካነ ንዘይቲ ከረንቲ ኣውርዱ። ዝተቆርጸ ኣሽኮርቲ ኣእቱ እናምጽኡ ሓርበኛ ድማ እንታይ ዝኸውን ድማ ኣእቱ። እስከ ቡናዊ ክኸውን ድማ ብትኽክል ኣንብሱ።
3. ካብ ብሌንደር ዝተኣሰርሐ መርዓ ናብ ሳንካ ኣእቱ። ጨዉ እናዘከርኩም ድማ ኣእቱ፣ ሳንካ ንስደዱ እናሓፍር ብመካነ መካነ ኣብ መካነ መካነ ይስተዉ። እስከ እቲ ፈሳሲ ክጥፍእ ድማ ብትኽክል ኣንብሱ።

ኣልጀሪያ

ዝግንባር ዶሮ (Chicken Couscous)

- 2-4 መንኩሳት ዘይቲ ዓሊባ (olive oil)
- 1 ኪ.ግ ዶሮ ብትንክሽታ ቁራጽ ዝተቆረጸ
- 750 ሚ.ሊ ስቶክ ዶሮ (chicken stock)
- 3 ካሮት ዝተቆረጹ
- 2 ኣሽኮርቲ ብትሕቲን ብትሓንቲን ዝተቆረጹ
- 2 ትንሽ ጫክክ (turnips) ብትንክሽታ ቁራጽ ዝተቆረጹ
- 3 ቁርጨ ቅድሚ (garlic) ብትንክሽታ ዝተቆረጹ
- 2 መንኩሳት ዝተሓነ ኮሪያንደር (ground coriander)
- ½ መንኩስ ዝተሓነ ቀይሕ ፐፐር (ground red pepper)
- ½ መንኩስ ዝተሓነ ቱርመሪክ (ground turmeric)
- 3 ዝኩኒ (zucchini) ብትንክሽታ ቁራጽ ዝተቆረጹ
- 500 ሚ.ሊ ዝተበሃል ካባንዞ (cooked garbanzo beans)
- 1 ኪ.ግ ኩስኩስ (couscous) ናይ ፓኬጅ መርሓ ኣስሓት እንተኸተተ

መርሓ ኣስሓት

1. ዘይቲ ዓሊባ ኣብ ትልቅ ሳንካ ኣብ መካነ ሙቀት ኣምጽኡ። ዶሮ ቁራጽ ኣእቱ እስከ ቡናዊ ክኸውን 6-10 ደቓይቕ ብትኽክል ኣንብሱ። ንደገም ኣውጽኡን ኣእቱ ኣብ ጎን ይሐዝኡ።

2. ናይ ስቶክ ዶሮ፣ ካሮት፣ ኣሽኮርቲ፣ ጫክክ፣ ቅድሚ፣ ኮሪያንደር፣ ቀይሕ ፐፐርን ቱርመሪክን ኣብ እቲ ሳንካ ኣእቱ። ናብ ከፊል ሙቀት ኣምጽኡ እናዝሑ ክቕበሉ። ንትሕቲ መካነ ኣውርዱን ይስተዉ እንዲ ምስ ክንዱኡ።

3. ዝኩኒ፣ ካባንዞን ዶሮን ኣእቱ። ክዕብር እንዲ ሳንካ ዝሓፈሰ ይስተዉ እስከ 1 ሰዓት ብትኽክል ክትረኽብ ዶሮ ሓዱሽ ክኸውን ኣንብሱ።

4. እቲ ኩስኩስ ኣብ መካነ ሰንበር ማዕከል ኣእቱን ዶሮን ተስሪሓ ዝሓነ ተኣንጠት ኣብ ክንዱኡ ይስተዉ እንዲ ቀረብ።

ዋስተርን ሳሓራ

ጭሙር ዓምባ – Meifrisa

ጭሙር ዓምባን ምስ ልንትል ዝተዘጋጀ ጭሙር።

- ጭሙር (Lamb)
- ልንትል (Lentils)
- ሊክስ (Leeks)
- ቢጫ (ናይ heirloom)
- ብብርቱን ካሮት (Orange carrot)
- ሮዝመሪ (Rosemary)
- ካልእ ቅመማት (Other spice)

ሊቤሪያ

ጆሎፍ ራይስ (Joll of Rice)

- 2 ፓውንድ ተቀቅሎ ዝተዘጋጀ ስጋ (ዶሮ፣ ሽምጥ፣ ወይ ሕርማ)። ብ1 ኢንች ወርዶ ብ½ ኩባያ ዘይቲ ባህርይ እዚ ንእኩል ድሕሪ ብራውን ክኸውን ክትግብር።

ናይ ሳሱን (Sauce):

ብ4 ኩባያ ኩይትል ብርስክ ኩርስተል።

- ½ ኩባያ ቢጫ ሽንኮርት፣ ፍጹም ዝተረጋገጸ
- ½ ኩባያ ናይ ቀጠል ቃሪ፣ ፍጹም ዝተረጋገጸ
- ½ ቀረጻ ቅመማ ዝነበረ ጅንጅር
- ¼ ኩባያ ዘይቲ ባህርይ

ሓደሽ ሽንኮርት እንተ ከዱ እንዲኸውን ክትግብር።

- 1 (16-ounce) ቫን ትማቲ (ከም 2 ኩባያ) ኣክል። 5 ደቂቕ ኣስማር።
- 2 (6-ounce) ቫን ትማቲ ፓስታ ኣክል።
- 2 ኩዋርተር ማይ ኣክል።
- 1 ማእዘን ሳልት
- ½ ቀረጻ ጥቕሊ ብርቱን
- ½ ቀረጻ ታይም (thyme)
- 1 ማእዘን ዝተከርአ ቀይሕ ቃሪ

እቲ ተቀቅሎ ዝተዘጋጀ ስጋ ኣክል። 20 ደቒቕ ኣስማር።

ናይ ራይስ (Rice):

ብ2 ኩዋርተር ሳሱን ላዕሊ 2 ኩባያ ነጭ ራይስ ብ5 ኩባያ ዶሮ ስቶክ ወይ ማይ ክትበሉ ክትግብር ክትሕንግው።

ናይ ሳሱን ናይ ስጋ ምርት ንራይስ ውሳኔ ጥራይ። ንጽቡቕ ሓርማት ብሳልትን ብቃሪን ክትቕጽል።

ኬንያ

ኡጋሊ (Ugali)

- 4 ኩባያ ማይ
- 2 ኩባያ ዱቄት ማይዝ / ኮርንሚል

መመሪያ:

1. ማይ ኣብ ዝነበረ ናይ ዝበለ ጽዋ ኣእሱን ኣብ እሳት ክትሕይወ ክትግብር። ንእሽተይ ዱቄት ማይዝ/ኮርንሚል ኣብ ዝቐረቐረ ማይ ኣክል።
2. ብናይ ጽዋ እንጨት መሸቀለቢ ምስ ትከውን ቅብሊ ምስ ትርከብ ከም ናይ ብርሃን ዝመስል ምግቢ (porridge) ክትሕንግው ክትግብር።
3. ድሕሪኡ ዱቄት ማይዝ ኣብ እንተኾነ ብእንተ ኣክል፣ እቲ በጃኻ ሽውን ክትከምድ ክትግብር። ኣንፈታት ብትከምድ ክትኣምት።
4. እንተ ዘሎ ኣንፈታት ተዘይተረኸበ ዝበለ ኣብ እሳት ክትተን ምስ ዝተረኸበ ክትግብር። ንድሕሪት 10 ደቓይቕ ክትሕንግው ክትግብር።
5. ኣብዚ ግዜ እቲ ቅብሊ ኣሕንጽ ከም ድማ ተጠንከረ። ብእንጨት መሸቀለቢ እንደገና ክትከውን ክትግብር። ንድሕሪት 3–5 ደቓይቕ ክትተን ክትግብር።
6. እቲ ቅብሊ ንእቲ ኣእምሮ ክትሕንግው ክትግብር፣ ካብ ጽዋ ጎኒ ወደ ማእከል ብምዕባይ። ካብ ጽዋ ንሰላይ ክትቕየር ክትግብር።
7. እንተ የድልየ ኡጋሊ ኣብ ኣንስኻ ክትቐርጽ ብእንተ ክንድ ክትግብር ክትከውን ክትግብር።

ታንዛንያ

ፍዮምቲ ብኮኮና ከሪዕቲ ጽብቕ ተባባሊ (Beans with Coconut's Cilantro vegetarian)

- 3 ክልል ነቲ ነቀላ ነጭ ቆርቆሮ (garlic cloves), ዝተጨቕጨቐ
- 1 ሻዕቢ ቃል ቃይና (chilli powder)
- 1 መልሲ ኩሚን (cumin)
- 1 መልሲ ኮሪያንደር (coriander)
- 2 ሻዕቢ ቱርመሪክ (turmeric)
- 2 መልሲ ከሪዕቲ (cilantro) ዝተጨቕጨቐ
- 1 ኩባያ ኮኮ (coconut) ዝተዋረደ
- 1 ኩባያ ፍዮምቲ ጥራይ ጥራይ (black-eye peas) ዝተሓዘ
- 1 ኩባያ ድንሽ (potato), ዝተነጠረን ብቅርብ ዝተጨመቐ
- ናይ ሎሚ ወይ ብርበረ ማይ ንጣዕሚ ንምምጣጥ
- 2 መልሲ ዘይቢ ኮኮ ወይ ትሩፋት ዘይቢ
- ጨው

መመሪያ:

1. ዘይቢ ኣብ ማእከል ምስ ትሕይወ ኣዘዙ።
2. ነቲ ቆርቆሮን ቃይና ሻዕቢን ኣብ ከልክል ሰከንድ ኣዘዙ።
3. ድሕሪኡ ኩሚን፣ ኮሪያንደር፣ ቱርመሪክን ከሪዕቲን ኣክል፣ ሓደ ወይ ክልተ ደቓይቕ ብመርበብ ኣዘዙ።

4. ኮኮን ኣክልን ብመርበብ ይበልኩ።
5. ናይ ፍዮምቲ ጥራይ ጥራይን ድንሽን ኣክልን ጨው ምምላእን።
6. ሎሚ ወይ ብርበረ ማይ ኣክልን።
7. 10 ደቓይቕ ድሕሪኡ እቶም ናይ መግቢ ክምኳኑ ከም ዓንሱ ኣዘዙ።

ብልዑ ተባባሊ ኣብ ቀይሕ ኣብርሃር ወይ ብሩህ ሓርማ በልዕ ብምምላእ ኣብ ሰላይ ምቕራብ።

ሞሮኮ

ታጂነስ (Tagines)

ኩስኩስ — 8-10 ኣገልጋሎት

- 1 ኩባያ ነጭ ሽምብራ (chickpea), ዝተሓነቐን ዝተምረጸን
- 4 ኩባያ ኩስኩስ (couscous), 1 ½ ፓውንድ
- 4 እግሪ ላም (lamb shanks)
- 1 ዝንባሌ ባትር (butter stick)
- 4 መልሲ ዘይቢ ትሩፋት (vegetable oil)
- ጨውን 1 መልሲ ቀይሕ በርበረ (black pepper)
- ቁርጬምጬሚ ሳፍሮን (saffron)
- ½ ሻዕቢ ቱርመሪክ (turmeric)
- ½ ሻዕቢ ጅንጅብል (ginger)
- ¼ ሻዕቢ ነትሜግ (nutmeg)
- 2 ሸንኮለ ቲሲናሞን (cinnamon sticks)
- 3 ኣሸን ተብሪኸ (onions), ተብሪኾም
- 6 ቅርንጫፍ ከሪዕቲን ፓርስሊን (cilantro እና parsley) ዝተኣንጸበ
- 1 ፓውንድ ነጭ ትሩንቲፕስ (white turnips), ዝተነጠረ
- 1 ኩንስ (quince), ዝተነጠረን ዝተቆረጸን

- ½ ፓውንድ ብዙሽቱ (butternut squash), ዝተነጠረን ዝተቆረጸን

- 1 ፓውንድ ዙኪኒ (zucchini), ብሁለት ኢንች ዝተቆረጸ

- ጊ (ጠንካራ ባትር / ghee) ወይ ባትር

መመሪያ:

ኣብ ሳስ ፓን ምስ ምምልኣ።

ግብጺ

ሑሙስ (Hummus)

- 1 ካን ሽምብራ (chickpeas / garbanzo beans)
- 2 ጅምላ ቅርፊት ባሕር ነጭ (garlic), ብጥቕሚ ዝተቆረጸ
- 1 ½ ኩባያ ታሒኒ (tahini)

መመሪያ:

1. ሽምብራ ኣብ ጠንካራ ፓስታ ክኸውን ኣድርጉ።
2. ሓደ ለሞን ይርፉ፣ ዝኾነ ለሞን ይርፉ።
3. ለሞን ፍር፡ ቅርፊት ባሕር ነጭ፡ ጨውን ታሒኒን ኣብ ሽምብራ ይጨምሩ።
4. ኣብ ማእከል ክዕወት ክትርከቡ በጽሒ ይህቡ።
5. ኣብ ቀይሕ ማእከል ክሕብር ኣዘጋጅ።

ታሒኒ — ዝተፈጠረ ፓስታ ከሰሚና ዘማዕበል ነጭ (ground sesame seeds).

ባባ ጋኑሽ (Baba ghanoush) — ሓላፍነት ታሒኒን ኣብርሃም ኣታም (eggplant).

ኮሻሪ (Koshary) — ከሰርቲ ምግቢ ብራይስ፣ ልንቲልስ እና ቲማቲም ሳስ.

ግብጺ ሩዝ (Egypt Rice)

ክሊብ 8–10 ሰባት ይሓልፍ

- 1 ፓውንድ ዝተፈጨ ስጋ በሬ
- 1 ንኡስ ሽኮርያ
- ጨውን ፐፐርን ንቀረባ ጣዕሚ
- 3 መንኩር ሶይ ሳስ (soy sauce)
- 3 መንኩር ዎርቸስተርሻየር ሳስ (Worcestershire sauce)
- 2 ካን ቡልዮን ሾርባ ስጋ በሬ (beef bouillon soup)
- 1 ½ ኩባያ ዝሓሸ ሩዝ
- ¾ ካን ሸሮም (mushrooms)
- ½ ኩባያ ዝተጠቅለለ ቅቤ ኣልሞንድ (toasted shredded almond)

መመሪያ

1. ሽኮርያ ቁርጽን ስጋን ብትንሽ ዘይት ኣብ መካነ መትከል ክስክስ ኣድርጉ ክስጋ ይብል ክኸውን ኣለዎ።
2. ጨው፣ ፐፐርን ሶይ ሳስን ኣብ ሾርባ ይጨምሩ።
3. ዝሓሸ ሩዝ ኣብ ላዕሊ ይድልዩ ግን ኣይትቅልብዎ።
4. ኣብ መካነ መትከል 30 ደቓይቕ ክሕብር ኣድርጉ።
5. ሽሮም ንተጠቕለለ ኣልሞንድ ኣይካ ይጨምሩ።
6. ተወዲኡ 2 ደቓይቕ ወይ ካልእ ተጨማሪ ጊዜ ክምግብ ኣድርጉ።

ኢትዮጵያ

ዶሮ ወጥ (Doro Wat)

ክሊብ ቁሳቁስ

- 8 ቀይሕ ሽኮርያ
- 1 ኩባያ ዝተዓጠቐ ቅቤ (clarified butter)
- 1 መንኩር በርበርይ (berbere)
- 1 ½ ኩባያ ማይ
- 8 እግሪ ዶሮ (ብነፍሲ ቆይቲ ዝነሱ)
- 4 ደንበ ዶሮ (ብነፍሲ ቆይቲ ዝነሱ)
- 5 ቅርጺ ትሑት ነግሪ (garlic)
- 1 መንኩር ዝተፈጨ ናጐስ (nutmeg)
- 4 እንቋቕሖ ዝተበሃሉ እንቋቕሖ ብርቱካናዊ (hard-boiled eggs), ዝተለገሱ

መመሪያ

1. ሽኮርያ ብ food processor ኣውጽኡ።
2. ሽኮርያ ኣብ ሳስ ክንዲ ይሓኩሱ፣ እዋን ዝሓር ክኸውንን ወፈር ናይ ሽኮርያ ክሕብር ክኸውንን ኣይትሓብኡ።
3. እምቡቕ ከኣ ዝተዓጠቐ ቅቤ፣ በርበርይን 1 ኩባያ ማይን ይድሉ። 15 ደቓይቕ ክምግበ ኣድርገ።

4. ዶሮ ክጨምሩ፣ ቀሪ ½ ኩባያ ማይ ክጨምሩ። 30 ደቓይቕ ክምግብ ኣድርጉ።

5. ነግሪ ክጨምሩ፣ 10 ደቓይቕ ክምግብ ኣድርጉ፣ ናጉስ ክጨምሩ፣ ከምኡውን 5 ደቓይቕ ክምግብ ኣድርጉ።

6. ኣብ ሰንደቕ ክሕዱ ኣድርጉ።

ብመዓልቲ እንቋቕሖ ዝተለገሱ ብላዕሊ ክጨምሩ፣ ናይ ብዙሕ ሕጂ ዝበሃል ኣብ ኢትዮጵያ ዝታወቀ መንፈሳዊ መግቢ እዩ።

ሩዋንዳ

ኣኽራን ቪሩንጋ ራዋንዳ

ኢሶምበ

ክሊብ ቁሳቁስ

- 2 ጥቕላል ቅጹም ቆርበት (cassava leaves) ዝተኽላኽሉን ዝተረቡን (ካልእ ናይ ቆርበት ቅጹም ይተካል)
- 2 ናይ ጻብጻብ ሽኮርያ
- 2 መንኩር ባይናውያን (eggplants) ቁሩብ ቁሩብ ዝተቖረጹ
- 2 ፓኬጅ ስፒናች (spinach) ዝተኽላኽሉን ዝተረቡን
- 2 ናይ ጻብጻብ ጎመን ቀጢያት ዝተቖረጹ
- 3 መንኩር ነዋሕ ነዋሕ ዘይት ኣድማይ (palm oil)
- 3 መንኩር ፒናት ባተር (peanut butter)

መመረያ

1. ቅጹም ቆርበት ክህሉ ክትረክብ ኣብ ማይ ክትቕረብ ኣድርጉ።
2. ሽኮርያ፣ ባይናውያን፣ ስፒናችን ጎመን ይጨምሩ።
3. ኣብ መካነ መዓልቲ ሙቀት 10 ደቓይቕ ክትግብሩ ኣድርጉ።
4. ዘይት ኣድማይን ፒናት ባተርን ይጨምሩ።
5. ስለም 10 ደቓይቕ ክትምግቡ ኣድርጉ፣ እዋናዊ ክትሕብሩ ኣይትረሱ። ብሩህ ከም ቡን ወይ ከም ቆርበት ከም ዝበጽሐ ይቕረቡ።

ፒንቶ ባቲናን ኣረኣን (Pinto beans and potatoes) – 6–8 ሰባት ይክፈል

ክሊብ ቁሳቁስ

- 2 ኩባያ ዝተዋህዱ ፒንቶ ባቲና
- 3 ዓብይ ኣረኣን ቁሩብ ቁሩብ ዝተቘረጹ
- 1 መንኩር ማር ናይ ባሕሪ (salt)
- 1 ሽኮርያ ቁሩብ ቁሩብ ዝተቘረጽ
- 4 መንኩር ዘይት ፒናት (peanut oil)

መመረያ

1. ፒንቶ ባቲና ኣብ ማይ ክህሉ ክትረክብ፣ ንኸብዱ ክትዓኽል እዩ። ብዝተናደደ መዓልቲ ክትምግብ ኣድርጉ።
2. ኣረኣን፣ ሰለሪ (celery)ን ማርን ክጨምሩ፣ ማይ ብዝተፈላለየ ክጨምሩ። ኣብ ዝተናደደ መዓልቲ ክትግብሩ ኣድርጉ።
3. ከም ኣረኣንን ባቲናን ዝህሉ ቀረባ ዝኾነ፣ ሽኮርያ ብዘይት ፒናት ኣብ ዝነደደ ሳስ ክትግብሩ ኣድርጉ።
4. ባቲናን ኣረኣንን ብኩላሊ ሳስ ኣውጺኡ፣ ኣብ ሳስ ይጨምሩን ይሓብሩን።

ኣብ ላዕሊ ሩዝ ወይ ብርሃን ኣብ ጥርሙዝ ክትቅረቡ እዩ።

ሞሮኮ

ተጋንጣይ ፕላንቲንስ ኣብ ቆርበት (Baked Plantains on the Shell)

ክሊብ ቁሳቁስ

- 4 ዓብይ ፕላንቲንስ (plantains)
- 1/2 ኩባያ ብራውን ሱከር
- 3/4 መስሊ ሲናሞን (cinnamon)
- 1/4 ኩባያ ባትር ወይ ማርጋሪን ዝተልቀለ

መመሪያ

1. ኦቨን ክልቀል ክትግብሩ ኣድርጉ ናብ 350°F (175°C).
2. ፕላንቲንስ ብጽሩይ ክትጠቡ ኣድርጉን፣ ብርኩብ ዝተነፈሰ መስመር ክትቆርጹ ኣድርጉ፣ ግን ኣብ ቆርበት ኣይትሰርሑን።
3. ኣብ ሳስ ብራውን ሱከር፣ ሲናሞንን ዝተልቀለ ባትርን ብምሓብር ብዝኽብር ክትዕዝኡ ኣድርጉ።
4. ፕላንቲንስ ኣብ ትንሽ መግቢ ሳስ ክትኣኽሉ ኣድርጉ፣ ብዝተቆረጸ ገጽ ንላዕሊ ክትኣኽሉ ኣድርጉ።
5. ዝተዕዘነ ሱከር ማሕበር ብትሑት ብትኩል ፕላንቲንስ ክትጨምሩ ኣድርጉ።
6. ሳስ ብምኽዳን ክትሸፍኑ ኣድርጉን ብኣብዚ 35 ደቃይቅ ክትግብሩ ኣድርጉ፣ ክህሉ ክርኢ ክትኽይድ እምበር።
7. ከም ተወሳኺ ካብ ኦቨን ክትወጹ ኣድርጉን፣ ብትንሽ ክትሓልዉ ኣድርጉ ከም ትቕረቡ ብሩህ።

ሞሮካን ናይ ቆልቒ ድቃል ምድቃል (Moroccan Sweet Potato Stew – Vegetarian)

ክሊብ ቁሳቁስ

- 1 ዓብይ ስፓኒሽ ኣሽኮርኮር (Spanish onion)፣ ዝተቆረጸ
- 2 ቅርንፉስ ቅሩብ (garlic)፣ ዝተፈርሐ
- 1 መስሊ ቱርሜሪክ (turmeric)
- 1/2 መስሊ ናይ ካሪ እምቡባ (curry powder)
- 1/2 መስሊ ኩምን (cumin)
- 1/4 መስሊ ቀይሕ ብርቱኳን ፍርፍር (red pepper flakes)
- 1/2 መስሊ ማንጣፍ (salt)
- 1/2 መስሊ ጨውሕ በረት (pepper)
- 3/4 መስሊ ሲናሞን (cinnamon)
- 1/4 መስሊ ናይ ነጡጥ ነግ (nutmeg)
- 2 ድቃል (sweet potatoes)፣ ብኣንድ ኢንች ኩብ ዝተቆረጹ
- 1 ኤክሮን ስኳሽ (acorn squash)፣ ብኣንድ ኢንች ኩብ ዝተቆረጸ
- 3 ካሮት፣ ብኣንድ ኢንች ዙርያት ዝተቆረጹ
- 1/2 ኩባያ ዝኸትት ተክሊ ስርሒ (vegetable broth)
- 1 ካን (15 oz) ሽክፓስ (chickpeas)፣ ዝተታጠበን ዝተኣፍለጠ
- 1 ካን (15 oz) ጠልቢ ቲማቲም (whole tomatoes)
- 1/2 ኩባያ ዛቢቦ (raisins)

መመሪያ

1. ኣብ ሳስ ቀሊል ዝበለ ሙቀት፣ ኣሽኮርኮርን ቅሩብን ክትስትዉ ኣድርጉ ክሕሉ ክርኢ ከምኡ ኣይከልበን።
2. ቅመማት ኣእቱ ንጥፈት ክትግብሩ ኣድርጉ። ድቃል፣ ኤክሮን ስኳሽ፣ ካሮትን ስርሒን ክትወስኹ ኣድርጉ፣ ናብ ምቅላዕ ክትመጹ ኣድርጉ።
3. ሙቀት ናብ ቀሊል ኣውርዱ። ኣብ ሳስ ብቅሉ ዕለት 5 ደቓይቕ ክትሕርቡ ኣድርጉ።
4. ሽክፓስ፣ ቲማቲምን ዛቢቦን ክትጨምሩ ኣድርጉ።

ሱዳን

Shorba: በጊ ሾርባ

ክሊብ ቁሳቁስ

1. 3 ፓውንድ – 1.4 ኪ.ግ ኣከር በጊ
2. 2 ኩዋርተር ማይ
3. 2 መስሊ ማንጣፍ
4. 1 ኩባያ ኣሽኮርኮር (ተሰርሒን ተቖሪጽን)
5. 1 ኩባያ ካሮት (ተሰርሒን ተቖሪጹ)
6. 1 ኩባያ ካባጅ (ብንኡስ ቁሩብ ዝተቖረጸ)
7. 1 ኩባያ ስትሪንግ ቢንስ (ተነጻጽሩ)
8. 3 ቅርንፉስ ቅሩብ (ብጣም ዝተፈርሐ)
9. 1/2 ኩባያ ምግባር ባህርይ ሩዝ (ኣምላኽ እንተኾነ)
10. ማንጣፍን ጨውሕ በረትን ንባዕል
11. 4 መስሊ ፒናት በተር
12. 1 ሎሚ ፍርሲካ

መመሪያ

1. ኣከር በጊ፣ ማይን ማንጣፍን ኣብ ትልቅ ሳስ ኣእቱ። ሰዓት 1 ክትሕርቡ ኣድርጉ።
2. ኩሉ ተቖሪጹ ትሩፍ ኣብ ኣእትዉ፣ ቅሩብን ኣብ ሳስ ከምኡ ሰዓት 1 ክትሕርቡ፣ ክትስርሑ ክሕሉ ክርኢ።

3. ኣከር በጊ ኣርዱ፣ ኣብ ሳስ ዘለዎ ምርት ብሲቤን ወይ ፉድ ፕሮሰሰር ክትስተሙሩ ኣድርጉ።

4. ፒናት በተር ኣብ ሎሚ ፍርሲካ ክትስርሑ ኣድርጉ፣ ንሳሱ ኣእቱ። ሩዝ (እንተ ደኣ ዝፈለጠ) ጨምሩ።

5. በረትን ማንጣፍን ንባዕል ዝኾነ መጠን ጨምሩ።

6. እያ ሾርባ፣ እያ ኩባያ ኣብ ሳስ ተጠምቑ ክትገልጹ ኣድርጉ።

ሱዳን – ብሄራዊ ምግቢ

Full Medames

ክሊብ ቁሳቁስ

- 14 ኦውንስ ካን ፋቫ ቢንስ ወይ ቸክ ፒስ
- 3 መስሊ ኦሊቭ ዘይቲ
- 1 ብርቱካናይ ኣሽኮርኮር (ተሰርሒን ተቆሪጹ)
- 2 መስሊ ኩሚን
- 6 ቅርንፉስ ቅሩብ (ብጣም ዝተፈርሐ)
- 2 መስሊ ስሞክድ ፓፕሪካ
- 1/2 ኩባያ ቫይጀታብል ስቶክ
- 2 መካነ ቲማቲም (ተቆሪጹ)
- 1/4 ኩባያ ፓርስሊ
- 4 ዝተበሉ እንቋቖሑ (ተሰርሑን ተቆሪጹ)
- 2 ሎሚ (ዝተፈርሑ)
- ጨዉን በረትን ንባዕል

መመሪያ

1. ካን ፋቫ ቢንስ ኣፍልቍን ኣብ ሳስ ኣእቱ። ብማይ ዝርከቡ።
2. እኹል እቲ ቢንስ ኣምጹን ብምንታ ኣንፉ። ካልእ እቲ ቢንስ ኣእቱ።

3. ኣብ ስኪሌት ዘይቲ ኣሞቑ ኣብ መካነ ሙቀት። ኣሽኮርኮርን ቅሩብን ጨምሩ። 4–5 ደቒቕ ክትበሉ ኣድርጉ እንተስርሕ ከይትኸውን።

4. ተነብሩን ዝሙሉ ቢንስ ጨምሩ። ብሎሚ፣ ጨው፣ ኩሚን፣ በረትን፣ ፓፕሪካ ብምልሳስ ኣብ መካነ ሙቀት 4–5 ደቒቕ ክትበሉ። ኣይትቐየሩን ኣይትሓልዉን።

5. ቫይጀታብል ስቶክ ብቀስታ ጨምሩ ክትስርሑ ናይ ዝፈለጠ ናይ ስትዩ ደንበ ክሕሉ ኣድርጉ። ኣብ ሙቀት ኣይንቀልብ።

6. እቲ ተበልዑ ቢንስ ኣብ ሳስ ኣእቱ፣ እንቋቕሖ ተቆሪጹ ብላዕሊ ኣእቱ፣ ቲማቲምን ፓርስሊን ጨምሩ።

7. ብናንቲ ዳቦ ወይ ፒታ ብምስታብ ኣብ ሙቀት ገልጹ።

Sambusa (ሳምቡሳ)

- ማይን ዱቄት ምልባስ ኣብ ንእሽቶ ሳስ፣ እቲ ወረቐት ይዘርብ ኣድርጉ።
- ክሩቡ ከም ዝተዘጋጀ ብበግን ስጋ ሙሉኡ። ላዕሊ ዝዘጋጀ ፓስታ ብምጥባሕ ክዕጸዉ። እዚ ክምልከት ድሕሪ ወረቐትን ሙሉኡን ይሃብ ክሳብ ዝያዳ።
- ዘይቲ ኣብ ዝተዳነቀ ሳስ ክሳብ 365° ኣሞቑ። ሳምቡሳ እያ እያ ብዘይቲ ክትሕርቡ ኣድርጉ እንተዘጠል ብሓምሊ። ኣውጹን ኣብ ንጹር ባርኮ ይቀመጡ።

ሳባያድ (Sabaayad – ሱማሊ ፍላት ብረድ)

ክሊብ ቁሳቁስ

- 4 ኩባያ ኦል-ፐርፖስ ዱቄት
- 1 ትርኢት ጨው
- 3 መስሊ ኦሊቭ ዘይቲ
- 2 መስሊ ማር
- 1 ½ ኩባያ ሞቃዕ ማይ
- 2 መስሊ ካኖላ ዘይቲ

መመሪያ

1. ኣብ ዓቢ ሳስ ዱቄትን ጨውን ውሰዱ። ኦሊቭ ዘይቲን ማርን ጨምሩ። ማይ ብቀስታ ጨምሩ ክልተስ ክትበሉ ድሕሪ ከም ዝተሓየሸ ፒዛ ዱቅ ይመስል። ኣብ እግሪ 10 ደቒቕ ክሳብ ዝሕሉፍን ብሩህን ድሕሪ ኣቕልቦ።
2. እቲ ዱቅ ኣብ ላዕሊ ብንእሽቶ ካኖላ ዘይቲ ንሕሩ። ብፕላስቲክ ስልኪ ሸፍኑ፣ ኣብ ትሕቲ ሓደ 30 ደቒቕ ክሳብ 2 ሰዓት ዕረፉ።
3. ዱቅን ብ10 ክፍሊት ክትከፍሉ። ሓደ ክፍሊት ብምውርዳእ ኣብ ተወሳኺ ዱቄት ላዕሊ ከም ክብሪት ክትዘርዝር ኣድርጉ። ካኖላ ዘይቲ ላዕሊ ንሕሩ። ጎኖታት ኣብ መካን ክምጽኡ ኣድርጉ። ላዕሊን ታሕቲን ጎኖታት ክምጽኡ ኣድርጉ። ካልእ ክፍሊት ብዝኾነ መንገዲ ክትዘርዝሩ።
4. ኣብ ዓቢ ስኪሌት እቶ በጺሑ ብመካነ ሙቀት ይሞቑ።

5. ናይ ዱቅ ኣንድ ክፍሊት ከም ዝተዘርዘረ ክትዘርዝር። ኣብ ስኪሌት ኣእቱ። 1–2 ደቓቕ ክትበሉ እንተ ሓደሽቲ ክትበሉ ኣድርጉ። ብንእሽቶ ዘይቲ ላዕሊ ንሕሩን ተቀይሩ። ካልእ 1–2 ደቓቕ ክትበሉ እንተ ወርቃዊ ቀለምን ብሩህን ክትኸይዱ ኣድርጉ። ኣብ ሳስ ኣእቱ፣ ብንጹር ጨርቂ ኣስተምሩ፣ ሳባያድ ብምስታብ ትሕቲ ሙቀት ንምክንያት። ካልእ ክፍሊት ከምኡ ክትዘርዝሩ።

ጅቡቲ – ስኩደኻረስ (Skoudehkaris)

ክሊብ ቁሳቁስ

- 1 ፓውንድ በግ ስጋ
- ½ ኩባያ ረጋዊ ነጭ ሩዝ
- 1 ሽኮኮ (ቆርበትን ተቆርጾን)
- 1 መስሊ ጊዕ / ተክሊ ዘይቲ
- 1 ትርኢት ቁርጬምጬም
- ¼ ትርኢት ካይነ ፐፐር (Cayenne pepper)
- ½ ትርኢት ዱቄት ቁርበት ቀርኒ (Cinnamon)
- ½ ትርኢት ኩምን ዱቄት
- 1 ትርኢት ካርዳሞም ዱቄት
- 15 ኦዝ ተቆርጸ ቲማቲም (ካን)
- ጨውን ፐፐርን
- ማይ
- ቆርበት ኮርያንደር (Cilantro)

መመሪያ ናይ ስኩደኻረስ ምውጻእ

1. ኣብ ዳቾ ኦቨን ሳስ ብመካነ-ሙቀት ኣስምዑ። ጊዕ ወይ ዘይቲ ኣእቱ።
2. ናይ ቆርበት ሽኮኮ ካብ ጊዕ ጋር ኩምን፣ ቁርበት ቀርኒ፣ ቁርጬምጬም፣ ካርዳሞም እና ካይነ ፐፐር ይስሩ። ናይ ሽኮኮ እንተ ሓደሽን እንተ ግልጽን ክህን ኣድርጉ።
3. በግ ስጋ ክትበሉ ኣብ ኩብ ኣብ ተሓጋገም ምስ ሽኮኮን ቅመማትን ኣእቱ።
4. ስጋን ኣምሲሉን ከይዱ ድሕሪ ቲማቲም ኣእቱ። በረቐ ንጨው ይቅመሙ።

5. ማይ ይፍስሱ ስጋ ክትስክር ክህን እዩ። ኣብ 350°F ዝምዕር ኦቨን ኣእቱ።

6. 45 ደቒቕ ድሕሪት በግ ስጋ እንተ ተሓሊፎ ፈትሑ። ግዜ ምግባር ክትስተኻኽሉን ተጨማሪ ማይ ክትጨምሩን ኣስፈላጊ እዩ።

7. ስጋ እንተ ተሓሊፎ ኣውት ኣውተ ኦቨን ንምንታይ ኣብ እቲ ምንባር ኣስምዑ።

8. ሩዝ ኣብ ማይ ይኽሉ፣ ኣብ ሳስ ኣእቱ።

9. ኩሉ ክትበሉ ተንከባከቡ፣ ጨው ጨምሩን ሳስ ሸፈኑ።

10. 15 ደቒቕ ድሕሪት ወይ ሩዝ ክትበሉ እንተ ጠቓሚን ስክርን ክህን ኣድርጉ።

11. እቲ ተበሊዑ ምግቢ ኣብ በረኻ ኣእቱ፣ ቆርበት ኮርያንደር ላዕሊ ንሕሩን፣ ስኩደኻሪስ ብሙቕ ኣብ በረኻ ግበሩ።

ጅቡቲ ምግቢ

ጅቡቲ ምግቢ ምርት ከም ሶማሊ፣ ኣፋር፣ የመንኒ፣ እንታይን ፈረንሳዊ ምግቢ ዝተቀላቀለ እዩ። ከምኡ'ውን ካብ ደቡብ ኣውራጃታት (ብምእማን ህንዲ) ቅልቅል ተኸታተሉ። ናይ ቦታ ምግቢ ብነዚ ዝበዝሐ ዝኾኑ ዝበለ ኣረብ ቅመማት እዚ ይውሃብ፣ ካብ ሰፈሮ ክሳብ ቁርበት ቀርኒ።

ቅመማት ዝምልከቱ:

- ኩምን (Cumin)
- ቁርጭምጭም (Cloves)
- ካይነ ፐፐር (Cayenne Pepper)
- ቁርበት ቀርኒ (Cinnamon)
- ቲማቲም

ክሊብ ቁሳቁስ:

- 1 መካነ ሽኮኮ (onion – medium)
- 1-2 ፓውንድ ስጋ በግ ወይ ደሮ፣ በጀት ወይ ናይ ሓርነት እንታይ (lamb, chicken, beef, or fish)
- 1 ቲማቲም
- ½ ኩባያ ሩዝ
- 1 ኩባያ ማይ

ቲጉዋ ደገ ና (ባህሪ ምርባእ ብቂቕ በቆሎ ሳሱን ዝተዘጋጀ ምግቢ)

መግቢ ኣብ ማሊ ኣብ ምስ እንታይ ዝገበር Betsy Newcomer፣ ዝነበረት ባህሪ ተወከልቲ Peace Corps

ይሕብር 5-6 ሰባት

ክሊብ ቁሳቁስ

- 1 መሓዛ ዘይት
- 3 ንኡስ ሽኮኮ ፣ ተቖርቖረ
- 6 ኣስንቱ ትርርኒ ፣ ተጨውንነ
- 1 ኣብ ባህሪ (28-ዓውንስ) ቲማቲም ቁሩብ ቁሩብ ተቖርቖረ
- 1 ኣብ (6-ዓውንስ) ቲማቲም ፓስታ
- 1 ½ ኩባያ ባህሪ ዕፅዋት (vegetable broth)
- 1/3 ኩባያ ቂቕ በቆሎ ሳሱን (እቲ ካብ ብዙሕ ብዙሕ በቆሎ ሳሱን ይውሃብ)
- ¼ ኣንፋር ካይን ፐፐር (ወይ ካብ ዝያዳ ብጣዕሚ ክጨመር ይኽእል)
- 1 ኣንፋር ጨው (እንተ ባህሪ ዕፅዋት በጣም ጨው እንዳለዎ ክቐንስ ይኽእል)
- 1 ኣንፋር ቁርበት ጥቁር (black pepper)
- 2 ዓንቀጽ ሽርበት (bay leaves)
- 1 ኣኮርን ስኳሽ፣ ቆርበትን ተጬብጬባን

- ½ መካነ ካብጅ፣ ቀሊል ቀሊል ተቖርቒረ (ወይ 10-14 ዓውንስ ካል ስሎው ኣብ ባህሪ፣ ወይ እቲ ብዙሕ ኣብ ባህሪ ቆጸራ ስፒናች)

መንገዲ ምድላው

1. ኣብ ትልኢት ስርሓቕ መርበብ ዘይት ኣምር. ሽኮኮን ትርርኒን ኣእቱን ክሳብ ብሉጽጉም ድምቁ ክህሉ ምግባር.
2. ቲማቲም፣ ቲማቲም ፓስታ፣ ባህሪ ዕፅዋት፣ ቂቕ በቆሎ ሳሱን፣ ካይን፣ ጨው፣ ቁርበት፣ ሽርበትን ስኳሽን ኣእቱ.
3. ክትሕሉ ኣምር. ካብጅ ወይ ስፒናች ኣእቱ.
4. ክሳብ ስኳሽ ክቕልጽ ከይትኽእል 30 ደቓይቕ ኣብ ከም ዝተጠቕመ ምግባር፣ ዝተወሃበ በቆሎ ሳሱን ካብ ታሕቲ ናይ ስርሓቕ ንክውሰድ ምግባር.
5. ኣብ ሩዝ ላዕሊ ምስርት።

ኦክራ ብአተር ሾርባ

ኣብ *Zainabu's African Cookbook with Food and Stories* ብZainabu Kpaka Kallon ዝተቀየረ

ይሕብር 4–6 ሰባት

ክሊብ ቁሳቁስ

- 1 ፓውንድ ተቐጻጺሪ ስጋ (ground beef)
- 1 ፓውንድ ባህሪ ባቕል ናይ ጥራሕ (black-eyed peas) ሓዱሽ ወይ ባህሪ፣ ተጠቢቑ
- 1 ትልኢት ሽኮኮ፣ ተቐርቐረ
- 2 ትልኢት ሓዱሽ ቲማቲም፣ ተቐርቐረ
- 3–4 ቀይሕ ሓዱሽ ቃርድካ፣ ተቐርቐረ
- ቁርበት ጥቁር (black pepper) ንጣዕሚ
- 2 ኣስንቱ ትርርኒ፣ ተጨውንነ
- ጨው ንጣዕሚ
- 2 ፓውንድ ኦክራ፣ ተጠቢቑ፣ ጫብያት ተወግዱ፣ ተቐርቐረ

መንገዲ ምድላው

1. ስጋን ኣብ ትልኢት ብርቱ ሸኽላ ኣእቱን ቀሊል ብቀልጢፍ ድምቁ.
2. ባቕልን ካልኦት ክሊብ ቁሳቁስን (ካልእ ኦክራ) ኣእቱ.
3. እንተ ይፈልጡ ውሃ ክኸውን ክሕበር እንዳሉ፣ ክሊብ ብዙሕ ንምኽዋን ውሃ ኣእቱ፣ ኣናብቡን እናደገ ክትሕሉ ኣምር.

4. ናይ ምግባር ዕድል ቀንዲ ዝኾነ እሳት ክትሕሉ ኣምርን፣ ክሳብ 10 ደቓይቕ ክትህልዉ ኣምርን። ከምኡ ዝኸውን ይህሉ በዓልና ምግባር ምጥቃስ ክተኻእል ይግበር.

5. እዚ ድሕሪ ኦክራን ኣእቱ፣ ብዝነኛ እሳት 10 ደቓይቕ ካልእ ክትህልዉ ኣምር.

6. ብዙሓት ቁርሲ ክሰርብ ምቕላል።

ንጼር ፓላንቲን ኣብ ኮኮናት ሾርባ

ካብ *The Soul of a New Cuisine: A Discovery of the Foods and Flavors of Africa* ብMarcus Samuelsson

ይሕብር 4–6 ሰባት

ክሊብ ቁሳቁስ

- 1 መንኩስ ሽኮኮ ስፓኒሽ፣ ተቖርቊረ ብጽሑፍ
- 1 ኩባያ ኮኮናት ምርት (coconut milk)
- ሓሙሽተ ማዕከል ሎሚ (juice of 2 limes)
- 2 ማእዘን ነጭ ዋይን ቪነጋር
- ½ ኩባያ ነዊሕ ዘይት (ብነተን ቤናት ወይ ካኖላ)
- 5 ቢጫ ፓላንቲን፣ ተነጻጽሩ፣ ተርቕሩን ኣብ 1-ኢንች ቁርነት ተቖርቖሩ
- 2 ነጥቢ ተቖርቊረ እንቋዕሕ (cilantro)
- ½ ነጥቢ ጂንጅር ኣምዲ
- ½ ነጥቢ ጨው
- ጥቁር ቁርበት ተቀሊቖል

መንገዲ ምድላው

1. ኣብ መንኩስ ሽኽላ ሓሙኽ ሽኮኮ፣ ቃርድካ፣ ኮኮናት ምርት፣ ማዕከል ሎሚን ቪነጋርን ኣእቱ። ብነዊሕ እሳት ክትሕሉ ኣምርን 10 ደቓይቕ ክትህልዉ ኣምርን። ከምኡ ዝኸውን ከይሕሉ ወሲኑ።

2. ኣብ ትልኢት ሽኽላ ዘይት ብመንኩስ እሳት ኣእቱ። ፓላንቲን ኣእቱን ብዝነኛ ክትህልዉ ኣምርን፣ 10–15 ደቓይቕ ክልተ ግዜ ተሽከርከር ብቀሊል ክምርሕ ኣምር።

3. ፓላንቲን ኣውጽኡን ኣብ ወረቐት ንክዳይ ኣቕመጡ።

4. ከይ ፓላንቲን፣ እንቋዕሕን ጂንጅርን ኮኮናት ምርት ሓደሽቲ ኣእቱ። ክትሕሉ ኣምርን ናብ ምቕላል ኣመጹ።

5. ጨውን ቁርበትን ኣእቱን ብጣዕሚ ምቕላል ዝሕብር። ሓዲ ክትረኽብ ምቕላል።

ኣዘዊትን ባህሊትን

ኣብ ማሊ፣ ሓደ መንኩስ ቦል ካብ እጅ ዝበሉ ብዙሕ እትረኽቡ እዩ። ነቲ ምግቢ ብዙሕ ጊዜ ብሩዝ ዝተሰርሐ ከምኡውን ብማርርቲ ወይ ከምኡውን ብስንኩርና ዝተሰርሐ እዩ። ብተራኺቡ ኣዕሩኽ ህፃናት ምስ ኣቦ ሓወይ ከምኡውን ኣብ ሓደ ቦል ይበሉ። ክሳብ ቤት ሓደሽቲ ሰባት ዝሓልፉ በላታትን መሳርሒታትን ይጥቀሙ።

መሊዓን ብሓውነትን ንባህሊ ኣበርክትን ዝበሉ ስለዝበሉ ዝተገለጸሉ እዮም። እቶም ዘተጋበረሉ ኣብ ጽቡቕ ምግቢ ከይብሉ ንምግባር ይዕቀቡ። ንምግባር ክትደግም ከም ዝዕቀቡ እዩ። ኣብዚ ቦታ፣ ዝበለሉ ከም ዝሓለፈ ምስ ይበሉ እተገሊጹ ዝኾኑ እዮም። ንስቲ ብሓደ እግሪ ወይ ብእሳት ምግቢ ይቀድሙ።

ምግቢታት ናይ ኣፍሪቃ

- **Kamba wa nazi** – ሽርሽር ሓርጭ ኣብ ኮኮናት ሾርባ (ከነ ህበረት ባህሊ ናይ ተባዕታት ዝሓሸ)
- **Efo riro** – ናይ ናይጄሪያ ስብስባ ከርከም ሾርባ
- **Ceebu jenn** – ናይ ሴኔጋል ሩዝ ከምኡውን ነቲ ዓሳ
- **Seswaa** – ናይ ቦትስዋና ብዝግዓነት ዝበልዕ ስጋ ዝረሰሰ
- **Matapa** – ምግቢ ናይ ሞዛምቢቅ ብኮኮናት ምርት ዝተሰርሐ
- **Doro Wat** – ናይ ኢትዮጵያ/ኤርትራ ሾርባ ብዶሮን ሓርጭ ስንኩርናን
- **Injera** – ታቦ ብተፍ፣ ኩርንባ ወይ ስንኩርና ዝተሰርሐ
- **Chapati** – ፍላት ታቦ ናይ ሶማልያ

ቦትስዋና

መሰርሒታት

- 1,000 ግራም / 2.2 ፓውንድ ስጋ በኮንታ (ከመይ ቻክ ሾልደር)
- 2 ቀንዲ ሳልት
- 1/4 ቀንዲ ጥቕሚ ቁርጬምጬሚ
- 4 ደቂቕ ቅጠል ባይ (Bay leaves)
- 1–2 ኩብ ማይ (ክንዲ ስጋ ክትከይድ ክንበርክብ)

መንገዲ ምምዕባል

1. ነቲ ስጋ ብሳልትን ቁርጬምጬሚን ክትውጽእ፣ ኣብ slow cooker ክትከይድ። ቅጠል ባይን ማይን ኣእትዎ፣ ከምኡውን ኣብ ብርሓ ምምዕባል ክትቀመጥ 4–5 ሰዓት።
2. ኣብ 4 ሰዓት ድሕሪኡ ስጋን ክትከታተሉ። እንተ ብቀሊል ካብ ኮንታ ዝነቕል እዩ፣ ኣብ መንገዲ ኣብ ጨዋታ ምምዕባል ዝሓሸ እዩ። እንተ ግን ብኮንታ ይሰበር እዩ፣ ድሕሪ ኣብ ምንባር ክትከይዱ ይከኣል።
3. እንተ ተቀመጠ፣ ነቲ ስጋ ካብ slow cooker ክትወስዱ እናከፈት ክትትወስን።

4. እንተ ኣለኹም mortar ከምኡውን pestle ተጠቒሙ እስከት ክትከይዱ። እንተ ዘይኮነ፣ ብሓደ ፎርክ ክትቀይሩ ወይ ብክልተ ፎርክ ክትስበሩ ክትጠንክሩ ክትሰርሑ ትኽእሉ።

ከመይ ክትምርሱ *Pap*

መሳርሒታት

- 2 ኩብ ማይ
- 1 ቀንዲ ሳልት
- 1 ኩብ ነጭ ማይዝ ቆርንሚል
- 2 ቀንዲ ባተር

መንገዲ ምምዕባል

1. ኣብ ትልልቅ ሳስ ፓን ማይን ሳልትን ክትከይዱ እናከፈት ክትከይዱ።
2. ቆርንሚል ክትእቱ፣ ብኩል ኣብ ባሕሪ ክትሸፍኡ። እናከፈት ሳስ ይቕንየሉ ኣብ ማይ ትብል ዝኾነ እንታይ ክልዕሉ እዩ።
3. ከምኡውን ኣብ መካነ ብምሕላፍ ዘለዎ ዕለት ክትከይዱ፣ ከምኡውን ነቲ ቆርንሚል ከም ኣይኮነን ብኣምላኽ ክትኸይዱ ክትበልዕ እዩ።
4. ን30 ደቓይቕ ድሕሪኡ ባተር ክትእቱ፣ ከምኡውን ክትኸይዱ እስከት ባተር ክትወስን።
5. እናከፈት ምኽፋል ክትውስን፣ ብላዕሊ ክትጸፍኡ።

ቻድ

ቻድ፣ ብዝኾነ ስም **ሪፐብሊክ ኦፍ ቻድ** ዝተጠሃሰ ፣ ኣብ መካነ ኣፍሪቃ ዝርከብ ባሕሪ ዘይብሉ ሃገር እያ። ናብ ሰሜን ሊቢያ ትነብር፣ ናብ ምብራቕ ሱዳን፣ ናብ ደቡብ ማእከላይ ኣፍሪቃ ሪፐብሊክ፣ ናብ ደቡብ ምዕራብ ካሜሩንን ናይጀርያን ትነብር፣ ናብ ምዕራብ ድማ ናይጀር ትነብር። ብዝርዝር ኣካል ቻድ ናብ ኣፍሪቃ ሓሙሽተይ ትልዕኽቲ ሃገር ተመዝጊቡ እዩ።

ተቀቂሉ ዓሳ (ምርት መንደባት በረ ጳሪ ሪቨር)

መሰርሒ

- 6 መካነ ዓሳ
- 2 ኣረንጓዴ ቁርሲ ነጭሕ ቀርበት (garlic)
- 2 ማልቲ ዱቄት (flour)
- 5 ማልቲ ዘይቲ
- 3 ቲማቲም
- ጨው፣ በርበርን ወይ ቅመማ በርበርን

መንገዲ ምግባር

1. ዓሳ ብዝሓሸነካ ኣብ ማይ ዕጹውን እንተነዓዘ ክንዲ ክትግዘዝ ይግበር።
2. ኣብ ውሽጢ ዓሳ ኣብ ጥራይ ሓፂሩ ቁርሲ ነጭሕ ቀርበት ክትኣትው ኣግዲሙ።
3. ዓሳ ቁራጽ ብዱቄት ክትሸፍእ ይግበር።
4. ዘይቲ ኣብ መትከል ስለ ዝዓበየ እንተኾይኑ እንዳሳ ኣእትዉ።
5. ናይ ዓሳ ንሓዊ ዕርግማን እንተሆነ ትማቲም ክፍሊት፣ ጨውን ቅመማትን ኣብ መትከል ኣእትዉ፣ እናኣሰለጠኹ ክስግን ኣግዲሙ።
6. ኣብ ትንሽ መዓዲ ኣብ ስርሒ መትከል ኣርኢ 40 ደቒች ክትምዝር ይቕጽል። ኣብ ግዜ ክትምርምር እንተደኣ ጥራይ ማንኛይ መሊሰ ማንኛይ ማይ ክትወስኽ ይኽእል። ምግቢ ሕጂ ካብ ከም ዝትቕርብ ቅድሚ ይሕብ።

ካብ *La cuisine aux pays du soleil,* ዘይታወቀ ደራሲ። 1976። *Imprimerie Saint-Paul: 55001 Bar le Duc.* ISBN 2-85049-038-5.

እንቋቝሖ ካብ ማልለት (Millet Snacks – ካብ Ouaddaï)

መሳርሒ

- 2 ኩፕ ዱቄት ማልለት (ብቀን ኣዘጋጅካ ዝተደቐመ)
- 1 ኩፕ ዱቄት ስንዴ
- 1 ኩፕ ዘይቲ ኣትክልቲ
- ½ ኩፕ ኣብ ውሽጢ ዝተደቐመ ስኳር
- 1 እንቋቝሖ
- ናይ ምቁርራም መትከል ንዝትቕርብ ዘይቲ (ዘይቲ ማንኛይ ኣትክልቲ እንተሃልዩ፣ ዘይቲ ዕንጎ ወይ ቀይ ዘይቲ ንምምላእ) – ሙቀት ዘይቲ 150°C (302°F) ክኸውን ኣለዎ።

መንገዲ ምግባር

1. ዱቄት ማልለትን ዱቄት ስንዴን ኣንድነት ኣድርጉ። ዘይቲ ኣትክልቲ ኣድኒሑን ኣብ ዱቄት ላዕሊ ፍሱሱ።
2. ስኳርን እንቋቝሖን ኣብ ዱቄት ሓደሽቱ። እቲ ቁርሲ ብምልካም 5 ደቒቕ ክትነትእ ክሕጸጽ ይግበር።
3. ኣብ ንቕሑል ዝተደቐመ ስፍሓት ዝሓዘ ምሳር ተዘይግዘዝ ቁርሲ ኣንጹዕ እናደረኽ ኣብ 5 ሚሜ ይርከብ።
4. ኣብ ቁርሲ ቆራጺ ቁርሲ ብቀሊል እናተከፈለ ኣትዉ።
5. ቁርሲ ኣብ ዘይቲ ዕንጎ ወይ ቀይ ዘይቲ ኣብ ኣንጽዕ መትከል ክትቕርብ እናደረኽ ክትቐጽል። ካብ ዘይቲ እንዳይርከብ ምውሳድ ይግበር። ምግቢ ሓድሽ፣ ውድብ ወይ ቀዝሒ ይቕርብ።

ካብ *La cuisine aux pays du soleil,* ዘይታወቀ ደራሲ። 1976። *Imprimerie Saint-Paul: 55001 Bar le Duc.* ISBN 2-85049-038-5.

ሽሮ ቀትታ (ናብ ደቡብ ቻድ ንብረት በዓል ከባቢ)

መሰርሒ

- 5 ማእዘን ዘይቲ
- 2 ፓውንድ ስጋ በሬ (ኣብ 1 ኢንች ወይ ክልተ ኢንች ክፍል ዝተቆረጸ፣ ብዱቄት ዝተሸፈነ)
- ½ ማእዘን ነትሙግ
- 1 ማእዘን ቀይሕ በርበርዕ
- 4 ኣርከይ ሽኮርታ ትንንሽ ተቖልጠ
- 1 ጥሪ ነጬ ጽጌ (ብጥሪ ተኸፍአ)
- ¾ ኩፕ ቲማቲም ፓስታ
- 6 ኩፕ ማይ
- ቀይሕ በርበርዕ ንጣዕሚ (እንተዘለኻ)
- ½ ኩፕ ቃልያ ቅቤ (peanut butter)
- 3–6 ኩፕ ዝተዋገረ ሩዝ

መንገዲ ምግባር

1. ኣብ ዓብይ መትከል 3 ማእዘን ዘይቲ ኣንዲኡ።
2. ኩቡያት ስጋ በሬ ወስኺአ በርካታ ስንክልካቸው፣ ነትሙግን በርበርዕን ጨምር።
3. ስጋ እንተሰመረ ሽኮርታ፣ ጽጌ፣ ቲማቲም ፓስታ፣ ማይን በርበርዕን ጨምር።

4. ፍርሒ ካብ ምስታሕሲ ግዜ በፊት (30 ደቓቕ ክድረስ)፣ ቃልያ ቅቤን 2 ማእዘን ዘይቲን ኣብ መካነ ሙቀት ኣንዲኡ።
5. ቃልያ ቅቤ ንብርቱዕ ስጋ ዝኾነ ምግቢ ብቀስታ ኣክል፣ ኣብ ትንንሽ መካነ ሙቀት 20 ደቓቕ ምድራስ ክግበር።

ካብ *More with Less Cookbook*, ብDoris Jazen Longacre። 1976። Herald Press: Sc 1786-7.

ማላዊ ማንጎ ዶሮ (ተፈቲሑ) | Dining for Women

ይቕሬታ 6–8 ሰብ

መሰርሒ

- 4 ኩባ ዝተቃጠለ ዝተቆፈረ ዶሮ
- 1–2 ቀለም ሽምዒ (ኣረንጓዕ ወይ ቀይ ወይ ሁለቱ) ዝተቆረጸ
- 1 ማንጎ ዝተቆረጸ
- ተኩል (ንጣዕሚ እንተዘለኻ)
- ናባር ሎሚ ክሊን ናብ መጋረጃ

ሳስ

- ¼ ኩባ ኣናናስ ማይ
- ¼ ኩባ ሶይ ሳስ
- 2 ማእዘን ቆርበት (ኣነ ዝተጠቐምኩ ሳይደር ቆርበት)
- 1 ማእዘን እንጅር ዝተቀልጠ
- 1 ማእዘን ዱቄት
- 1 ማእዘን ቡናዊ ስኳር

መንገዲ ምግባር

1. ንሳስ መሰርሒ ኣብ ሓንቲ መርዓ ኣንዲኡ፣ ንዝተቆፈረ ዶሮ ኣክልካ ብዝኾነ ሓደ ሰዓት ክድረስ ኣድላዪ።
2. ኣብ ሳስ ቁርሲ ብትንንሽ ዘይቲ ኣንዲኡ ንሽምዒ ጥራይ ኣውርድ፣ ንምርኣይ ድሕሪ ጥራይ ድሕሪ ጥቂት ደቓቕ ክግበር።
3. ዝተዳልየ ዶሮ ኣክልካ ክትሓርዶ ክሳብ ዝበልዐ ክትዳልይ።

4. ኣብ መጋረጃ ኣንብር፣ ብቆፍሪ ወይ ብቆሪ ማንጎ፣ ተኲልን ናባር ሎሚ ክሊን ግበር።
5. ብሙቕ ሩዝ ላዕሊ ኣምጻኡ።

ባናና ናት ስትሩደል (ተፈቲሑ) | Dining for Women

ባናና ኣብ ምስራቅ ኣፍሪቃ ንቅርጹ ምግቢ ምስታሕቱ ይተኣሳስሩ፣ ብፍላጥ ኣብ ባናና ፍሪተርስ (Zitumbuwa)። ግና ንምክትታል መሰረታዊ ብዙሕ ኣይኮኑን ምእንቲ ምስታሕቱ ሕጂ ካብ ዘይቲ ዝተወርዱ ሙቕ እንተሎም የድሉ፣ ከምኡ ኣብ ኣልኻ ውሽጥ ከም ምምጻእ ክርኢት እዩ።

እኔ ስለ ኣገኘኹ ባናና ብፊሎ ፓስትሪ ዝተጠቐሙ የብሉን መመገቢ መርዓ ንባእ ከምዝኾነ ተመስረተ ኣነበርኩ። እዚ ካብ ፍሪተርስ ተጠምቁ ካብ ከብሪ ዝተጠቐሙ ኣማኻሪ እዩ። ብፍላጥ ተስሊ እዩ፣ ንቅድሚ ትከውን ትነድድ ክትከውን ትከልክል ትክትባል፣ ወይ ኣብ መዝገብ ትሓነቖ ካብ መዝገብ ብቀጥታ ትጥቀም ትከውን ትብል ትከውን። እንተ ትነድድኣ ኣይክእልካን፣ ከምኡ ግን ሕጂ ብዙሕ ሰዓት ካብ መስኮት እንኮም ኣብ ቀረባ ድማ ጥራይ ይብል።

ይቕሪታ፡ 8 ሰብ

መሰርሒ

- 2 ባናና
- 8 ሽቱ ፊሎ ፓስትሪ
- 8 ማእዘን ዝተቆፈረ ናት (እያንዳንዱ ዝትፍትሕ ብምሉእ ወይ ዝተጋጠሙ)
- 8 ማእዘን ዝተዋጠ ቅቤ
- ክስኒሞን ስኳር ንምትሓካስ

መንገዲ ምግባር

1. መስኮትካ ናብ 375°F (190°C) ኣንዲኡ። ባናና ብመርበብ ቁራጽ፣ ንእሽቶም እንደገና ብርክብ ቁራጽ።

2. ናብ ኣፍልጦ ፊሎ ዝርከብ ንምልኣኽ፣ ዝኸውን ንጸኒሑ ክንዲ ብቅቤ ኣበርክቦ፣ ብናትን ብክስኒሞን ስኳርን ኣስርሓ። ጸጋሚ ክንዲ ብዝሓለፈ ክንዲ ሸፊኡ ከይደሊኡ። እንደገና ቅቤ ኣበርክቦ፣ ብናትን ብክስኒሞን ስኳርን ኣስርሓ፣ ባናና ካብ ርእሲ ርብሓ ከብ 2 ኢንች ርኢቶ፣ ዝኾነ ብርኪ ኣበርክቦ።

3. ኣብ ባናና ሰርሒ ጭንጭን ኣክልካ፣ ጎንኡን ጭንጭን ምዝዋር ዘይፍቀድካ እንድሕር፣ ባናናን ፓስትሪን ጎቐኑ ይንከይ።

4. ዝተጎቐነ ፓስትሪ ኣብ ትክክል ሳህን ኣንብር፣ ግርማ ብቅቤ ኣበርክቦ፣ ክስኒሞን ስኳር ኣስርሓ።

5. ብ375°F (190°C) ምስኮት ምስሓር 20 ደቒቕ ኣትኽክል።

6. ዝተዋጠ ድሕሪ ፓስትሪ ብኩርስ ብምቁረጽ ኣንብር። ብካራሚል ወይ ቾኮላት ሳስ፣ ኣይስ ክሪም ወይ ሓድሽ ቤሪ ምስ ሓበሬታ ኣምጸኡ።

መቕሊ ተበል (Ndiwo)

ን 4 ሰብ

መሰርሒ

- 4 ኩባያ ናይ ሕርሻ ሓርነት (ከም ኣሕሊ ናት ዝተኣሳሰሩ ተመሳሳሊ ስንክል)፣ ተቆፍሮ
- 1 ኣንኪን ትንሽ፣ ተቆፍሮ
- 2 ኣተር ቆፍሮ ተቆፍሮ
- 1 ማእዘን ዘይቲ
- 2 ትንሽ ቲማቲም፣ ተቆፍሮ
- 1/4 ኩባያ ማይ
- ጨው ንምጣፍ

መንገዲ ምግባር

1. ኣንኪን ኣብ ዘይቲ ክትቕልል እንዳተረኽበ ምቅላስ።
2. ቆፍሮ ኣተር ኣክልካ ን 1 ደቒቕ ክትቕልል።
3. ቲማቲም ኣክልካ ን ጥቂት ደቒቕ ኣብ ንዘለዎ መዓልቲ ክትሕር።
4. ተቆፍሮ ሕርሻ ሓርነት ኣክልካ፣ ብምዝዋርን ብምሕታንን ክትሕር እንተጀመረ ክምርሕ።
5. ማይ ኣክልካ ክንዲ ኣድላዪ ክትሕር እንተኮነ ን 5 ደቒቕ ወይ እስከም ሕርነት ክትረኽበ ብመካኒ መዓልቲ ክትሕር።
6. መንኩስ ኣክፍቶ እስከም ማይ ክሳቅ ክትሕር።
7. ን nsima ወይ ሩዝ ኣብ ጸዓት ኣብርኮ።

ተለመዱ ናይ ንዲዎ (ndiwo) ሓርነት: ቆርበት ሕርነት፣ ዓይት ሕርነት፣ ቆርበት ሰባት ሕርነት፣ ቆርበት ደቃል ሕርነት፣ ቻይናዊ ክዳጂ፣ ሓርነት ምስጢ፣ ሓርነት ረይፕ፣ ቆርበት ሓርነት፣ ክዳጅ፣ ስፒኒክሽ፣ እና ቢት ሓርነት።

ቺሊ ኣልጀሪያዊ (Loubia b’Dersa)

መደብ: ባቄላ፣ ፍርፍር ቺሊ

ምስ ዝሓቱ ሰብ: 10

መሳርሒ

- 2 ቲማቲም
- 2 ቅጠል ጠንቅቑ (bay leaves)
- 1 ኪ.ግ (2 ኩባያ) ትንሽ navy ባቄላ
- 1 ኣንኪን – ተቖፍሮ
- 3 ደረቕ ቀይ ቻይሊ – ተዘርዐ
- 15 ቆፍሮ ቆርበት ኣተር
- 1/4 ኩባያ ዘይቲ ዓሊቕ
- 1 ማእዘን ጣፋጩ ፓፕሪካ
- 1/4 እስክንስን ጥርሙዝ
- 4 እስክንስን ኩምን ተርቕ
- 6 ኦዞ ቲማቲም ፓስታ – ወይ ተቖፍሮ
- 7 ኩባያ ማይ ወይ በጃ ቅቤ
- 1/8 እስክንስን ካየን (ወይ ንምጣፍ)
- 20 ቅጠል ፓርስሊ (flat-leaf parsley) ወይ ተቖፍሮ
- 2 እስክንስን ጨው
- 10 ቅጠል ካሊንትሮ
- ማዕድ ወይ ቀይ ዋይን ትሪንሳይድ

መንገዲ ምግባር

1. ባቄላ ብማይ ተታሕቀቀ፣ ኣውጺኡ ንቀጻሊ ተዘጋጀ። ንምቕራብ ንሕቶ ኣብ ማይ ኣምደም ሓርነት። ኣብ ሓደ ኩባያ ማይ ን 10 ኩባያ ምሃብ፣ ን 2–3 ደቒቕ ክትሓር፣ ናይ 1 ሰዓት ንምቕራብ ኣይኮነን። ንምልካስ ጨው ምሃብ ትረኽብ እንተሎ።

2. ኣብ ሓደ ኩባያ ምግቢ ኣብ መካኒ-ትንሽ ክትቀይር ዘይቲ ኣክልካ። ኣንኪን ክትቃልል እስከም ክትረኽብ።

3. ቓይሊ፣ ኣተር፣ ፓፕሪካ፣ ጥርሙዝ፣ ኩምን ኣክልካ። ን 2–3 ደቒቕ ትቕልል።

4. ቲማቲም ፓስታ ኣክልካ፣ ን 1–2 ደቒቕ ክትዕጸብ።

5. ቲማቲምን 1 ኩባያ ማይ/በጃ ኣክልካ፣ ናይ ሓርነት ምሃብ።

6. ባቄላ፣ ናይ ተረፉ 6 ኩባያ ማይ/በጃ፣ bay leaves፣ ካየን፣ 10 ቅጠል ፓርስሊ ኣክልካ። ተረፉ ፓርስሊ ቆፍሮ ንቀጻሊ ተዘጋጀ።

7. ክትሕር እስከም ባቄላ ክትረኽብ፣ 1–2 ሰዓት ክትሓር።

8. ቓይሊ፣ bay leaves፣ ብሕልቂ ዝሓተቱ ቅጠል ኣውጺኡ።

9. ጨው ክትጨው። ተዘጋጀ ፓርስሊን ካሊንትሮን ኣክልካ።

10. ብሙቕ ኣብ ሓደ ሳላይ ክትሃብ። ንምሃብ ትሪንሳይድ ክትጨው።

መንግስታዊ መግቢ ቱኒዚያ – ቱኒዚያዊ ኩስኩስ

ምስ ዝሓቱ ሰብ: 3–5

መሰርሒ

- 2 ኩባያ ዘይተበላ ኩስኩስ
- 2 ማእዘን ዘይቲ ዓሊቕ
- 1 ትልሊ ኣንኪን፣ ተንጥልቐ
- 1 ትልሊ ነብሪ ቃሪ፣ ተንጥልቐ
- 1 ትልሊ ዙክኒ፣ ተንጥልቐ
- 2 ኣረንጓዴ ፖም
- 2 ካሮት
- 14 ኦዘ ቺክፒስ
- 4 ማእዘን ቲማቲም ፖስታ
- 1 ማእዘን ቻይሊ ፖስታ ወይ
- 1/2 ማእዘን ፖፕሪካ
- ሃሪሳ
- 1/2 ማእዘን ቲኒማን (cinnamon)
- 1/2 ማእዘን ኩምን
- 1 እስክንስን ጨውን ጥርሙዝን

መንገዲ ምግባር

1. ኣብ ሳልስሳን ብመካኒ ዘይቲ ኣክልካ፣ ኣንኪን ትቕልል እስከም ትረኽብ።

2. ቲማቲም ፓስታ፣ ቺክፒስን 1 ኩባያ ማይን ኣክልካ። ምሃብ ክትሕር 15 ደቂቕ ትቕልል።

3. ትንሽ ኣታሕቀቀ ተኣክልካ፣ 4 1/4 ኩባያ ማይ ኣክልካ፣ ምሃብ ክትሕር። 30–45 ደቂቕ ክትሕር እስከም ተኣክል ክትረኽብ።

4. ንኩስኩስ ምዕቃብ፣ ኣብ ኮላንደር ወይ ሲፍተር ኣክልካ፣ ማይ 1 ኩባያ ብቲማቲም ሳስ ክትቀይር። (ምሳሌ፡ ብምሕላፍ ኩስኩስ ክብል 5 ደቂቕ ኣብ ሙቕ ማይ ይፍጠር። እቲ ሳስ ክትኣክል ኣለኻ።)

5. ኩስኩስ ኣብ ትልሊ ሳላይ ኣክልካ፣ ሳስ ብላዕሊ ኣስግርካ፣ ተኣክልን ዓሣን ብላዕሊ ኣድሊ።

ሓምራዊ ሞሆ ሳስ

ምስ ዝሓቱ ሰብ: 6–8

ዝተዘጋጀሉ ግዜ: 3–4 ሰዓት 10 ደቓቕ

መሳርሒ

- ዘይቲ ዓሊቕ
- ንእሽቶ ወይን ቢኒጌር
- ብዙሕ ትኩር ሽጉጥ
- ቀይሕ ቃሪ
- ሓደ ወይ ካልእ ሓሙኹሽቶ ቻይሊ
- ሓንሳብ ተፋላሊ ሳፍሮን
- ሙሉእ ኩምን ነቲቕ

መንገዲ ምግባር

1. ኩሉ ኣብ መዓዳ ክትረትርቱ ትግበሩ።
2. ከም ዝያዳ እንተደሊኻ፣ ብሓዳር ነጬ ቂጣ ብርኪ ክትዕግዝ ትኽእል።

ካናሪ ደሴታት

ካናሪ ደሴታት በባዕል ዝተዘዋወረ ስጋ ኣንስናር.

ኣብ ካናሪ ደሴታት ብዙሕ ዝተፈተወ፣ እዚ ስጋ ኣንስናር ሳንድዊች ክሰምዑ ይኽእሉ! ስጋው ዝነኸሰ፣ ዝሓሸኸ፣ ናይ ፒክኒክ ዝበጽሐ!

ዝተዘጋጀሉ ግዜ: 3–4 ሰዓት 10 ደቒቕ

ምስ ዝሓቱ ሰብ: 6–8

መሳርሒ

- 3 ፓውንድ ነባይ ስጋ ኣንስናር (ከምኡ'ውን ኣገናን ክኸውን ኣለዎ፣ ናብ ላዕሊ ብዙሕ ስብ ክኸውን ኣለዎ)
- ¼ ኩባያ ዘይቲ ዓሊቕ
- 1½ ሻዕቲ ፓፕሪካ (ዝጨውን ዝነብር)
- 3–4 ጥርሙዝ ሽጉጥ
- ባሕር ባሕር ጨው
- ½ ሻዕቲ ታይም
- ½ ሻዕቲ ኦረጋኖ
- 2–3 ክፋስቲ ፈረንሳዊ ባጋት፣ ብረት ኣብ ረጋዲ ዝተቈረጸ

መንገዲ ምግባር

1. ኣብ መዓዳ ንሽጉጥን ጨውን ክትረትርቱ ትግበሩ።
2. እቲ ከረመ ድማ፣ ፓፕሪካ፣ ታይም፣ ኦረጋኖን ዘይቲን ይወስኹ ዝተዋሕዱ ክግበሩ።
3. ስጋ እቲ ብኽብደት ክትሕቅፉ ትግበሩን ኣብ ቀዳማይ 350°F ኣብ ተዘዋወረ ጋም ከይነብር ኣውታ ብምድላው ክትግብሩ።
4. 3–4 ሰዓት ድማ ወይ ክሳብ ብፍጹም ክትበሉ ይግበር።
5. ካብ ጋም ኣውጺኡን 15 ደቒቕ ክሳብ ይዓበየ።
6. ክፍቲ ጮብጥ ብቀሊል ክትቈርጹ ትግበሩን ኣብ ክሩስቲ ባጋት ብቀሊል ጨው ክትሰምዑ ትግበሩ።

ኣማርካዊ ኩስኩስ ናብ ፌዝ ኣቀማምጣ

ምስ ዝሓቱ ሰብ: 8–10

መሰርሒ:

- 1 ኩባያ ደረቕ ኺክፒዝ፣ ተቀመጠን ተወስኸን
- 4 ኩባያ ኩስኩስ (1 ½ ፓውንድ)
- 4 ናትን ስጋ ጥንዚ ኣንስናር
- 1 ትርኪ ባነት ብትር
- 4 ሻዕቲ ዘይቲ ኣትክልቲ
- ጨውን 1 ሻዕቲ ብላክ ፐፐር
- ናይ ሳፋሮን ጥሪ
- ½ ሻዕቲ ቱርመሪክ
- ½ ሻዕቲ ጅንጅት
- ¼ ሻዕቲ ናይ ናጉግ
- 2 ዘይንፍሩ ሲናሞን
- 3 ሽጉጥ ድምብ ዝተቈረጹ
- 6 ክሊንትሮን ኣና ተርስሊ ግሪን ስፐሪግስ ተቖንዩ
- 6 ትሩፍ ቲማት፣ ተቀሊጹ፣ ተበጢሱን ተቈርጹ
- 1 ፓውንድ ካሮት፣ ናይ 2 ኢንች ቁራጽ

- 1 ፓውንድ ነጭ ተረንፐስ፣ ተበጢሱ
- 1 ኲዊንስ፣ ተቀሊጽ፣ ተናእሰን ተቈርጽ
- ½ ፓውንድ በትረነት ስኳሽ፣ ተቀሊጽን ተቈርጽ
- 1 ፓውንድ ዙክኒ፣ ተበጢሱ
- 1 ቅድሚ ጋህነት ሐሙኽ ፐፐር
- 1 ኩባያ ረይዚን
- ጊን (ጠረጎ ባነት) ወይ ብትር

መንገዲ ምግባር:

1. ኣብ ሳስ ፓን ኺክፒዝ ብማይ ትሸፍኡን ክትሕብርን። ትኽምዱ፣ ክትርዳኡን ቆርበት ኣውጺኡ።
2. ኣብ ግርጋም ኩስኩሲ ታሕቲ፣ 5 ሻዕቲ ባነትን ዘይቲን ክትሓድሩ ክትሞሉ። ስጋ፣ ቅመማት፣ ሽጉጥ፣ ኣህላ፣ ቲማት ክትጨምሩን ተኽይዱ ብእጅግ ኣብ ትሑት ክትሰምሩ ክትሓስሱ።
3. 3 ኳርትር ማይን ኺክፒዝን ትጨምሩ ክትሰምሩ 1 ½ ሰዓት። ስጋን ክትቈርጹ፣ ኣገናን ክትሰርዙ።
4. ካሮት፣ ተረንፐን ኲዊንስን ክትጨምሩ ክትሰምሩ 30 ደቒቕ።
5. በትረነት ስኳሽ ብናይ ላም ብሮዝ ትሸፍኡን ክትሰምሩ ክትሓስሱ።
6. ናብ ላም ብሮዝ ዙክኒ፣ ሐሙኽ ፐፐርን ረይዚንን ክትጨምሩ። በርሻ ዝተቀመጠ ኩስኩስ ኣብ ላዕሊ ትጨክኡ ክትንፀብሩ 20 ደቒቕ። ንመወለዲ 5 ደቒቕ ኩስኩስ ብባነት ክትቀይሩ።
7. ትሸፍኡ።

ምስ ትሰምዑ፣ ኩስኩስ ናብ ሳርቪንግ ዲሽ ክትጨክኡን ጊን ወይ ባነት ክትጨምሩ። ኣብ ማእከል ትሕዝኡ ወፍሪ ክትፍጥሩ። ስጋን ኣትክልትን ብናይ ቀሊል ማንኪ ክትሓስሱ ክትንቅሩ። ብሮዝ ተርኢቱ፣ ቅመም ክትጨምሩን ኩስኩስን ኣትክልትን ብሮዝ ክትማዕሩ።

ሌሶቶ

ከም ዝሓዘ ደቡብ ኣፍሪቃ እንታይ ዝኾነ ዝሓዘ ማለይ ተፅእኖ ኣብ ሌሶቶ መግቢ ተረኺቡ። እዚ ክሪ ዝበዝሐ፣ ቹትኒ፣ ዝበለሐ ዓሳን ኣብ ክሪ ዝተቆመ ስጋ ኣንስናር ወይ ከብዲ ከባብ ትረኺቡ። መሰረታዊ መሳርሒ መግቢ ሌሶቶ ስነጥቢ፣ ስጋ ምርታትን ዝበዝሑ ኣሕዋት ጫጩትን ይኸውን። ስጋ መሰረታዊ ክፍል እዩ፣ እዚ ኣስማዕታት እናተኾኑ ዝተጨመሩ እዮም። ግን ከም እቲ ደቡብ ኣፍሪቃ ናይ ካርቦሃይድሬት መሰረታት ኣረንጓዴ በለስ፣ ካሳቫ፣ ራይስ፣ ፕላንቲንስን ሚልሌትን እዮም። ብብዙሕ ጊዜ ብናይ ፒናት ዝተመሰረቱ ምርታት፣ ኣቡርጊን ሶስ፣ ቲማት ሶስ ወይ ስፒናች ሶስ ይሰርቡ።

Afrikaanse Stoofschotel

መሳርሒ (Ingredients):

- 1 ትልቅ ሽጉጥ
- 1 ሻዕቲ ናይ ክሪ ቅመም
- 300 ግራም ኣርቢ
- 300 ግራም ነጭ ኮል (ከባጅ)
- 2 ቲማቲም
- 300 ሚ.ሊ ማይ
- ጨውን ፐፐርን ንምቅመም

መንገዲ ምግባር (Cooking Instructions):

1. ኣርቢ ክትበጢሱን ኮል ክትስትሩን።
2. ኣብ ፓን ዘይቲ ክትሓድሩን ሽጉጥ ክትጨክኡን ክትበልሕ። ክሪ ቅመም ክትጨምሩን ክትሰምሩ 1 ደቒቕ።
3. ተበጢሱ ኣርቢን ማይን ክትጨምሩን ክትሓስሱ፣ ን5 ደቒቕ ክትሰምሩ።
4. ኮል ክትጨምሩን ተወሳኺ 10 ደቒቕ ክትሰምሩ።
5. ቲማቲም ክትቈርጹን ክትጨምሩን፣ ተወሳኺ 5 ደቒቕ ክትሰምሩ ክትልካ።
6. ጨውን ፐፐርን ክትጨምሩ ንምቅመም፣ ንመጨረሻ ክትሰርቡ።

ባናና ሱፍሌ

መሰርሒ:

- 4 ብሩህ ባናና
- 3 ሻዕቲ ስኳር
- 120 ሚ.ሊ ናይ ተበጢሱ ክሪም (whipped cream)
- 2 እንቋቕሖ ዘቕልቀለ እንቋቕሖ (egg yolks) ብጽቡቕ ዝተምርሐ
- 2 እንቋቕሖ ብርሒ (egg whites) ክትጨክኡ ዝተበጢሱ
- 1 ለሞን ቆብ ዝተጨቖቖ (zest)
- 2 ሻዕቲ ለሞን ናፍቆ

መንገዲ ምግባር (Instructions):

1. ብርኪት ቅቢ ኣብ ሱፍሌ ሳሕን ክትምልኡ፣ ን20 ደቒቕ ኣብ ቤት ብርዒ ክትዝረፉ።
2. ኣውጺኡ ናብ ደገ ቅቢ ክትምልኡ፣ ስኳር ክትምልኡ፣ ካልእ ጊዜ ናብ ቤት ብርዒ ክትዝረፉ።
3. ባናና ክትስትሩ፣ ስኳር ብቕልጡፍ ክትምሕር።
4. ናይ ተበጢሱ ክሪም ክትጨምሩን ክትድልዩ ክትምሕር።
5. እንቋቕሖ ዘቕልቀለ፣ ቆብ ለሞንን ናፍቆ ክትጨምሩን ብጽቡቕ ክትምሕር።
6. እንቋቕሖ ብርሒ ብጽምብላሕ ክትድልዩ ክትጨምሩ፣ ንውሽጢ ሱፍሌ ሳሕን ክትውሰኡ።

7. ሳሕኑ ኣብ መንበር በርኪት ክትድልዩን፣ ኣብ ቅድሚ ዝሞቅ ኦቨን ብ170°C ክትትግበሩ ን25 ደቒቕ ድሕሪኡ ድሕሪ ብብርቱዕ እንዲረኽብን እንዲተረክብን ክትግበሩ።

8. ብቀሊል ናይ ቫኒላ ኩስታርድ ክትምልኡ ክትሰርቡ።

ቤትሩት፣ ኣራንሆን ፣ ብርቱኽ ሳምባል

መሳርሒ (Ingredients):

- 800 ግራም ተበሊሑ ቤትሩት፣ ተሰርግሮ ተቆርጺ
- 1 ዘንቢል ቁርቦ ሃምሊ (cinnamon stick)
- 450 ግራም ብርቱኽ፣ ተሰርግሮ ብጽቡቕ ዝተተረፈ
- ከባቢ 2 ኣራንሆን ዘስተከበረ ቆብ
- 1 ሻዕቲ ማስታርድ ፓውደር
- 600 ሚ.ሊ ማልት (ወይ ቀይ ወይን) ቪኔጋር
- 220 ግራም ስኳር
- ½ ትሪ ካየን ፔፐር
- 1 ሻዕቲ ከረድ ፓውደር

መንገዲ ምግባር (Instructions):

1. ኣብ ትልቅ ሳሕን ኲሉ መሳርሒ ክትምሕር፣ ናብ መዓት ክትቕርብ።
2. ናይ መዓት ክትሕብር፣ ናብ ትሕቲ ነብሲ ክትምቅር፣ ብክዋንያ ክትከይድ ን30 ደቒቕ ክትቕርብ።
3. ኣብ እቲ ግዜ ብቕልጡፍ ክትነውር።

4. ብቕሊል ክትቀልይ፣ ናብ ተሳኢ ጃር ክትምሕርን ክትዝግብን።
5. እቲ ሳምባል ንዘይንተወስነ 3 ሰሙናት ይኸውን ክትቆይ።
6. ኣብ ቀይሕን ደረቅን ቦታ ክትዘርፍ።

ሌሶታን ቻካላካ

መሳርሒ (Ingredients):

- 1 ቀይ በል ፔፐር፣ ብጽቡቕ ዝተተረፈ
- 2 ቲማቲም፣ ብጽቡቕ ዝተተረፈ
- 1 ሽጉጥ፣ ብጽቡቕ ዝተተረፈ
- 2 ቀይ ሕማም ፔፐር፣ ብጽቡቕ ዝተተረፈ
- 1 ካሮት፣ ብጽቡቕ ዝተተረፈ

መንገዲ ምግባር (Instructions):

1. ካሮት ኣብ ሳሕን ምስ ዝተሞቀ ዘይት ጥቂቕ ደቒቕ ክትቕርብ።
2. ከምዚ ሽጉጥ፣ ፔፐርን በል ፔፐርን ክትወስክ፣ 5 ደቒቕ ክትቕርብ።
3. ቲማቲም ክትወስክን ክትቀጽልን፣ እንተ ተነቐሐን እንተ ተንከዘነን ድሕሪ እቲ መግቢ ይትዕዝብ።
4. ብተፈላለዩ ቅመማት ክትቀመም፣ ንምንጪ ምስ ሩዝ ወይ ፖፕ ክትገልጽ።

ፓፕ (Pap)

መሳርሒ (Ingredients):

- 300 ግራም ዱቄት በቆሎ (maize meal ወይ polenta)
- 300 ሚሊ ሜትር ማይ

መንገዲ ምግባር (Instructions):

1. ማይ ክትዓትን ክትቀልዕ ኣዘዝ።
2. ዱቄት በቆሎ ብቀስታ ክትጨምርን፣ ብቀጥታ ክትነድፍ ክትኣቱይ ትሕንክም።
3. እቲ ነቲ ምግቢ ይሕንክም ክሳብ ዝጠነከረ ጥራይ ይህል።
4. 25 ደቒቕ ክትቅርብ፣ ከምኡ'ውን እያ 5 ደቒቕ ክትነድፍ ንምክላእ።
5. ብምርኣይ ምስ ምድላው ወይ ኣብ ቆልቊል ምሳሕ እንተ ቻካላካ ክትገልጽ።

ሽርቲ ስፒናች ንታንጀሪን (Spinach and Tangerine Soup)

መሳርሒ (Ingredients):

- 1.5 ሊትር ዝተሸነፈ ስጋ ምሰሶ (chicken stock)
- 75 ግራም ዘላኣ ተቖጺሊ ሓርጭ
- 25 ግራም ምንጭው ባተር (unsalted butter)
- 100 ግራም ስፕሪንግ ኦንየን ተቖልጠ
- 1 ማርባ ቱርመሪክ (ground turmeric)
- 225 ግራም ስፒናች ብጣዕሚ ተነጠፈ
- 40 ግራም ፓርስሊ ተነጠፈ
- 50 ግራም ኮርያንደር ተነጠፈ
- ዘይት ናይ 2 ታንጀሪን ተነጠፈ
- ሓርማ 3 ታንጀሪን (juice)
- 20 ግራም ዱቄት ሩዝ (ground rice/rice flour)
- 150 ሚሊ ሜትር ቀዝሊ ማይ
- 225 ግራም ናቱራል ዮገርት

መንገዲ ምግባር (Instructions):

1. ዝተቖጸለ ዛላኣ ሓርጭ ለሊት ኣብ ማይ ኣስርሓ።
2. ቀደም ስጋ ምሰሶ ኣብ ምሳኹ ሽርቲ ኣዘዝ። ከምዚ ዝተቖጸለ ዛላኣ ሓርጭ ኣእትዎን ኣብ ዝተንከየ መዓልቲ 10 ደቒቕ ክትሕር።
3. ብተለዋጽነት ባተር ኣብ ካልእ ምሳኹ ንምድላው ኣዘዝ። ስፐሪንግ ኦንዮን ክትነጥፍ 5 ደቒቕ ኣርኢ። ከምዚ ቱርመሪክ ኣእትዎን ኣንድ ደቒቕ ክትሕር።
4. ቀዝሊ ማይን ዱቄት ሩዝን ውሽጢ ኣእትዎን ብስንብስን ክትነድፍ።
5. እቲ ምድላው ብስጋ ምሰሶ ምስ ዘሎ መሳርሒ ኣእትዎ። ከምዚ ኮርያንደር፣ ስፒናች፣ ፓርስሊ፣ ታንጀሪን ቅቡ ከምኡውን ሓርማ ኣእትዎ።
6. ብዝተኸፈነ ጊዜ 15 ደቒቕ ክትቕርብ ሕቡእ፣ እዚ ዝተሓደሰ እዩ።
7. ሽርቲ ኣብ ሻንጣ ክትገልጽ፣ ናቱራል ዮገርት ብኣንድ ጠርበት ክትልብስ ከምኡውን ኣብ ላዕሊ ኮርያንደር ክትዕረፍ።
8. ብቐዳማይ ክትልህል።

ናይ ስዋዚላንድ ብትሕቲ ምግቢ – ካሩ ቆጽሊ ኣስትረች ስቴክ (Karoo Roast Ostrich Steak)

ዝምድና ሰብስና (Servings): 5

መሰርሒ (Ingredients)

- ኣስትረች ስቴክ (ብትንሕትን ተቆርጺ)
- 2 ኣንበሳሕ ፍርያት (ተንጠቐሰ ብትንሕትን ተቆርጺ)
- 1 ካፍ እብ ክሪም (heavy cream)
- ½ ካፍ ነጭ ወይን (white wine)
- 6 ቅመም ናይ ግሪን ፐፐርኮርን (ብትንሕትን ተጬተነ)
- ቁርጽ ናይ ጁኒፐር በሪስ (ብትንሕትን ተጬተነ)
- ዱባ (ተንጠቐሰ ተቆርጺ)
- ¾ ካፍ ቀይ ወይን (red wine)
- ½ ካፍ ቆርበት ማይዝ (ground maize)
- ባተር ንምጥፋዕ
- ማይ
- ጨው
- ፐፐር

መንገዲ ምግባር (Instructions)

1. ኣብ ሳህን ቀይ ወይን፣ ጁኒፐር በሪስ፣ ጨውን ፐፐርን ኣእትዎ። ከምዚ ቁርጽ ኣስትረች ኣእትዎን ብምምላስ ክብልጠን ኣድላዩ።

ሳህኑ ብፕላስቲክ ንደርበሉን ኣብ ቀረባ ኣኩሪ ኣምርሩ ለይቲ ለሊት።

2. ኣብ ሸኽና ዱባን ቆርበት ማይዝን ኣእትዎ። እቲ ዱባ ክድርብ ክትቕርብ 30 ደቒቕ ክትሕር። ተረፈ ማይ ክትወጽእ፣ ዱባን ቆርበት ማይዝን ብኣንድ ክትጬብጬብ።

3. ኣብ ካልእ ስክሌት ባተር ክትምልጥ፣ ፍርያት ንምጥፋዕ ክትነጥፍ። ከምዚ ፐፐርኮርን ኣእትዎ።

4. ነጬ ወይንን እብ ክሪምን ኣእትዎ፣ ብዝተንከየ ምሕባር ክትቕርብ። ጨውን ፐፐርን ንባህሊ ክትምልኦ። እቲ ሳስ ክትጸንሕ ኣርኢ።

5. እቲ ካልእ ሳህን ካብ ማሪነድ ክትኣውጽእ፣ ባተር ክትምልጥን ቁርጽ ኣስትሪች ንፍላሽ ክትጥፍእ።

6. ኣስትሪች ንዝተጬበጠ ዱባ ቆርበት ማይዝ ማሽ ኣብ ገዛእ ንዝምረፀ፣ ሳስ ኣብ ላዕሊ ክትዕረፍ።

ናይ ኢኳቶሪያል ጊኒ ብትሕቲ ምግቢ – ሱኮታሽ (Succotash)

ሰብስና (Servings): 6

መሳርሒ (Ingredients)

- 2 ካፕ ሊማ ቢንስ (Fresh lima beans)
- ½ ንስነ ቢጫ ኮርን (A small yellow corn)
- 1 ኣንበሳሕ ፍርያት (Medium sweet onion, chopped)
- 1 ጥርሙስ ቁርበት (Clove garlic)
- 4 ግሪብ ናይ ፍረሽ ታይም (Sprigs fresh thyme)
- 3 ክፍሊ ባከን (Slice of bacon)
- 2 ካፕ ተንጥበረ ቺሪ ቲማቲም (Halved cherry tomatoes)
- 3 ካፕ ኮርን ነንኖች (Fresh corn kernels)
- 1 መንኮራኩር ቀይ ወይን ቪኔጋር (Red wine vinegar)
- ፍረሽ ዲል ዊድ ተንጠቐሰ (Fresh dill weed, chopped)
- 1 ½ መንኮራኩር ቺቭስ (Chives, chopped)
- 2 መንኮራኩር ኣትርክቲ ባተር (Unsalted butter)
- ማይ (Water for boiling)
- ጨውን ፐፐርን (Salt and pepper)

መንገዲ ምግባር (Instructions)

1. ሳህን ማይ ብምምላስ ኣብ መካነ-ዝሓዘ ሙቅ ኣምርሩ፣ ንኽበልዎ እንተዘይምሃር ክትዕረፍ ኣድላዩ። ሊማ ቢንስ፣ ጥርሙስ

ቁርበት፣ ግሪብ ፍርያትን ታይምን ኣእትዎ። ኣብ ቀስ እንዲ 20 ደቒቕ ክትሕር፣ እዋኑ ክትከተል ኣይኮነን ክትሕር። ቢንስ ክትሓር ኣድላዪ።

2. ሊቀ 1/4 ካፕ ናይ ምሕባር ማይ ብኩሉ፣ ታይም፣ ቁርበትን ፍርያትን ወጺኦም።
3. ኣብ ስክሌት ባከን ክፍሊታት ን7 ደቒቕ እምበር ክትብልጥ ክትሕር። ባከንን ወጺኦም፣ 2 መንኮራኩር ዝተቀርነ ባከን ዘለዎ ሳልን ንኣብ ስክሌት ንእተን።
4. ተንጠቐሰ ፍርያት ኣብ ስክሌት ን5 ደቒቕ ክትሕር፣ ከምዚ ኮርን ነንኖች ን6 ደቒቕ ክትሕር ኣእትዎ።
5. ቺሪ ቲማቲም ኣእትዎ፣ ከምዚ ቢንስን ናይ ምሕባር ማይን ኣእትዎ። ን5 ደቒቕ ቀስ ክትሕር፣ እዋኑ ክትከተል ኣይኮነን።
6. ባተር፣ ቺብስ፣ ዲል፣ ቀይ ወይን ቪኔጋር ኣእትዎ። ጨውን ፐፐርን ንባህሊ ክትምልኦ።
7. ባከን ተንጠቐሰ ክትጨምር፣ ሱኮታሽ ኣብ ሙቕ ክትጸውን ትኽእል።

ሱፕ ፍረንጅ ባቡን (Burundian Bean Soup)

እቃብ

- 200 ግራም ደረቕ ሊማ ባቡን
- 200 ግራም ደረቕ ነጭ ባቡን
- 200 ግራም ደረቕ ቀይ ወይ ሮዝ ባቡን
- 2 እስከ 1 መጠጥ ብርጭቆ ማይ
- 60 ሚ.ሊ የእፅዋት ቅመማ መረቅ
- 400 ግራም ሽንኩርት፣ ተቆርጸ
- 200 ግራም አረንጓዴ ቃሪያ፣ ተቆርጸ
- 1/4 ቡና ማንኪያ ቀይ ቃርፋፋ ፍራፍሬ
- 4 ቅርንጫፎች ሴለሪ፣ ተቆርጸ
- 40 ግራም አስተግባሪ የአምባ ቅጠል፣ ተቆርጸ
- 1 ቡና ማንኪያ አዲስ ባሲል ቅጠል፣ ተቆርጸ
- 2/3 ቡና ማንኪያ ጨው የተቀጨ ኩሚን
- 1 ቡና ማንኪያ ጨው
- 150 ግራም የተቀጨ እንሽት

መመሪያ

1. ባቡኑን ሌሊት በሙሉ አሳልፈው ውሃ ውስጥ አውልቁ፣ በኋላ አውጡና በትልቅ ሳህን ውስጥ አኑሩ።

2. ውሃ ጨምሩ፣ እስከሚፈላ ያድርጉትና ለ2 ደቂቃ እንዲፈላ ይቀጥሉ። በኋላ ይሸፍኑት፣ እሳት ዝቅ አድርጉና ለ1 ሰዓት አብስሉ።

3. በተለየ የማብሰያ መጋገሪያ ውስጥ የእፅዋት ቅመማ መረቅ ሙቀት አድርጉና ሽንኩርቱንና ቃሪያውን ጨምሩ። እስከሚለማመዱ ድረስ ቀጥሉ፣ ከዚያም ሴለሪንና አምባ ቅጠል ጨምሩ፣ በተጨማሪ 3 ደቂቃ ይቀጥሉ።

4. ይህን እንቅስቃሴ ወደ ባቡን ያክሉና ክዳን ያወርዱ፣ ሌሎች 90 ደቂቃ ያብስሉ።

5. በመጨረሻ አቅርቡ ከሚሆነው ጊዜ 15 ደቂቃ በፊት የተቀጨውን እንሽት ያክሉና በቀጥታ ይቀጥሉ።

6. በሳህን ውስጥ ማቅረብ ይቻላል።

ቡሩንዲ ተጠብሰው የተቀቀሉ ባቡን (Ibiharage)

እቃብ

- 450 ግራም የተቀቀሉ ባቡን (ሊማ፣ ፒንቶ፣ ኪድኒ፣ ወይም ጥቁር ዓይን ባቡን ወዘተ)
- 3 ሽንኩርቶች፣ በትልቅ ተቆርጠ
- 1 ጥርስ የነደፈ ዐይነት ቅቤ
- 80 ሚ.ሊ ዘይት
- 2 ቃርፋፋ፣ በጥሩ ተቆርጠ
- 2 ማንኪያ ጨው

መመሪያ

1. ሽንኩርትንና ነደፈ ዐይነት ቅቤውን በትኩስ ዘይት ውስጥ እስከሚታከመና የሽንኩርቱ ቀለም እስኪታይ ድረስ ቀቀሉ።
2. ባቡኑን፣ ቃርፋፋንና ጨውን ያክሉ፣ ተጨማሪ 5 ደቂቃ ይቀጥሉና ያብሱ።
3. በቀጥታ ያቅርቡ።

ዶሮ ከቡልገር ስንዴ (Boko Boko Harees)

እቃብ

- 600 ግራም የተሙሉ ወይም ቡልገር ስንዴ
- 3 የዶሮ ጡት
- 3 ስብስቦች የዶሮ አካላት (giblets)
- 1 ትልቅ ሽንኩርት፣ የተወረደ
- 1 ትንሽ ሽንኩርት፣ ተቆርጦ ተቀርጾ
- 3 ማንኪያ የቱርሜሪክ ቅመም ፓስታ
- 5 ማንኪያ ስኳር
- 120 ሚ.ሊ ውሃ
- 6 ማንኪያ ጉድ ቅቤ (ghee)
- 2 ማንኪያ ጨው

መመሪያ

1. ስንዴውን በውሃ ሦስት ሰዓት ያስሙሉ። ከዚያ እርጥበቱን አውጡት እና በትልቅ ብርጭቆ ውስጥ ከዶሮ ጡቶችና ከወረደ ሽንኩርት ጋር አክሉ። በውሃ ላይ ሰስት ሴ.ሜ እንዲሸፍን ይጨምሩና ግማሽ ጨው ይጨምሩ። እስኪቃጠል ድረስ አስነዱት፣ ከዚያም እስኪለወጥ ድረስ ቀንሱት።
2. ስንዴው ሲቀላ በአጋጣሚ ጣፋጭ የቱርሜሪክ እንጀራ ያዘጋጁ። የዶሮ አካላትን በጥሩ ቁርጠው ከቱርሜሪክ ፓስታና ከ120

ሚ.ሊ ውሃ ጋር አስቀላቀሉ። ጥቂት ጨውና 3 ማንኪያ ስኳር ይጨምሩ፣ ለ10 ደቂቃ በቀስታ አብስሉና ይቀዘቅዝ።

3. ስንዴው ሙሉ በሙሉ እስኪቀላና እስኪላጥፍ (30 ደቂቃ ያህል) ከዚያ የዶሮ ጡቶችን አውጡና በትንሹ ቁርጠው እንደ ጭማቂ አድርጉ። ወደ ስንዴው እንደገና ያክሉና ያቀላጥፉ። 3 ማንኪያ ጉድ ቅቤ ያክሉና ጥሩ ያቀላጥፉ። እርድ ያለው እንደ ከባድ ዳቦ ይመስል አለበት። በጣም ከፈሳሽ ብዙ ከሆነ፣ ተጨማሪ ያብሱት።

4. የቀረውን ሽንኩርት በጉድ ቅቤ በትኩስ እስኪደርቅና እስኪደረቅ ድረስ ቀቀሉ።

ማቅረቢያ

የዶሮና የስንዴ አዘገጃጀቱን (Boko Boko) እስኪሞቅ ድረስ ያቀዘቅዙ። በሳህን ውስጥ ያቀርቡት፣ በአጠገቡም በተለየ ሳህን የተቀቀለ ሽንኩርትንና የቱርሜሪክ ስኩር ያቀርቡ።

የዘመን እና የባናና ቅርፅ (Date and Banana Mix)

እቃብ

- 250 ግራም ቅቤ
- 200 ሚ.ሊ ስኳር
- 2 እንቁላል
- 500 ሚ.ሊ ዱቄት
- 1 አንድ ጥቅል ጨው
- 2 ማንኪያ የማብሰያ ቅመም (baking powder)
- 4 ባናና
- 250 ግራም የዘመን ፍራፍሬ (dates)
- 15 ሚ.ሊ የቀለ ቅቤ
- 1 ማንኪያ ቀመር (cinnamon)
- 2 ማንኪያ ስኳር

መመሪያ

1. ቅቤንና ስኳርን እስኪለምስ እና እስኪለምም ድረስ በአንድ ሳህን ይቀላቀሉ።
2. እንቁላሎቹን አንድ በአንድ አክሉና ይቅላቅሉ። ከዚያም ዱቄት፣ ጨው፣ የማብሰያ ቅመም ያክሉና ጥሩ ያቀላጥፉ።
3. የተዘጋጀውን ክፍል በ22x30 ሴ.ሜ የተዘጋጀ ብርጭቆ መያዣ ጋር ጭንቅላት ይቀመጡ።

4. በእንጀራ ላይ የተቆረጡ ባናናዎችንና የተቆረጡ ዘመን ፍራፍሬዎችን ይሸፍኑ፣ ከዚያም ቀሪውን ቅርፅ አክሉ።

5. እንቁላል እስኪደመስ ድረስ በ180°C በተሞቀ እንጨት መስክ ውስጥ ግማሽ ሰዓት አብስሉ።

6. ከእንጨት መስኩ አውጡ፣ ከቀለ ቅቤ ጋር ይቀቀሉ። ስኳርና ቀመርን ይቀላቀሉና በላይ ይጨምሩ።

7. በሙቀት ይጠቀሙ።

ምስርን ባቄላ ሾርባ (Soupe aux Lentilles et Legumes)

ኣቕሑ

- 225 ግራም ቕላይ ኣትብሓን ቆርበጠ
- 225 ግራም ካሮት ኣትብሓን ቆርበጠ
- 2 ሽንኮለ ቆርበጠ
- 225 ግራም ኣረንጓዴ ከብጽቲ ቆርበጠ
- 300 ግራም ቡናዊ ምስር
- 225 ግራም ኣረንጓዴ ፈረንሳዊ ባቄላ
- 600 ሚሊ ሊትር ዝሃል ኣብ ኣቕሑ ስቶክ
- ጨውን ጥራይ ጸዓን ጨው እንተ ፍልጠኩም
- 2 ማእዘን ኤክስትራ ቨርጂን ዘይቲ ዱቄት

መመሪያ

1. ዘይቲ ኣብ ፓን ኣኽልኩም፣ ሽንኮለ ጥቂቕ ደቒቕ በጃኹም ይትበልሕ።
2. ንምስር ኣእቱኡ፣ እንተዘይቲ ብጽሒ ክትሰርሕ እንዳለዎ ኣውንቱ።
3. ስቶክ ኣእቱኡን 20 ደቒቕ ክትሓሸ ክሳብ ምስር ገልጋሎም ይሃሸ።
4. ቀሪ ባህሪያት ኣእቱኡን ቁረብ፣ 15 ደቒቕ ክትሓሸ ምስር ክሳብ ዘንብል ይኸውን።
5. ብኣምባሳ ባኒ ኣምላልላዕ።

ማቱራ እና ማሁ

ኣቕሑ

- 3 ማእዘን ቆርበጠ ሽንኮለ
- 1/2 ማእዘን ቆርበጠ ቁስሊ
- 1 ማእዘን ዘይቲ
- 750 ግራም ድምቢ በጊዕ ስጋ ቆርበጠ
- 1 ኣረንጓዴ ሕርቢ ቆርበጠ
- ጨውን ጥራይ ጸዓን ጨው እንተ ፍልጠኩም
- 200 ግራም ሆዱ (ብዙሕ ኣይተቆርበጠን)
- 250 ሚሊ ሊትር ደም

መመሪያ

1. ሽንኮለን ቁስሊን ኣብ ዘይቲ እንዲ ብዙሕ ብጫ ክሆን ክትበልሕ። እቲ ዝተበልሐ ዝበለ ኣምልኡን ክትረኽብ ይቕርብ።
2. ስጋ በጊዕ ኣብ ደም ኣድላይ ኣእቱኡን ሕርቢ ኣእቱኡን ጨውን ጥራይ ጨው ኣእቱኡን ይውሰዱ።
3. እዚ ምስጢር ኣብ ሆዱ ምልብሳ ተጠቂሙ፣ ክልተ ታብኡ ጥርሙዕ ብጥራይ ተሕበዩ።
4. ሆዱ ኣብ እቲ እሳት ቀትር ክትስድሩ እንዲ ክትሰትዩ።
5. ክትበልሕ እንዳለዎ ንሱር፣ ኣብ ስላይስ ቆርቡ።
6. በላይ ንዝተበልሐ ሽንኮለን ቁስሊን ኣምልኡን ቀኒቑ ኣብ ክብር ይበጽሕ።

ፓውንድድ ቢንስ (Pounded Beans)

ኣቕሑ

- 200 ግራም ካና ሆሚኒ (ተዘርበ ኣልቦና ቆርኒን ዘይብሉ)
- 200 ግራም ደረቕ ፓቲና (ቢንስ)

መመሪያ

1. ፓቲና ምሸት ኩሉ ምቕራብ ክትረኽብ። ንዓመት ቀን ኣብ ብዙሕ ማይ ክትበልሕ። ኣርባዕተ ደቓይቕ እዚ ክትከይድ ክትስድር።
2. ሆሚኒ እንዲ ክትምዝግብ በለ።
3. ፓቲና ከተበልሐ ክትሕስር፣ ሆሚኒ ጋር ኣእቱኡ እንዲ ክትርከብ።
4. ክትስደድ ክትሰርት ሓባር፣ ኣምላጉሱ እንዲ ክትሰርት።

እንተ ክትግበሩ ናብ ሆሚኒ ምስጢር ትደሊኻ:

- ካብ ቆርኒ ካብ ቀሪቡ ማእዘን ቀኑን እዞም ግራ ኣውርዱ።
- ኣብ ሸኽና ማይ ክትርከብ፣ ዝነጸሩ ክፍቲ ላዕሊ ክውጹ ተነከቡ።
- ክልተ መዓልቲ ክትረኽብ፣ ኣብ ዝንጸር ስፍሓት ክትዘርግም ንስራሕ።
- ኣብ ጸዓን ክዳኒ ቦታ ክትዘርግም እንዲ ክትረኽብ።
- ክትምዝግብ ኣብ እዞም ካብ ውሽጢ ኣብ ዘይሰት ማይ ክትስድር፣ ክልተ ናይ ግዜ ዓይነት (2.5) ሰአት ክትሰርት። እዚ እዞም ንፓቲና ጋር ክትርከብ ትኽእል ኢኻ።

ኣትክልቲ ፓቲና (Maharggwe)

ኣቕሑ

- 250 ግራም ፓቲና
- 4 ጥራሕ ድንሽ ተቀርበን ተነጠፈን
- 2 ጥራሕ ቲን ተካፍለን
- 100 ግራም ጥቕሚ ኣቆርኒ ወይ ስፒናች፣ ተሰንጠፈ
- 4 ማእዘን ዘይቲ
- 2 ሽጉጥ ሽምኒ ተሰንጠፈ
- 2 ሽጉጥ ቅሩብ
- 1/2 መንኩስ ኣልስፓይስ
- ኦሬጋኖ
- 1 ዓምበባ ቅጽል
- ጨውን ፐርበርን ንምቕመር

መመሪያ

1. ፓቲና ምሽት ኩሉ ኣብ ማይ ክትረኽብ። ነጻ መዓልቲ ኣውርዱ፣ ኣብ ዓበይቲ ሽኽና ኣእቱኡ ብዙሕ ማይ ክምልኢ። ኣብ ትኩስ ማይ ክትበልሕ እዚ 70 ደቓይቕ ክትስድር።
2. ኣብ ሳልነ ፓን ዘይቲ ክትምዝግብ፣ ሽምኒን ቅሩብን ክትበልሑ እንዲ ክትስድር።
3. ፓቲና ክትሕስር፣ ማይ ዝረኸበሉ ክትሓዝ። ቲን፣ ኣቆርኒ እንተኾነ ስፒናች፣ ቅመማት ክትምርኮ ኣብ ሽምኒ ጋር ኣእቱኡ። ከምኡ ብቀስታዊ ማይ ፓቲና ግዚኡ እዩ ዝተረኸበሉ እንተኾነ እኩሉ

ክትምርኮ ክትዝውርድ። ንዝስርሕ ግዜ 10 ደቓይቕ ክትበልሕ ክትቀልጥ።

4. ድንሽ ክትምርኮ፣ 5 ደቓይቕ ክትበልሕ። ከምኡውን ፓቲና ክትምርኮ፣ ተወሳኺ 20 ደቓይቕ ክትበልሕ። ከይዲ በዓል ምዕራፍ ክትዘውርድ።

ብምስል ዝተሰርሐ ምግቢ ዝብል ብቕልጡፍ ክትሰርብ ትኽእል።

ዶማዳ (ጋምቢያዊ ፒናት ማርቲ ሾርባ)

ዝግጅቲ ግዜ: 10 ደቓይቕ

ምግባር ግዜ: 1 ሰአት

ጠቓሚ ግዜ: 1 ሰአት 10 ደቓይቕ

መግለጺ

ዶማዳ ናይ ጋምቢያ ብሄራዊ ምግቢ እዩ። ብትሕትና ዝተሰርሐ፣ ምስ ሩዝ ዝበልዕ ዝተጸወረ ማርቲ ሾርባ እዩ።

ኣፍራ (ወይ ዲቢ) – ዝተለመደ ምግቢ ኣብ ምስራቕ ኣፍሪቃ

ምርኣይ: 4 ሰባት

ዝግጅቲ ግዜ: 15 ደቓይቕ

ምግባር ግዜ: 20 ደቓይቕ

ጠቕሚ ግዜ: 35 ደቓይቕ

ኣቕሑ መፍለይ

- 1 ፓውንድ በጊ ስጋ ኣብ እጅ ክውሰዱ ዝኽእል ብምኽፋል (ወይ ካልእ ዓይነት ስጋ)
- ¼ ኩባያ ዘይቲ እትብቲ + 1 መልክዕ ሾርቶ
- ጨው – ንብልዕ ምልክታ
- ጥቕሚ ፐፐር – ብዝሓት ዝተፈላለየ
- 1 ሓንቲ ኣሽንቲ ኣሰርሓቕ ዝተቆረጸ
- ¼ ኩባያ ናይ ፈረንሳይ ማስተርድ (ብልቢ ዘለዎ)
- 3–4 መልክዕ ማይ
- ½ መልክዕ ሱከር (እንተ ተፈላለየ)

መንገዲ ምግባር

1. እቶም ስጋ ኣብ ሁለቱ ጎን ብ1 መልክዕ ዘይቲ እትብቲ ብቀልባ ደብቁን ጨውን ፐፐርን ኣምርዑሉ። ኣብ ፕላተር ኣስተኽሉን ሳስ ከምዝተዘጋጀ ክሃልዎ ይድልዩ።

2. ኣብ ትንሽ ሽኽኒ ሽኽኒ ድንበር ዘለዎ፣ ኣሽንቲ ኣሰርሓቕ ዝተቖረጸ፣ ¼ ኩባያ ዘይቲ እትብቲ ንማስተርድ ኣካብኡ። ኣብ መዓልቲ መብርሂ ደርሶ ብዝሓት ተምሃሮ። ከይትፈን እንተኾይኑ ብምኽሪ እንዳትዘርግ ዝሓለፈ 10 ደቓይቕ ኣብ ትንሽ መዓልቲ ክቕመጡ ይቕጽሉ።

3. ማስተርድ ብምጨመር ስብአ ዘሎ ሳስ ክኸውን ኣድላዩ። 3 መልክዕ ማይ ወይ እንተዘይበትን ካልእ ደጊም ክጨመር ትኽእሉ ኢኹም። ከምዝተፈላለየ ጨው፣ ፐፐርን ሱከርን ኣድላዩ።

4. ኣብ ክውን ዘለኹም ግዕዝ እቲ ግሪል ቅድሚ ቅድሚ ኣድላዩ። ስጋ ኣብ ግሪል ኣምጹን ከተዘዋወርኩም ምስቶም ትርኪቶም እስከ ምስ ትፈልጡ ድማ ምስጋና ክምግብ 6–8 ደቓይቕ እዩ ዝወስድ ኣብ እያ ጎን።

5. እቲ ዝተቀቡ ስጋ ኣብ ፕላተር ኣስተኽሉ፣ ናይ ኣሽንቲ–ማስተርድ ሳስ ብላዕሊኡ ሕሉፍ ተምሃሮ።

6. ብናይ ፈረንሳይ ባግሬት ምስ ተኻይዱ ኣብ ኩሉ ጊዜ ብቀልባ ኣብዚ ሕብርታ።

ጋምቢያ – ናይ ተኽታ ምርኣይ

ምርኣይ: 4 ሰባት

ኣቕሑ መፍለይ

- 1 ፓውንድ ስጋ በጊ ወይ 1 ፓውንድ ናይ ዶሮ ብብርቱን ኣብ ½ ኢንች ብምኽፋል (ወይ ድማ ከብዲ ካብ ኣጥንት ብተሓሳስባ ኣብ ሳስ ምትእትን ክነብር እንተደሊኹም)
- 1 ሓንቲ ትሑት ኣሽንቲ፣ ዝተቖረጸ
- 2 መልክዕ ዘይቲ ኦሊቭ
- 3 ዓቢ ጽንዓት ቆልዑ
- 3 ቶማቲ (ሮማ)፣ ዝተቖረጸ
- ½ ካን (3 ኦዝ) ቶማቲ ፓስታ
- ¾ ኩባያ ናይ ምንጬ ናይ ስንክ ኣብ ዘይተማሕረ ፒነት በተር
- 4 ቡሊዮን ኩብ (ማጊ ወይ ክኖር) ቶማቲ
- 3 ኩባያ ማይ
- ነቲ ናይ ስኮች በነት ፒፐር፣ እተቖረጸ (ንምርኣይ ዝተፈላለየ ክምሃር)
- 4 ኩባያ ዝተቖረጸ ቃርኒ (pumpkin) ወይ ዝበለስ
- ጨውን ፐፐርን – ንብልዕ ምልክታ

መንገዲ ምግባር

1. ኣብ ዓቢ ዳች ኦቨን ዘይቲ ኦሊቭ ኣምጹን። ኣሽንቲ እስከ ወርቒ ይኸውን ክቕመጥ ኣርኢቱ።

2. በጊን ጽንዓትን ኣእቱን፣ ክሳብ ኣይነበረን ዝበለ እንተሎ ኣርኢቱ።
3. ቶማቲ ኣእቱን 3 ደቓይቕ ኣርኢቱ ክቕመጥ።
4. ቶማቲ ፓስታ፣ ፒፐርን ፒነት በተርን ኣእቱን ብምቁር ሓላፍኩም።
5. ማይን ቡሊዮን ኩብን ኣእቱን ክሳብ ክፈላለ እቶም ኣንስኡ። ኣምዱ ንምምሕዳር፣ ከይትሸፈን ን15 ደቓይቕ ኣርኢቱ።
6. ቃርኒ ወይ ዝበለስ ኣእቱን፣ ከይትሸፈን ን35–40 ደቓይቕ ወይ ክሕርሙ ክሰዓረ ክቕመጡ ኣርኢቱ።
7. ጨውን ፐፐርን ብምጨመር ኣምዱ።

ምርኣይ

ኣብ ቀልባ ምስ ሩዝ ክትበልዖ ይኽእል።

ነዚ ሳስ ከምዝነበረ ምስ ነገር ኣዝዩ ይበልዕ።

ናይ ጋቦን ብሔራዊ መግቢ

ኣቕሑ መፍለይ

- 1 ዝተጨረረ ዶሮ (ብቁጽሪ ዝተቆረጸ)
- 1 ካን ፓልም ናት ፒዩሬ
- 1 መልክዕ ዘይቲ ቀይ ፓልም
- 2 ኣሽንቲ (ተቅመጡ ተቆርጹ)
- 3 ጽንዓት (ብዝንጣፍ ዝተቆረጹ)
- 1 ሊትር ማይ
- 2 ቡሊዮን ኲብ
- 2 ቶማቲ (ተቅመጡ ተቆርጹ)
- 2–3 መልክዕ ማስተርድ
- 3 ሙሉ ፒፐር
- 12 ኦክራ (ተቆርጹ)
- ዘይቲ ከረን ምብላዕ
- ጨውን ፐፐርን – ንብልዕ ምልክታ

መንገዲ ምግባር

1. ኣብ ዓቢ መሳርሒ ቦል ማስተርድ፣ ናይ ቡሊዮን ክዩብ ከምቲ ተቐሊ ኣእቱን ስጋ ዶሮ ክትረከብ ከሎ ብደንቢ ውሉድ ኣርኢቱ።

2. እቶም ተቀሊ ናይ ዶሮ ቁጽሪ ኣብ ዘይቲ ከረን ኣእቱን ክሳብ ኩሉ ጎን ብሩኽ ክርኢቡ ን10 ደቓይቕ ብምግባር ኣርኢቱ። እንተ ተቀሊ ካብ ዘይቲ ወጺኡ ኣቕምጡ።

3. ኣብ ካልእ መግቢ መሰርሒ፣ ዘይቲ ቀይ ፓልም ኣብ ዝንስነ ነቲ እሳ ኣምጹን። ኣሽንቲን ጽንዓትን ኣእቱን ክሳብ ትሑት ክኾኑ ኣርኢቱ።

4. ቶማቲን ኦክራን ኣእቱን ፓልም ናት ፒዩሬ ብምሕባር ውሉድ ኣርኢቱ። ማይ ኣፍኡን ብቡሊዮን ኩብ ኣብዚ ዘይትሓለፈ ኣርኢቱ።

5. ምስ ዝተዋሃበ ክትረተት ክርእይ ከሎ ዝንስነ ኣምጹን። እቲ ቀይ ፓልም ዘይቲ ኣብ ላዕሊ ክትበልዕ ኣብ ሳስ ከሎ እቶም ተቀሊ ዶሮ ኣእቱን ሙሉ ፒፐርን ኣእቱን።

6. ጨው ብምጨመር ውሉድ፣ ከይትሸፈን ን20 ደቓይቕ ብዝንስነ ኣርኢቱ።

7. ምስ ተዘርጊ ኣብ ሩዝ ዝተበሰለ ከተሓዙ ብልዑ።

ሓምሊ ኩክምበር

እዚ ብተለምዶ ዝበሰለ ሽርተ ዶሮ ከም Nyembwe ወይ ሳስ ዘይቲ ፓልም ዝተባህለ እዩ። ናይ ፓልም ጻጸ ኣብ ጋቦን ብዙሕ እዩ ስለዚ Nyembwe ሳስ ኣብ ብዙሓት መግቢታት ይተግበር። Poulet Nyembwe ናይ ጋቦን ብሔራዊ መግቢ እዩ እናበለ ብስጋ እንኳ ይበስል ይኽእል። እዚ እንታይ እኳ ከም ብሔራዊ መግቢ ናይ ካልእ ሰስተ ሃገራት እዩ ዝተረኸበ ግን ንኣንፈት ትንሽ ልዩነት ኣሎዎ።

ኣቐሑ መፍለይ

- 1 ዓቢ ኣሽንቲ፣ ብእጽፍ ዝተቖረጸ
- 2 መካነ ቶማቲ
- 1 ኩክምበር
- 1 ጥንታዊ ባቲ ፓርስሊ፣ ብዝንጣፍ ዝተቖረጸ
- 2 መልክዕ ዘይቲ ዖሊቫ
- ጭማቂ ፍርፋሪ ሎሚ 1/2
- 1/2 እንተር መንጭብ ነፍሲ (mint) ብዝንጣፍ ዝተቖረጸ
- 1 መልክዕ ኩምን ዝጨፈ
- ጨውን ጥቁር ፐፐርን ንብልዕ

መንገዲ ምግባር

1. ኣሽንቲ ብእጽፍ ሕብሪ እንተ ከሎ ቆርጽ። ቶማቲ እንተዘይብሉ ቀጭን ክፋል ክፋል ክትቆርጽ ኣድሊ።

2. ኩክምበር ኣልቦ ኣውርድ፣ ብሃጥን ፍርኢ ፈሊሑ ከም ቶማቲ ርዕሲ እንተ ከሎ ንእሽቶ ረጋሕ ክፋል ክፋል ቁርጽ።

3. ኣሽንቲ፣ ቶማቲ፣ ኩክምበርን ፓርስሊን ብሓደ ኣድላይ ምሕባር ኣድሊ።

4. ዘይቲ ዖሊቫ፣ ጭማቂ ሎሚን ኩምን ኣእቱን፤ ጨውን ጥቁር ፐፐርን ንብልዕ ምልክታ ኣድሊ።

ኩክምበር ኣብ ጋቦን መለለይ መእንቲ እዩ፣ እዚ ቀሊል ሰላጣ እቲ ሓዳሽ ዝሓሸ መግቢ ከም ጎና እንተረኸበ ብዙሕ ይጠቕም እዩ፣ ብዝሒ በጋ ግዜ ምቕራብ ብጣዕሚ ምስጉን እዩ። ብዝነካእ ዝረቁ መግቢታት ከም ማስተርድ ዶሮ እንተ ከሎ ይሓዝ እዩ፣ ኩምን እቲ ጣዕሚ ፍሉይ ይወስኽሉ እዩ።

ናይ ማስተርድ ዶሮ

መመሪያታት

1. ዶሮ ብንእሽቶ ዘይቲ ምሕማር፣ ካብዚ ኣውርዱ ንብላዕ እቲ ኣሽንቲ ኣብ ተመሳሳሊ ዘይቲ ምቁራጽ እንተ ከሎ ክሳብ ብርሑ ክኸውን ኣድሊ።
2. ኣሽንቲ ንሓደ ዓቢ ስርሒ መምሃር ኣውርዱ፣ ንዛም ዶሮ፣ ማስተርድን ጬማቂ ሎሚን ደሊኹ።
3. ኩሉ ኣብ ሓደ ኣእቱ፣ ከይዱ እቲ ስርሒ ንሳንሱ ኣእቱ፣ ኣብ ትንሽ ወይ መካነ መደብ ብዙሕ ሰዓት ክሳብ ዶሮ ሓንጸ ክኸውን ብርግጽ ምሃብ።

ጋቦን መግቢታት

- 80% ጋቦን ደን እዩ፣ ስለዚ መግቢታት ብዙሕ ትሮፒካላዊ ፍሩታት ይኣክሉ።
- ምንባርን ሓርማዝን ብዙሕ እዮም ዝሓዙ፣ ንምኽንያት ጋቦን ኣብ ምዕራባዊ ባሕሪ ኣፍሪቃ እዩ ዘለዎ።
- **Poulet Nyembwe** (ናይ ዶሮ ሳስ ፓልም) ናይ ጋቦን ብሔራዊ መግቢ እዩ።
- ነቶም ነዋሪ ጋቦን ካሳቫ፣ ጨረን እንተኾነ ኮኮናት እንኳ ይበሉ።
- ቋንቋ ሓደሽቲ ፈረንሳይኛ እዩ፣ ግን ኣብ መጀመርታ ዝቐርቡ መፍለይ ፖርቱጋል እዮም ነውር።

በከይድ ማዕድ ካራካሮ (Baked Bananas)

ኣቕሑት

- 8 ካራካሮ ብሰስተ ክፍሊ ናይ እኩር ተተይዞ ተቖርጸም
- 1 እንቋቑሖ ብሓፂሱ ተብሎ ብ:
- 2 መንኩስ ማንጣ ኦራንጅ ጬማቂ
- 100 ግራም ብረድክራምብስ
- 120 ሚሊ ሊትር ዘይቲ ኣብ መብል ቀይርቲ
- 24 መንኩስ ማንጣ ሳውር ክሪም
- 8 መንኩስ ማንጣ ብራውን ሱከር

መንገዲ ምምዝጋብ

1. እንቋቑሖ ብኦራንጅ ጬማቂ ምብራር ካራካሮ ኣብዚ ምርዳእ ኣድላዮም።
2. ከምኡ'ውን በረድክራምብስ ክትሕበኦም እንዲሕ ክንደይ እትክክል ኣድላዮም።
3. ዘይቲ ኣብ በርበራ መብል ኣድልዩ ካራካሮ እንደተሓጸረ ብቕልጡፍ ማልቀሲ ኣድላዮም።
4. ከምኡ'ውን ኣብ ቀረጺ ቁራጽ ኣድላዮምን ኣብ እትነው 170° ሴ ብ5 ደቓቕ እትበልሕ ኣድላዮም።
5. ናይ 1 ካራካሮ ብ3 መንኩስ ሳውር ክሪም ክትኣክሉ እንዲሕ ብብራውን ሱከር ክትጨመርሉ ተርፊ ኣድላዮም።

ማውሪሺየስን ረኡኒየን

ቡሽኮን (ባህላዊ ረኡኒየን ዝተሰሩ ከብዲ ሽርክርክ ዶምፕሊንግስ)

ኣቕሑት

- ወንቶን ፓስትሪ (ኣብ ኣስያዊ ሱቕ ይርከብ፣ ቅድሚ ምጥቃም ኣክልኩም)
- 500 ግራም ዝተወስኸ ከብዲ
- ኣንዲ ሓብሲ ስፕሪንግ ኦንየን (ተከፍሊ ተቖርጾ)
- ኣንዲ ካፊር ላይም ብብረስታ (ዝተሰረቐ)
- 1 መንኩስ ማንጣ ታፒኦካ ስታርች
- 5 ንኡስ ጨው ፍሪፋዊ (ኣርእስተ ኣፈላላይ)
- ጨው
- በርበርዒ
- ሶይ ሳስ ናብ ምጥፋቅ

መንገዲ ምምዝጋብ

1. ኣብ ትልሊ መልመዕ ሳሕን ውሑድ ዘሎ ከብዲ ምስ ስፕሪንግ ኦንየን፣ ታፒኦካ ስታርች፣ ካፊር ላይም ብብረስታ፣ ፍሪፋዊ፣ ጨውን በርበርዒን ውሑዱ ምብራር።
2. ከም 1 መንኩስ ማንጣ ዝመጽእ ኣንዲ ኩነታት ከብዲ ኣድላዮም ንስኹል ወንቶን ፓስትሪ ላዕለዋ ኣንብሩ።
3. ኣርባእቲ ማዕረ ፓስትሪ ምስርቅ ብምውሃብ ዝተሰርሐ ምርኣይ ክትከይድ እንዲሕ ግዚኡ እንዳይን ብርቱዕ ምጬባ።

4. እዚ ተደጊሙ ክሳብ ዘይተጠነቐቐ ነቲ መርከብን ፓስትሪን ክትጠቕሙ ተደጊሙ።

5. ዝተሰርሑ ዶምፕሊንግስ ኣብ ስቲመር ክትሓጽሩ እንዲሕ ብ15 ደቒቕ ምጽዋት።

6. ብሞቃን ሶይ ሳስ ክትጥፍቑላ ተርፈ ኣድላዮም።

Bonbons piments (ቂጣ በፍረፋዊ)

ኣቕሑት

- 500 ግራም ደረቕ ብተር ቢንስ
- ጥቂቕ ወለዶ ሓድሽ ኮርያንደር (ተከፍሊ ተቖርጾ)
- 5 ንኡስ ናይ ቀጠን ፍረፋዊ (ተከፍሊ ተቖርጾ)
- ኣንዲ ሓብሲ ስፕሪንግ ኦንየን (ተከፍሊ ተቖርጾ)
- 1 መንኩስ ማንጣ ኩርኩማ (ቱርመሪክ ፓውደር)
- 1/2 መንኩስ ማንጣ ኩሚን
- ሓድሽ ጅንጅር
- 1 መንኩስ ማንጣ ጨው
- በርበርዒ
- ዘይቲ ከረንት

መንገዲ ምምዝጋብ

1. ቢንስ ኣብ ማይ ኣርኪቡሉ ምስ 12 ሰአት ዝቕረብ።
2. ኣውጺኡምን ቆይበትኡን ኣውጺኡም ምስ ቆይበት ክእቱ ኣውርዱ።
3. ቢንስ ክሳብ ቀሪኡ ተብሉ ኣስምሩ።
4. ኣብ ነቲ ቢንስ ኣብልዮም ቅመማት፣ ጨውን በርበርዒን ውሑዱ እንተሓከሙ ይብላዕ።

5. ካብዚ ምርኣይ ኣንዲ ኩነታት ከም እንታይ ጎልፍ ኣይ ዝሕብር ደቂ ከም ዶምፐሊንግ ኣድላዮም፣ ትንንሽ ክትጽባኡ ኣድላዮም።

6. ኣብ ትልሊ ፓን ወይ ዲፕ ፋት ፍራየር ዘይቲ ኣንብሩ።

7. ቡንቡን ፒሚንት ኣብ ሞቃኑ ዘይቲ ክትብሉ እንዲሕ ክሳብ ዓቢ ማንጣ ዝቐየር ድማ ምትላቅ።

8. ካብ ዘይቲ ኣውጺኡም፣ ኣብ ኩሽና ወረቐት ክሕሉፉ ይሓዝ።

ብሞቃን ተርፊ ኣድላዮም።

መሩሲያን ዶብ ዶሮ (Mauritian Chicken Daube)

ምርኣይ 2 ሰብ

ኣቕሑት

- 1 ሽንኩርቲ፣ ብጽቡቕ ዝተቖርጸ
- 2 ቁርጽ ቅርጽኡ ናይ ቁርጽ ትንሽ ነጭ ጽንዓት (garlic)፣ ዝተሰበኸ
- ንኡስ ኩርጽ ጅንጅር፣ ዝተረሰየ
- 1 ንኡስ ነብሲ ቀጠን፣ ብጽቡቕ ዝተቖርጸ
- 1/2 መንኩስ ማንጣ ናይ ኩሚን ዘርን
- 2 መንኩስ ማንጣ ማሳሌ ማዕሪት (Massalé spice blend) ወይ ቅርጽኡ ናይ ካሪ (curry powder)
- 200 ግራም ዶሮ
- 400 ግራም ካን ቆርበት ዝተቖርጸ ቲማቲም
- 1 ፓታታ፣ ንክብር 8 ክፋል ዝተቖርጸ
- እጅ ምስኪን ዘይቲ ኮርያንደር (coriander leaves)

መንገዲ ምምዝጋብ

1. ንኡስ ዘይቲ ኣብ ሳስዋን ኣንብሩ፣ ኩሚን ዘርን ን 30 ሰከንድ ኣብዚ ኣስምሩ።
2. ሽንኩርቲ፣ ጅንጅር፣ ጽንዓት፣ ነብሲ ቀጠን ኣክልኩም ንምሕላፍ ክሳብ ከልኡ።
3. ካሪ ወይ ማሳሌ ኣክልኩም፣ ድሕሪኡ ዶሮ ኣክልኩም። በኣልኩም ዶሮ እንተ ስካለ ንኹሉ ጎኒ ነቲ ውሉዱ ክሳብ ተረኸበ ክንክር።

4. ፓታታ፣ ክፍሊ ኮርያንደር እንተዘይብሉ ቆርበት ቲማቲም ኣክልኩም። ዶሮን ፓታታን ክንሸፍን ማይ እንተዘይብሉ ኣክልኩም።

5. ናብ ምሕሳብ ኣክቱሉ፣ ካልእ ኣዝዩ ማይ ከምትሰዓት ኣንብሩ፣ ናብ ንትርከብ ኣዝዩ ቆም እንትትዕረ። ኣብ 40 ደቓይቕ ድሕሪኡ ክሳብ ፓታታን ዶሮን ቀና ይኸውን።

6. ብሩኽቲ ምስ በርሃን ዝሕሸ ሩዝ ኣብዚ ኣጽዋዕ፣ ተቀርበ ክሳብ ትብል ኣዝዩ ዘለዎ ኮርያንደር ተቀብል።

ብሩኽቲ ምስ ሩዝ ኣብዚ ተርፌ።

ሲሸልስ (Seychelles)

ኣብ ሓደ ብምሉእ መንገዲ ባህሊ ንምቅላዕ ዝረኣየኒ መንገዲ ምግቢ እዩ። ክልተ ሃገራት ንሱ ንሱ ዝበለየ መግቢ ኣሎኦም እንተሃገን ሻዕቤታት ዝገምግም መጸኢ መጠጥታት ይበልዑ። መግቢ ምስኻኡ ንሱ ዝሓወየ ከም ዝኾነ መንገዲ ምግባር ክኸውን ይኽውን፣ ቅመማት ዝተጠቀሙ ይኸውን፣ ዝተተዋወቱ ባህላዊ ባህላዊ ጣዕማት ይኸውን፣ ወይ እንተኾነ ናይ ንሱ መግቢ ከምዚ ምርኣይ ብዝሒ ክትጥቀሙ ይኸውን እዩ። ኣብቲ መግቢ ምስኻኡ ልዕሊ መቶታት ዓመታት ዝነብር እንተኾነ ይኸውን፣ ወይ ባህሊ ብዝያዳ ዝተቀየረ ዝኾነ ሓድሽ ምምሕዳር እዩ። ምንታይ ክኸውን ኣሎ መግቢ ክልቲ ሃገር ዝሓወየ፣ እዚ ንኽሞግቡኡ ብዝሒ ምኽንያት እዩ ዝሃብካ።

ንስኻ ኣብ ደሴታት ሲሸልስ እትተዋወብ ዝኾነ ጊዜ፣ ስያንን ኣነን ናብ ሒልተን ላብሪዝ ረዝርትን ስፓን ኣብ ዝርከብ ናይ ክሪዮል ሸፍ ኣብ ናይ ምግብ ትምህርቲ ክንሳተፍ እትሕዝና።

ኣብ ሓደ ሰዓት ኣዝዩ ሓላፍነት ስብሓት ናይ ክሪዮል መግቢ ከመተሃሰብና ዝኽእል እንተኾነ ከም ክትገብሮም ኣብ ዓለም ኩሉ ክሕዝኩም ተማሃርና። እዚ መግቢታት ጣዕማት ክእቲ ብዙሕ እንተኾነ እዩ እንተሃገን ቀሊል እንተኾነ እዩ፣ ኣብ እተሓደሰ መን ዝኾነ መዓልቲ ምስ ዘይትሕሰብ ክትገብሮም ብዝተሓሰብካ ጊዜ ይግበር። እቲ ባህላዊ ምምሕዳር ኣምላኽ እዩ ዝብል ምግቢ ንኽኣምጽእ ምኽንያት ይሃብካ።

ንምግባር ንቅድሚት ንምድላው!

ማስታወሻ: ኩሉ መግቢ ናይ 4-6 ሰብ እዩ ዝርከብ።

ሽቱ ማርሊን ሰላጣ (Smoked Marlin Salad)

ኣቕሓቃት

- 1 ማንጎ፣ ብትንሽ ብርጭቆ ተቈርጸ
- ግማሽ ኣናናስ፣ ብትንሽ ብርጭቆ ተቈርጸ
- 4 ሮማ ቲማቲም፣ ብትንሽ ብርጭቆ ተቈርጸ
- ቁራጽ ዝተሽቱ ማርሊን
- ሓንቲ ሎሚ ማይ
- 3 መሊሕ ኦሊብ ዘይቲ
- 3 መሊሕ ዝተቑረጹ ጽብቕ ናኮስ

መመሪያ

1. ማንጎ፣ ኣናናስ፣ ቲማቲምን ዝተሽቱ ማርሊንን ኣብ ሓንቲ ሳልስ ስርሑ።
2. ኦሊብ ዘይቲን ሎሚ ማይን ክትፉእ ኣእስሱ።
3. ኩሉ ኣቕሓቃት እትበሃልልዩ ይብሉ።
4. ኣብ መደብ ብናኮስ ንምስጢር ኣስቱ።

ኦክቶፓስ በቅርኒ (Octopus Curry)

ኣቕሓቃት

- 1 ዓቢ ኦክቶፓስ – ዝተኣንጸበረን ብትንሽ ቁራጽ ዝተቆረጸ
- 3 መሊሕ ሓዱሽ ኮኮናት ምዕራፍ
- ግማሽ ቀይሕ ሽጉጥ
- 1 እጅማማት ሓዱሽ ቅርኒ ለውሊ
- 2 ዓቢ ቅርኒ ከርንቲ (ሓዱሽ ወይ ጩዊ)
- 2 መሊሕ ዝተስርሑ ክሬኦል ቅርኒ መርዓት
- ግማሽ ዓቢ ቃርያ
- 1 መሊሕ ቅርንፉድ
- 2 መሊሕ ቱርመሪክ መርዓት
- 2 መሊሕ ኮርያንደር መርዓት
- ቅርፊሕ ነጬ ትርክቲ
- ጨውን ጥቁር በርበርን ንጣይ
- ኮኮናት ዘይቲ

መመሪያ

1. ኦክቶፓስ ብትንሽ ቁራጽ ቆርጹን ክንደይ ክሓርሱ ክትከይዱ ኣትቡሉ።
2. ኣብ ሳኩን ኮኮናት ዘይቲ ምቂኡ፣ ሽጉጥ ኣእስሱ ክወርዱ ኣድሉ።

3. ቅርኒ ለውሊን ቅርፊሕ ነጭን ኣእስሱ፣ ሓደ ደቓይቕ ክወርዱ ኣድሉ።
4. ኦክቶፓስ ኣእስሱን ጥቂቕ ደቓይቕ ክትስተዉ ኣድሉ።
5. መርዓታትን ቅርኒ ከርንቲን፣ ቃርያን፣ ቅርንፉድን ኣእስሱ ንዝተኣስሩ ኣብ ኦክቶፓስ ብሓደ ክትጠቅም ኣድሉ።
6. ኮኮናት ምዕራፍ ኣፍልጡን ክትቕርብ ኣድሉ። ኣምዶ ክሓርስ ኣድሉ።
7. እስኪ መዓድላዊ ሓርማዝ ክትንከር ክሓርስ ኣድሉ።
8. ጨውን ጥቁር በርበርን ንጣይ ኣድሉ።

ኣብ ቀዳማይ ምድሪ ዝሓዘ ቅርኒ ኣብ ግዜ ክትበሉ ተዘጋጅቶ ይሓርስ።

ባናና ላዶብ (Banana Ladob)

ኣቕሓቓት

- 1 መሊሕ ዝተፈጨ ነገድጓድ (nutmeg)
- 3 መሊሕ ኮኮናት ምዕራፍ
- 5 ዓቢ ዝበለሐ ፕላንቲን (plantains)
- 1 መሊሕ ስኳር

ናሚቢያዊ Potjiekos ምግቢ ኣቅሓታት

Potjie ብዙሕ ናይ ሳፋሪ ሓደጋታት ዝምልከት ነገር እዩ። እቲ ምግቢ ብሓደ መዓልቲ ብኩሉ ዝኸፈል ኣብ ስራሕ እናተሳተፉ ምምሕዳር ይፈጥር፣ እቲ ስጋን ኣታትን ኣብ እቲ እሳት ዝተሰብሓለ ይትሓሸን። እቲ ምግቢ ኣብ ናሚቢያ እንተኮይን፣ ወይ ኣብ መንእሰያ ከበብ እናተስተርከብካ ብምምጋን ክትምጽእ ዝበለ ብጣዕሚ ጥራሕ እዩ።

ኣቅሓታት

- 2 መሊሕ ዘይቲ ተለመደ
- 1.5 ኪ.ግ ናቕሪ ስጋ ገምሩ (ብክፍሊት ቁረጽ)
- 3 መካነ ሽጉርቲ ቁረጽ
- 500ግራም ሓጹ ስንዴታት (baby carrots)
- 500ግራም ሓጹ ድንችታት (baby potatoes)
- 1 መሊሕ ስኳር
- 2 መካነ ቀሊል ቅመማ ካርዩ (curry powder)
- 1 መካነ ዝተፈጨ ነጎድጓድ (turmeric)
- 120 ሚ.ሊ እብ
- ጨውን ቀረፋን ንጥቅ

መርሓ ስራሕ

1. ዘይቲ ኣብ ናይ potjie ስውር ባዶ በልዕሊ እሳት ክሳድ ኣምር. ስጋን ጨውን ቀረፋን ኣብ ስውር ጨምር ክትሕሸን ክንደይ ኣብ ኣንጻር ኣብ ኣብ ግዜ ጨምር. ዝሓሸነ ስጋ ኣውጽእን እንዳተን ዕዳግ.

2. ሽጉርቲ ኣብ እቲ ስውር ኣብ ኣዝዩ ክብል ክሳድ ኣምር (4 ደቒቕ ከምዝተዓርፈ).

3. ስጋ ናብ ስውር መለስን፣ ኣታትን ኣብ እቲ ስውር ክንደይ ክሳድ ጨምር። ሽፋን ሰንኮ ኣምርን ሓደ ሰዓት በጻሕ ዝሓሸነ ክሳድ ቀመጥ.

4. ስንዴታትን ድንችታትን ጨምርን 30 ደቒቕ ቀመጥ.

5. ስኳር፣ ካርዩ፣ ነጎድጓድን ኣብ እብ ምልቀስ ናብ ስቱ ጨምር። ብኣዝዩ ክብል ሓደ 15 ደቒቕ ቀመጥ.

6. እቲ ስቱ ብምሕዝና ኣብ ዝዕጸ እንተበልከ፣ ውሃ ጨምርካ ትኽክል. እዚ ደጊሙ 15 ደቒቕ ቀመጥ.

7. ብሩሃ ሩብ ወይ ሚሊፓፕ (ዝተገዛ ዘይድ ዱርድ ካሳ) ምስ ተቐምጠ ሓበሬታ ኣምር.

ብዙሕ ዝተሓወሰ ዝተሓሸ potjiekos ብናሚቢያዊ ልዕሊ ዝተኸተለ ሓበሬታ ኣምር።

ቶጎ

ታሪኻዊ ኮሎንያል ምስጢር ኣብ ቶጎ መመገቢ ባህሊ ኣብ ብዙሕ መንገዲ ኣሰርቶ ኣሎ። ጀርመናውያን ተረፈት ሻምፓይን (ቢር) ኣውጺኦም፣ ፈረንሳውያን ደጊም ባገት (baguette) ኣምጺኦም እቲ ሕጂ ከም ናይ መጀመርታ ዓይነት ቁርሲ እዩ ተፈቲሑ።

ኮርን (maize) እዩ ዋና መንእሰያዊ መግቢ እናተገደፀ፣ ኣብ ብዙሕ መንገዲ ይተዓወት። ከም ከምዝተቀረበ ካብ ኮብ ብትኽክል ዝበላ ወይ ተኾይኑ ክብዲ ተሰሪሑ ከም መርበብ ከምኡውን ብማይ ዝተቀላቀለ እናተሰርሐ ሸሪክ ወይ ፓቴ (pâtes/akume) ይበላ። እዚ ፓቴ ወይ ሸሪክ ከም ኣብ ብርቱዕ መግቢ ዝተኣቱ እዩ፣ ናብ ኩሉ ብዙሕ ቁርጸ ስጋ ወይ በረኻ ዝተሰርሑ ሶስናት ይቀርብ። እቲ ሶስናት ከም እንደቆሮ ወይ እንደስፒናች ኣብ ብዙሕ ጊዜ ይጠቕሙ፣ እንተዘይኮነ ስጋ፣ ተጨማሪ ትነት ሓርነት እናተጠቀሙ እንተሆነ ከምኡውን ጵምዲ ከብዲ ወይ ብሕቲ እንስሳ እንተባህሊ ዘብል ኣጉቲ (grasscutter) ይኾኑ ይጨመር።

ካልእ ዝበለፀ ታላቕ መግቢ ቶጎ እዩ **ፉፉ**። እቲ ፉፉ ኣብ ኣንደኛ ቦታ በቂ ናይ ቡና ምርኣይ እንተኾነ ኣብ ብዙሕ ጊዜ ኣብ ክርክር ዝተፈጸመ ዝኾነ ኣሕባር ተኣማን ስርዓት እዩ። ሴቶም ስድራቤት የኣካላት ናይ ፉፉ ተኸታተልቲ ብኩልኦም ሰዓታት ይመርቱ፣ እቲ ድምጺ ፉፉ መርተት ከም ናይ ቶጎ ናይ ሕዝቢ ዝተወደቐ ድምጺ እዩ። ፉፉ ብዙሕ ጊዜ ከም ፓቴ ምስ ኣይነት ስጋን በረኻን ሰስናት ይበላ።

ቶጎውያን ኣብ ብዙሕ ጊዜ ኣይብሉ እንተኾነ ንምቕላቕል ብናይ ኣንስኒ መደብ ኣብ መንገዲ ክሳዕ ከይብሉ። እቲ መደብ ከም ተበልዑ ከርኒ ኣብ ጎርማ ወይ ብማይ ዝተማጽነ፣ ነቲ ተኣጉስ ተቐዲሙ ከምኡውን እንተስኒ ፒናት፣ ኦምሌት፣ ብሮሽት (ናይ ስጋ ሽቃቕታት)ን ወይ ነዚ ተበልዑ ዝተቐበለ ቅርንጫፍ ባህሪ ዓሰን ይገኙ። ኣብ ታላቕ ከተማታት ድማ ባርን፣ ካፌን ረስቶራንትን እዩ ከተማማዕዝኑ እቶም ናይ ውጬ ጎቦኣት፣ ንግዲ ሰባትን መንግስታውያንን ዝተለምዱ።

ግቦቴሚ ቅመማት

ግቦቴሚ ቅመማት ኣብ ኣፍሪቃ ዝስዕብ ባህላዊ ምግባር እንተዘይተለመደ ይጥቀመሉ። ይኹን ቅመማትን እንተማሕበር ባህሪ እንተማሕበር እዩ ከም ዘይተለመደ ባህሪ ዘለዎ። እዚ ግቦቴሚ ቅመማት ብቐጻሊ ኣብ ስጋ ከም ማሕበር ዘለዎ ቅመማት ዝኸውን ኣዝዩ ዝምቕርብ እዩ።

ኣቕሓባብ

ኣብ ተመሳሳሊ መጠን እቲ ዝተኣስረ ኣቕሓባብ ክፍል።

- ሙሉ ቅሉ
- ኣኒስ ብዛዕባ
- ኣጅዋይን ብዛዕባ
- ካርዳሞም ብዛዕባ

እንተዘይተኣስረ

- ዱቄት ጅንጅብል

መመሪያታት

1. እቲ ዱቄት ጅንጅብል እንተርፈዶ ካልእ ኣቕሓባብ ኣብ ሳልሳ ኣእቱ።
2. እቲ ኣቕሓባብ ኣብ ክፍትታ ስርሒ ባኪንግ ሸት ብግምት 425°F (220°C) ን30–45 ደቓይቕ ወይ ክንዲ ዓርቂን ብጵሩይን ክኸውን ክግበር ኣሎ።
3. ድሕሪኡ እቲ ዓርቂ ቅመማት ብመዓር ንቅርንጫብን ክንዲ ቀሊል ዝህብ ዱቄት ክኸውን ክሕስብ ኣሎ።

4. ኣብ መደብ ዱቄት ጅንጅብል ይጨመር፣ ብቐጻሊ ከም ተምርታ ኣዝዩ ክጥቀመሉ።

እቲ ግቦቴሚ ቅመማት ክሕልዉ ኣይክእልን፣ ኣብ ቀዝሊን ድሕነት ቦታን ብዘይ ግድን ክጠቕም እንተሃልዩ ክሕልዉ ይኽእል።

ዝተጠቐሰ ዶሮ ትጎ (Grilled Togo Chicken)

ኣቕሓባብ

- 10 ክፋል ዶሮ (እግሪን ቁልቁልን ብዝምርጽ እዩ፣ ግን ደቂ ጡብን ክምርጹ ይኽእሉ)፣ ከምብኡ ጡርን ኩቢን ኣሎም
- 2 ማእከል ሻኒ ዝበጽሐ ጅንጅብል
- 8–10 ሓደ ትሕቲ ዝተዳበሩ ኣተር
- 1 ትሑት ሽምዒ ዝተወልዐ እናተነጠቐ ብዙሕ ማእከል
- 2 ማእከል ቀይ ናይ ዘይቲ ነብሪ (ኣስፈላሊ እዩ፣ ካልእ ዘይቲ ጣዕሚ ናይ Grilled Togo Chicken ኣይሃበን)
- ምስት እንተሃልዩ
- ጥቁር በርበረ እንተሃልዩ
- ካያን በርበረ እንተሃልዩ

መመሪያታት

1. ኣብ ማእከላይ ሳሕን ምስት፣ ካልእቲ በርበረ፣ ኣተር፣ ጅንጅብልን ቀይ ዘይቲ ነብሪን ኣብ ሓደ ኣይነት ማርናይድ (marinade) ክጥቀም ክጥቀሙ ኣሎ።
2. እቲ ክፋል ዶሮ ኣብ ዝበለ ሳሕን ኣእቱ ከምኡ ማርናይድ ኣምጹ ኣብ ላዕሊ እንተዘይተንሸፈነ።
3. ዶሮ ብምእዋይን ብምዝርራብን እቲ ማርናይድ ክትሕበር ዝኾነ ኣዝዩ ክትደኽም ኣለዎ።

4. እቲ ሳሕን ክትሸፍኦ ወይ ብዝምርጽ ናይ 1 ጋሎን Ziploc ከተወስድን ብምጽዓን ክትምርከብ ኣሎ። ክንዲ ኣብ ሓደ ሰዓት ይቕሬታ፣ ብምርጹ ነገር ኩሉ ማለዳ ክዕርፍ እዩ።

5. እቲ ዶሮ ብቕይሕ እንተተከተለ እዚ ብብልሽታ እዩ፣ ግን ኣብ 450°F ዝተሞቀ እትቤ ክትጻዕድ ትኽእል ኢኻ።

6. እቲ እንታይ ከም ዝጥቀም ዶሮ እዩ፣ ኩሉ ግዜ ብዝተረኸበ ማርናይድ ክትጽዓእን ክትንከርከር ኣለኻ።

7. ክብር ቁርጽ እንዲኣቱ ከም ዝተለመደ ግሩም ወይ ገርፋ ቀሊል ሰማይ ክትረክብ ኣለዎ። ብኣብዚ 30–35 ደቓይቕ እዩ፣ ግን ኣብ ናይካ እትቤ ወይ ግሩል ክትረዳ ይኽእል። (ምስ ትጥቀም ዘሎ ድንሽ ስጋ ግዜ ክረዳ እንዲኣቱ ይኽእል፣ ስለዚ ኣብ ግዜ እንታይ ከም ዝተገደደ ተጠንቀቕ።)

8. ምስ ዶሮ ቅርብ ክንታይ እንተሃልዩ፣ ሽምዒ ቅቡቕ ኣብ ግሩል ክትጨመር ኣለኻ።

9. እቲ ዶሮ ትጎ ብምምላስ ምስ ተጸዒው ሽምዒ ቅቡቕን ሓድሽ ቲማቲም ቅርጽን ክትሰርት እዩ።

Togolese Djenkoume (ቶጎሊዝ ቲማቲም-ሓርሙስ ዶሮ ቁርሲ)

ኣቕሓባብ

- 2 ኩባያ ሓርሙስ ንጹር
- 4 ሓደ ትሕቲ ኣተር፣ ዝተዳበሩን ዝተጠረቡን
- 1 ማእከል ጅንጅብል ሓድሽ ዝበጽሐ
- 1 ትሑት ሽምዒ ፣ ዝተነጠቐ
- 2 ማእከል ቀይ ዘይቲ ነብሪ (ኣስፈላሊ እዩ፣ ካልእ ዘይቲ ኣይክእልን ናይ ምቁር ቤት ጣዕሚ ክሃብ)
- 15 ኦዝ ቲማቲም ዝተቐረጹ ካሕን ዝተኣምሩ
- 2 ማእከል ቲማቲም ፓስታ
- ምስትን ጥቁር በርበረን እንተሃልዩ
- 4 ኩባያ ስጋ ሰንኪ ማዕረፍ (ከምኡውን ናይ ተቐያይነት ኣብ ምድላው ይኽእል)

መመሪያታት

1. ኣተር፣ ጅንጅብልን ሽምዒን ኣብ ቀይ ዘይቲ ነብሪ ኣብ ማእከል-ሰማይ ብምትን ክሕሉፍ ኣብ ዝበጸሐ ስርርዕ ክጠርቕ ኣለዎ።
2. ቲማቲምን ቲማቲም ፓስታን ክጨመሩ ኣሎ። ምስትን ምትን ክሕሉፍ ኣብ ሓደ 15 ደቓይቕ ክትሃልዩ። ይኹን ቲማቲም ክትሰብርን ጣዕሚ ክትሕርባርን ክኸውን ይረኣይ።

3. 1 ኩባያ ካብ ዝተሠርሐ ቀሪቡ ወስዶ ከም መዳረቢ እንተዘይተንሸፈነ።

4. ኣብ ዝተረፈ ቲማቲም ሰስ ስጋ ሰንኪ ማዕረፍ ክጨመርን ሓርሙስ ኣብ ቀስ ቀስ ክትነቕፍ ኣለዎ። ኩሉ ጊዜ ብምንቕፋፍ ብናይ ግሩም ብምምዝራብ እንተሰርሐ ክኸውን ኣለዎ።

5. ብዝተኣተወ 10 ደቓይቕ ክትሃልዩ፣ ሓርሙስ እንታይ እንዳተነጠቐ ከምዝበል ትረክብ።

6. Djenkoume ብሞቅ ክትሰርት ኣለዎ። ንዓብ በቀል ብዝግበር ዝሃልይ እናበለ ምግባር ኣፍሪቃ ምዕራብ ግሩም ኣብ ዝገብር ብምሉእ ደስ በለ!

Gboma Dessi (ግቦማ ደሲ)

Gboma Dessi ናይ ቶጎ ዝበዝሐ ሃገራዊ መግቢ እዩ። ብምስላ ቁሩብ በርበረን ዝስእሕ ጣዕሚ ዘለዎ እናሃለወ ዝምግብ። ምንባብ ብምንምን ጣዕሚ ክረክብ ኣለዎ። ካልእ ናይ ኣፍሪቃ ምዕራብ ምግባር ከም ዝኾነ፣ እቲ ልዕሊ ጣዕሚ ክትረኽብ ኣብ ቶጎ እቲ **ግቦተሚ ምርት** ኣስፈላሊ እዩ።

ኣቕሓባብ

- 1 ፓውንድ ሓዱሽ ስፒናሽ (spinach)
- 2 ፓውንድ ስጋ ዝኽእል ምቑራር (ምርጥ prime beef ይመከር) ንብሩር ብትንሽ ቁራጽ
- 3 ሽምዒ ማእከል ወይ ቢጫ ዝተነጠቐ
- 4 ቁርጽ ኣተር፣ ዝተነጠቐ ብትንሽ
- 1 ማእከል ጅንጅብል ሓድሽ ዝበጽሐ
- 2 ኩብ ናይ Knorr ሰንኪ (chicken ወይ chipotle flavor)
- 5 ማእከል ቀይ ዘይቲ ነብሪ (ኣስፈላሊ ንቶጎ ጣዕሚ)
- 2 – 4 ኣቕራራብ ፔሪፔሪ (peri-peri) ምስ ጣዕሚ
- 14 ኦዝ ቲማቲም ሰስ ካን
- 1 – 2 ማእከል ግቦተሚ ምርት
- ምስትን ጥቁር በርበረን እንተሃልዩ

መመሪያታት

1. ስጋ ካብ ዝተበስሐ መሽከርከሪ ኣውጺኡ፣ ውሃ ይቕፀሉን ንሳን እቲ ቡህባት ኣብ መሽከርከሪ ኣይቅርብን። ስጋ ብግቦተሚ ምርት ክትረክብ።
2. ኣብ ፕሬሹር ኩከር፣ ንትንሽ ዘይቲ ውስኽ፣ ሓደ ሽምዒ፣ ሓደ ኣተርን ጅንጅብልን ምትን 2 ደቓይቕ።
3. ስጋ እና ቀሪቡ ይጨመር፣ ምስትን በርበረን ንጥፈት ኣብ ውሃ ይሰናይ። ፕሬሹር ኩከር ክዝገብ፣ ኣብ ላዕሊ መዓልቲ ክትቑጽል ኣለዎ።
4. ብቀጺሉ ናይ እቲ መመልእ ዝሓተት ከም 45 ደቓይቕ ወይ ዝያዳ ክትሃልዩ።
5. ስፒናሽ ዘይቕፀሉ ኣብ ስጋ ክጨመርን ምስ 15–20 ደቓይቕ ክትሃልዩ።
6. ስፒናሽ ብነጻ ውሃ ኣብ ምሳሕ 15 ደቓይቕ ክትቑጽል፣ ብትንሽ ቁራጽ ክትነጠቕ።
7. ኣብ ካልእ ሳስ ፓን፣ 2 ሽምዒን 2 ኣተርን ብቀይ ዘይቲ ነብሪ ክትሓርስ። ቲማቲም ፓስታ ክጨመርን ብንዘርእ 15 ደቓይቕ ክትሓርስ።
8. በርበረን ኩብን ኣቕራራብ ክጨመርን እቲ ቡህባት ክሓይሹ እንተበሃሉ፣ 20–25 ደቓይቕ ብምስሓፍ ክትሃልዩ።
9. **Gboma Dessi** ብሞቅ ምስ ኣብሎ (Ablo) ኣብ ጎና ክትሰርት።

ኣብሎ (Ablo) ምግቢ

መሳርሒ

- 1/4 ኩባያ ናይ ሻላት ዱቄት (cornmeal)
- 1/4 ኩባያ ዱቄት ሻላት (corn flour)
- 2 ኩባያ ዱቄት ሩዝ
- 1 ኩዋርት ማይ
- 1/4 ኩባያ ሽኮር
- 1 ማንኪል ሻዕቢ ጨው
- 1 ማንኪል ሻዕቢ ቢኪንግ ፓውደር
- 0.75 ኦዝ ፓኬት ኣክቲቭ ድርቅ ዪስት

ኣካላት ምድላይ

1. ኣብ ዓብዪ ኩነታት ምግቢ ትሕቲ እቲ ዱቄት ሻላት (cornmeal), ዱቄት ሻላት (corn flour) ከምኡውን 1/2 ኩዋርት ማይ ይዘኽሉ። እቲ ምሕዛእ ክብልሕ ይብል ከምኡውን መንጎ ንእሳት ኣብራሕ። እንተዘከረ 1/2 ኩዋርት ማይ ይወስኹ ከምኡውን ክዝርግ ክሳዕ ይሕብሩ።

2. እዚ ናብ ዱቄት ሩዝ 2 ኩባያ, ሽኮር 1/4 ኩባያ, 1 ፓኬት ዪስት, 1 ማንኪል ቢኪንግ ፓውደር ይውሰኹ። ብጥራይ ይብሉጹ ክስራሕ ክሳዕ ክትኽእል እዩ።

3. ኣብ ምድላይ ክዕዘብ ይህሉ ከምኡውን 1 ሰዓት ይንቕል። (ማስታወሻ፡ ዪስት ኣብ ዝሕሉ ክሳብ ሙሉእ ዝበለ ዙቕን ምዕባይ ይሰርሕ። እንተ ሙቕሰቕሲ 20°C (68°F) ክሳብ 40°C (100°F) ዘይኮነ ዪስት ክዝርግ የብሉን እዩ።)

4. ብዝሓለፈ 1 ሰዓት እቲ እብሊ ዝበዝሐ ከምኡውን ምቕፃል ናይቲ ባቡር ትኽክል ይኸውን። ብኣርከብ መንኮር ወይ ብቆርቆሮ እቲ ዱቄት እንዳትኽክል ይውሰኹ።

5. እቲ ዱቄት ኣብ ትነት ወይ ትነት ኩኪንግ ቲን ይምልኩ። ከምኡውን እቲ ትነት ኣብ ዓብዪ ኩነታት ወይ ባኪንግ ዲሽ ይኣክሉ። ትሕቲ ውሃ 1/2–3/4 ኢንች ይምሕሉ። ኣሕሊኡ ከምኡውን ክብልሕ ክሳዕ ይህብሩ።

6. ብስምንት 15 ደቓይቕ ወይ ክንደይ ክኸውን ይህሉ። (እቲ ባቡር ከብዲ ክኸውን ክንደይ ብእተንክነት ይግበር።)

7. እቲ ኣብሎ ክትሓይሱ ከኣለኹም ዝበቃ ክዕዘብ ይህሉ። ብዝያዳ ክህብሩ ብከርናዊ መጠን ይኸውኑ ከምኡውን በዓል ክትገብሩ ክሳዕ ይቕርቡ።

ናይ ዚምባብዌ መግቢ

ሞፓነ ዎርምስ (ማዶራ / አማሲምቢ)

ሞፓነ ዎርምስ እቲ ብብዙሕ ተወዳጅ መግቢ እዩ ናብ ዚምባብዌ። ንጽቡቕ ኣይሰምዑን ክኸውኑ ከምዘሎም ዝመስሉ ቢኮኑ፣ ኣብ ትሩፋት ዝተሰርሕ ናይ ዚምባብዌ መግቢ እዮም።

ኣቕርቦት

- 1 ኩባያ ሞፓነ ዎርምስ
- ግማድ ሽምኒ ሽጉጥ
- 1 ቲማቲም
- 1 ትልቅ ኩብ ማጊ / ክኖር
- 1 ማእከል ማእዘን ዘይቲ ምግቢ
- 2 ማእከል ማእዘን ክሬም ወይ 2 ማእከል ማእዘን ፒናት ባተር **(ኣማራጺ)**

መመሪያታት

1. ሞፓነ ዎርምስ ብሕሙሽቲ ሰኣት ኣብ ሓሙሽቲ ማይ ወይ ኣብ ቀዝሒ ማይ ንምሽት ምዝዋር።
2. ኣውጺኡኣት ከምኡ ብዛዕባ ሞፓነ ዎርምስ ኣብ ሽንኮለ ኣድሊኡ ከምኡውን ማይ ክሕብር ኣድሊኡ። ከምኡውን ንቡር ኣድሊኡ

ክሓዝ ክኸውን ክትግበሩ ኣይኮነን ክሳብ ማይ እንትወድእ ክትግበሩ ኣይኮነን።

3. ብእዋን ግዜ ሽጉጥን ቲማቲምን ቅርጹ።

4. እቲ ማይ ክብል እንተዛረበ፣ ዘይቲ፣ ቲማቲም፣ ሽጉጥን ኩብ ማጊን ኣብ ሽንኮለ ኣድሊኡ። ሓሙሽተ ደቒቕ ወይ ክሳብ ክትሓዝ ክትግበሩ።

5. ክሪም ወይ ፒናት ባተር **(ኣማራጺ)** ኣብ ውሽጢ ኣእትዉ ከምኡ ሓደ 30 ሰከንድ ተግቢሩ።

6. ብሳድዛ (ናይ በቆሎ ኩርሲ) ኣብርሱ።

ሳድዛ (SADZA)

ሳድዛ እዚ ብቋንቋ ሾና ዝተብሃለ ሓይቅ እዩ። ብብዙሕ ዓይነት ዱቄታት ዝተዘጋጀ እዩ፣ ከም ዑጋሊ (Ugali) ኣብ ምብራቕ ኣፍሪቃ ወይ ፉፉ (Fufu) ኣብ ምብሓረ ኣፍሪቃ። እቲ ዝተለመደ ዕቃ እቲ ሳድዛ ዱቄት ነጭ ማይዝ እዩ፣ ግን ካልእ ዓይነት ዱቄት (farina) ወይ ዱቄት ማይዝ ከም ኣማራጺ ይሰርሕ። ኣብ ብዙሕ ሱቅ ኣፍሪቃዊ፣ እስያዊ ወይ ካሪብያን እዚ ዱቄት ነጭ ማይዝ ይርከብ። ሳድዛ ኣብ ዚምባብዌ ዋነኛ ምግቢ እዩ፣ ብተለዋጽዮ ብምግቢ ስጋ ወይ ብኣብሳሕ ብዛዕባ እተቐረበ። ብተለዋጽዮ ቤታት ሾና ካልእ መዓልቲ ስጋ የብሉን፣ እቲ ሳድዛ ምስ ምግቢ ስጋ እንተተቐረበ ዝምጽእ ክብር እዩ። እቲ ሳድዛ ብዛዕባ ኣብ ኣካባቢ ተለመዱ እትዉስኽ ተቀራብኡ፣ እንተ ኣንተ ምሳ ስጋ ተዓቂቡካ ብቤት ዚምባብዌ ተቀሪቡካ፣ እዚ ዝምጽእ ክብርን ኣክብሮትን እዩ።

ሳድዛ እቲ ዋነኛ ዘርከብ ምግቢ ናይ ዚምባብዌ እዩ። ብተለዋጽዮ ቃል "ሳድዛ" ንኽልቲ ምሳ ይምልከት፣ እንዳ ምሳ ወይ መርዓት። ከም ተለመደ እቲ ሳድዛ ኣብ ሳሕን ወይ ኣብ ምብራቕ ታንኪ እተዘጋጀ እዩ፣ ግን ኣብ ቤት ኣብ ምምሕዳር ክትዘጋጅ ትኽእል ኢኻ።

ዝምልከት፡ 5 ሰባት

መርገም

- ዱቄት ነጭ ማይዝ እቲ ዋነኛ እተዘዋወረ እቲ ሳድዛ እዩ
- *(እንተ ዘይርከበ ካልእ ዓይነት ዱቄት ከም ኣማራጺ ይሰርሕ።)*

መመሪያ

ደረጃ 1: 1 ጋሎን (4 ሊትር) ማይ ኣኽብር።

ደረጃ 2: 5 ኩባያታት ዱቄት ነጭ ማይዝ ኣብ ሳምሳን ኣንጻር፣ ብቆልዑ ማይ ይምርምር።

ደረጃ 3: እቲ ዱቄት ብሙሉኡ ብማይ ንምምርምር እንተተደርሱ፣ ብዙሕ ማይ ይጨምርን ብዝበለ ክንዲ ወይ ዓብዲ መንኩስ ክትዘዋወር ኢኻ።

ደረጃ 4: ሰምሰን ኣብ መካነ ደረጃ እሳት ኣኽብር። ምንዳብ ዝኾነ ብዘይ ክትስቐን ብተኣክል ኣንጻር ይጨምር ማይ ይቕጽል።

ደረጃ 5: እዚ ኣብ ምምሕዳር ሳድዛ ብተኣክል ከም ኣርሒብ ይኸውን፣ ከም ቡሩሽታ ሓርጬ ይምስርሕ።

ደረጃ 6: 5 ደቒቕ ክምቕማጥ ይቕጽል፣ ካብኡ ንበልዕ ዱቄት ነጭ ማይዝ ይጨምር።

ከመይ ክትበልዑ ሳድዛ!

ሳድዛ ብእግሪ ብተለመደ ይበልዕ። ንመጀመርታ ሓዲሽ ተጠቃሚ ኣሎ ከምብስን ከም ዘለኻ ይበልዕ ኢኻ፣ ክረክብ ክትረክብ ድማ። ኣብ መጀመርታ እግሪኻ ብደሓን ንክትጽዓን፣ ከምኡውን እቲ ቀኝ እግሪኻ (*Shona: rudyi* ማለት "ንምብላዕ ዝተጠቐመ") ትጠቀም። ንኽእልካ ሳድዛ ትወስድ እና ትዘውር ከም ክንዲ ከም ጥንካይ ቡሩሽታ ትኽእል ኢኻ። ተጠንቀቐ እንተተሕልል። ከም ትወስዱ እቲ እግሪ ምስ ምግቢ ትዋህዱ (*Shona: tonha* ብምሉእ ኣብ ሾና "ማጽዓን ብስብዕ ወይ ምግቢ"), ከምኡውን ትበልዕ። ኣብ እግሪኻ እዚ እተዘዋወረ ብዘይ ምንጬ ከምኡውን ትጠቅም። ብእግሪ ትምልስ ምስ ስጋ ወይ ዶሮ ትበልዕ።

ሳድዛ ብዝሓደሽ እንታይ ይበልዕ፣ ነቲ ሰብ ኩሉ ኣብ ተሓበስበሱ መንበሪ እዚ ከምዚ ይበልዑ እዩ። ደቂ ሓጎስ ብተለዋጽዮ ዝበሉ እተሃዘ እንታይ ክህሉ፣ ኣብ ተሓበስበሱ ዝምጽእ እዩ። ብዙሕ ዓመት ዝኾኑ ወዲቆሎም ዝበሉ እተሃዘ ዝኸውን፣ ተወሳኺ ወዲ ኣንድነት ኣክብሮትን ምኽንያትን ይግበር።

ዶቪ (ምስር ቂቢ ምግቢ)

ምስል 6 ክልተ 8

እቃቕማት

- 2 መካነ ሽንኩርቲ ፣ ብትንሽ ተቖሊሉ
- 2 ማእዘን ባቅል (ቡተር)
- 2 ጥፍሩ ቅቤ (ጋርሊክ)፣ ተጨብጨቡ
- 1 ማእዘን ባህር ማር (ስልጣን)
- 1/2 ማእዘን ፔፐር
- 1/2 ማእዘን ካይኔን ፔፐር
- 2 አረንጓዴ ፔፐር፣ ተቖሊሉ
- 1 ዶሮ፣ ክፍል ክፍል ተቖሊሉ (ቢወድዱ ያልቆየ እና ያልቆረጠ ሥጋ ሊጠቀሙ ይችላሉ)
- 3 ክልተ 4 ቲማቲም
- 6 ማእዘን ክሪም ምስር ቂቢ (ፒናት ቡተር)
- 1/2 ፓውንድ ቆልዑ ስፒናች (ወይ 1 ፓኬጅ ምቕርብ ስፒናች)

መመሪያ

1. ኣብ ትልቅ ኮርሲ ሽማ ሽንኩርቲ ብባቅል ክሳብ ቀልዩ ክትበልሐ ኣድርጉ።
2. ቅቤ፣ ስልጣንን ቅመማትን ይድሉ።
3. አረንጓዴ ፔፐርን ዶሮን ኣክሉ።

4. ዶሮ ክቀልዩ ምንታይ እንተሆነ፣ ቲማቲም ኣክሉ እና ብማንኪያ ቀጨፉ።

5. 2 ኩባያት ማይ ኣክሉን ክሳብ 5–10 ደቓይቕ ኣብ ትንሽ እሳ ክትሕብር ኣድርጉ። ፍርጉም የለን እንተኾይኑ ፣ እኩል ምስር ቂቢ ኣክሉ እና እሳ ቀንስዎ ቀጽሉ ኣብ ትንሽ እሳ ክትሕብር።

6. ኣብ ተለይቲ ኮርሲ ስፒናች ቕሉ።

    ○ ቆልዑ ስፒናች: ስንብራቱ ክስሩር 2 ማእዘን ማይ ኣክሉን ክሳብ ዝተቀናበለ እና ቀልዩ ኣብ መካነ እሳ ይቕሉ።

    ○ ምቕርብ ስፒናች: እንተምቕርብ እትጠቀሙ እቲ መመሪያ ኣብ ፓኬጁ ተኸትተው ክትሕብሩ።

7. እቲ ቀሪ ምስር ቂቢ ኣብ ስፒናች ኣክሉ እና 5 ደቓይቕ ተጨማሪ ክትሕብር።

8. እቲ ምግቢ ብስፒናች ጋር ኣብ ገበታ ኣብርኩ።

ዚምባብዌ ጋርዲና (Zimbabwe Greens)

ምስል 6 ክልተ 8

እቃኞማት

- 1 ጥቕሚ ኮላርድ ጋርዲና፣ ተታክበ
- 1 ኩባያ ማይ
- 1 መካነ ቲማቲም፣ ተቖሊሉ
- 5 አረንጓዴ ሽንኩርቲ፣ ተቖሊሉ
- 3 ማእዘን ክሪም ምስር ቂቢ (Peanut Butter)
- ስልጣን ክብደ ኣኽእል እንተረኣየ

መመሪያ

1. ከባድ ቅርንጫፍ ካብ ጋርዲና ይውግዱ እና ብትንሽ ቁርጽ ይቁረጹ። እቲ ጋርዲና ኣብ ሳስ ኣክሉ እና ማይ ኣይኑ።
2. ክብ ክትሕብር ኣድርጉ እና እትበልሑ ዝሓልፈ እንተኾይኑ፣ ሓደ 2–3 ደቓይቕ ክትሕብር።
3. ጋርዲና ከምብቕድሲ ኣይኑ፣ ማይ ኣብ ትልቅ ሳስ ኣውጽኡ እና ቀሪ ማይ ክትጠቕም ኣእምሩ።
4. ጋርዲና ከም ቀዳም ኣብ ሳስ ኣክሉ እና ቲማቲምን ሽንኩርቲን ኣክሉ።
5. ኣብ መካነ እሳ ክትሕብር ኣድርጉ፣ ክሳብ 4–5 ደቓይቕ ብተዓዘበ ይነብሩ።

6. ምስር ቂቢን 3/4 ኩባያ ከም ቀሪ ማይ ኣብ ሓደ ኩባያ ይቀልብ፣ እና ከምዚ ጋርዲና ኣክሉ።

7. ቀጥታ ቀጥታ ይቀልብ እና ክሪም ከም ምኽንያቱ ክሕስክስ ክህብር። እቲ ቅርፊ እንተረኣየ ብስተት ማይ ወይ ቀሪ ማይ ይጨምሩ። ስልጣን ክብደ ኣኽእል ኣክሉ።

ኣዝምቢያ

ሙንድዮሊ ሬሊሽ (ዝበጸሐ የቦቕ ጽላሕ ተዐቂሉ)

ኣቕሓዱ

1/2 ኩፕ ዝበጸሐ የቦቕ ጽላሕ

1 ኩፕ ኩሉ እተበጸሑ ከብቲ

5 ቁርጽ ዝበጸሑ ኦክራ

3 ኩፕ ማይ

በጣዕሚ ጨው

መንገዲ – መንገዲ 1

ከምዚ ተኸይዱ የቦቕ ጽላሕ፣ ከብቲን እንተኾነ ዝበጸሑ ኦክራ ኣምቡጽ.

ክቡር ሓቢሩ ዝበጽሓ ዱቄት ክኸውን ኣምር.

ዝተረፈ በኲል ኣውርድካ እንደገና ኣምር.

ዱቄቱ ኣብ ሸኒ ኣእቱ.

ብሓዱሽ ማይ ኣድልዩን ሓባሩ ክንዲ ጥሩሕ ምስ ክሕልው ክሆነ ኣድልዩ.

ጨው ኣድልዩ ዝተሓጸበ ሓይሊ ምስ ክምህር ምቕራብ ኣብ ቀስ ኣብ ቀስ ብዝያዳ ኣትዕዘ.

ከም ረሊሽ ሕብር.

መንገዲ – መንገዲ 2

ካሳቫ ሩት ንስተን ንሳርን.

ካሳቫ ብማካኒካዊ ቺፐር ቁረጽ.

ኣብ ብስት ዘቕጽል ዘይቲ ኣሞኽ.

ተቺፐሩ ካሳቫ እስከ ብንኡ ንጹር ዝበጸሓ ድሕሪ ኣሞኽ.

ካብ ብስት ኣውርድካ ጨው ብላዕ.

ብሓሙኹሽ ከም ስናክ ሕብር.

ናይ ቶጎ ዝቕረብ ዶሮ ስጋ (Togo Grilled Chicken)

መግቢ ነገር:

- 10 ክፋላት ዶሮ (እግሪ ወይ ዝኾኑ ካልእ ክፋላት ዶሮ ክምረፁ ይኽእሉ)
- 2 መልካም ዝሓበረ መርሕ (fresh ginger)
- 8 ጥርሙዝ ቁርሲ ሽጉርቲ (garlic), ዝቀረፀ
- 2 ማንኪያ ትንሽ ዘይቲ ቀይ (red palm oil)
- ስንብር (Salt)
- ጨው ጥቁር (pepper) ወይ ካይነ (cayenne) ምስ ሙሉእ ጣዕሚ
- 1 ሽንኩርቲ (onion), ብትልኩ ክፍል ዝተቆረጸ

መንገዲ ምድላው:

1. **መዘጋጃ ነገር ምስራሕ:** ሽንኩርቲ፣ ፔፐር፣ ቲማቲም ቁርጽ። ሽጉርቲን ሓበረ መርሕን (ካለ ሃባነሮ ፔፐር) ቀርፀ።
2. **ምብላዕ ነገር:** ተቆርጸም ዝኾኑ ሽንኩርቲ፣ ፔፐር፣ ቲማቲም፣ ሽጉርቲን ፔፐርን ኣብ ብለንደር ወይ ፉድ ፕሮሰሰር ኣእትው፣ ናብ ጭቃ እንዲኽውን ሓደ 30 ካልእ ሰከንድ ብርትዑ።
3. **ዘይቲ ምሞቅ:** ኣብ ዝከብድ ሽኽላ ወይ Dutch oven ኣብ መካን ሙሉእ እሳት ዘይቲ ኣእትው።
4. **ቲማቲም ፓስታ ምድላው:** ቲማቲም ፓስታ ኣእትው፣ እውርዎ ክንዲ ምስ ዘይቲ ከተፈላለየ ክሳብ 3–5 ደቒቕ።

5. **ፔፐር ጭቃ ምድላው:** ጭቃ ፔፐር ኣእትው ብምውራድ ኣእቱ። በአረንጓዴ ፓውደር፣ ግራኑላተድ ሽጉርቲ፣ ስሞክድ ፓፕሪካ፣ ታይም፣ ኣደቦ ቅመም፣ ማሕተም ለውርሲ (bay leaves)፣ ስንብር፣ ቡሊዮን ናሙናን ካይነ (ካለ) ኣእትው። ምውራድ ኣድልዎ፣ ከም ዝደሊ ተጨማሪ ስንብር ይጨምሩ።

6. **ምቀመጥ ስቲው:** ክንዲ ብቆፍታ ከም ናብ መሊእ ምስ ተበጸሐ ብላይ ዝበልክሉ ሽፋን ዘይቲ እዩ፣ ዝኸውን 10 ደቓቕ ኣብ ሓዳር ክትንቀስ እዩ።

7. **ሩዝ ምሕጻፍ:** ሩዝ ብቀይሕ ማይ ሕጻፍ፣ 2 ጊዜ ተደጋጊሙ፣ ድሕሪኡ ማይ ንሱር ኣውጽኡ።

8. **ሩዝ ምድላው:** ሩዝ ኣብ ስቲው ኣእቱ ብምውራድ ድሉው ኣድልዎ። ቡሊዮን ስጋ ማይ ኣእቱ።

9. **ክትንቀስ ኣብ ቆፍታ:** ጭሩር ብፎይል ኣስርሕ፣ ሽኽላ ክትንቀስ። ብመካን-ትንሽ እሳት 20 ደቓቕ ብምድላው፣ ክትንቀስ ኣይክስርሕን።

10. **እቲ በትን ሽርዓት ምስትር:** በትን ዕንቅልፍ ወይ እምባባ ብዘይ መስረኽ ስታይል ምውራድ። ከም ነቲ ቀዳማይ ቆፍታ ክትንቀስ፣ ደጊሙ ደጊሙ 10–20 ደቓቕ ክትንቀስ።

11. **ማሕተም ኣውጽኡ:** ማሕተም ለውርሲ (bay leaves) ኣውጽኡ። ዕላማ ኣርኢ።

እሸት ዓሳ ብቅጽል ቅድሚት

ናይ መግቢ

- 1 መካነ ደረቕ ዓሳ
- 1 እጅ ሓዱሽ ቅጽል ቅድሚት
- 1 ቲማቲም
- 1 ሽጉርቲ
- 2 ማእዘን ማዕድ ዘይት
- 2 ኩቢ ማይ
- ማር ንፍላይ

መመሪያ

1. ዓሳ ኣብ ቀዝቐዝቲ ማይ ን45 ደቓይቕ ኣንብብ.
2. ዓሳ ብተመሳሳሊ ማይ ብደንብ ኣጽርን.
3. ኣጻውዕ ከቢቦስ ካብ ዓሳ ኣውጽእን እቲ ዓሳ ብንኡ ብንኡ ክፍል ክፍል ግደፍ.
4. ቅጽል ቅድሚት ዕርጋን እታ ዝተዘወተረት ማይ ኣውጽእን.
5. ቅጽል ቅድሚት ኣብ መዶም ወይ ሞጎጎ ክሳብ ንኡስ ንኡስ ይምርጽ (ክትሓተኸ ግን ኣይኮነን).
6. እቲ ዝተምርጸ ቅጽል ቅድሚት ኣብ ሳሕን ኣእቱ፣ ማይ ወስኹ ን30 ደቓይቕ ብዘይ ሽፋን ይብልዑ.
7. ከም 30 ደቓይቕ ድሕሪ ሳሕኑ ሽፍን ድማ ን30 ደቓይቕ ከምቲ ትሕዝ ይብልዑ.

8. ሽጉርቲን ቲማቲምን ቁረጽ.

9. ዓሳ፣ ሽጉርቲ፣ ቲማቲም፣ ዘይት ዝበለ ማርን ኣብ ሳሕኑ ኣእቱ.

10. ብዝተወሰኺ ምልዓል ብናይ እግር ክውሃብ ምክልኻል ቀጽል.

11. ን45 ደቓይቕ ክሳብ 1 ሰዓት ይብልዑ.

12. ከመ ምርት ኣብ ገዛ ሳሕን ክትሓተኽ ቀሪቡ.

ምግቢ እዚ ብቀይሕ ኃይል፣ ፕሮቲን፣ ቪታሚንን ማይንራልን ዝበለ ይገብር።

ቅመማት

25 ተወዳዳሪ ኣፍሪቃዊ መግቢታት ክትፍለጥ ኣለኻ

ኣፍሪቃ ኣብ መግለጺ መርበብ ሓበሬታ ብዙሓት ጊዜ ከም ተመሳሳሊ በዲ ተሃድሶ፣ ጦርነት፣ ጉዳይታት፣ ስርዓተ ገንዘብ ጉድለትን ቁጥጥርን እንተዘይሕግዝ ይተረኽብ። እቶም ጉዳይታት ብተፈጥሮም ምእንቲ ኩነታት እንዳተለዩ እዮም፣ ግን መፍትሒ ዝሓለፈ ኣብ ተፈጥሮ እዩ። ኣፍሪቃ ብተፈጥሮ ዝበለ መሰረታዊ መግቢታት ሓደሽቲ ዘሎኣ ቦታ እያ። እንተ ምስ እቲ ጥዑም ጥዑም መግቢ ኣብ ኣፍሪቃ እዮ ዶ? ወይ ኣብ እቲ ሃገር ምንታይ መግቢ እዩ ዝበሉ? ኣፍሪቃዊ ምግብ ከም ብዙሕ ተዋጽኦ ኣለዎ። እቲ ተቓወምቲ መግቢታት ከም ብተፈጥሮ ብዝኾኑ ክሊማ ዝበለ ይዳግሱ፣ ኣብ መሬት ይትከልሉ፣ ኣብ ሃገር እዮም ዝሓለፉ፣ ከምኡውን እንተሃነፍ ዝመጹ ድማ ኣሎ።

ንብዙሕ ኣፍሪቃውያን፣ እቲ ዝተለመደን ዝበዝሐን መግቢ ከመይ ከምዘይፍለጥ እዩ። ግን ኩሉ ዝፍለጥ ኣይኮነን፣ ናይ 500 ሚልዮን ሰባት ዝምረት ከምዘሎ ካሳቫ፣ ካብ ምስራቕ-ምብራቕ ብራዚል እንዳተመጸ ኣይፈልጥን እዩ። ኣብዚ ሓበሬታ፣ ናይ ብዙሕ ዝተወዳዳሉ ኣፍሪቃዊ መግቢታት ከም ዓለም ዓቢ ሓበሬታ ዘሎም ንምርካብ እናተሓዘ እዩ።

25. ሃምሊ (WATERMELON)

ሃምሊ ካብ ደቡብ ኣፍሪቃ ዝመጸ እዩ፣ ኣብ ተፈጥሮ ይንጸባርቕ። ክንደይ ከም ማይናይ ዓለም ክምርሕ ጀሚሩ እዩ፣ ካብ ሰሜን ኣፍሪቃ ጀሚሩ ፣ እቲ ሰነዳት ክሳብ ትምበር ፍራውን ትኽክል ተረኺቡ። ድሕሪኡ ክንደይ ናብ እስያ ደረሰ፣ ከም እስራኤል። ሃምሊ ብኩሉ ዓለም ይንጽር፣ ኣብ ኣሜሪካ ኣብ 44 መንግስታት ብንጽር ይምርሕ። ጆርጂያ፣ ፍሎሪዳ፣ ቴክሳስ፣ ካሊፎርኒያን ኣሪዞናን ብዙሕ ተፈላሊይ እዮም። ሃምሊ ኣብ ምስርሕ ብዙሕ ክበዝሕ እንተኾይኑ እዩ፣ ብዙሕ ጊዜ ብፍል ይሸጥ። ሕጂ ግን ብዙሕ ኣፍሪቃዊ ሃገራት ካብ እቲ ምርሕ ዝነበረሎም ክትረፍእ ጀሚሩ፣ ናይ ቻይና፣ ቱርኪ፣ ኢራን፣ ብራዚልን ኣሜሪካን እዮም ብርከት ዘለዎም።

24. ካሪ (CURRY)

ካሪ ካብ ካሪ ተኽሊ ዝመጸ እዩ። ብዙሕ ጊዜ ኣብ ቀይሕ ወይ ኣሳ ይጥቀመሉ። ካሪ ብእስያ ብዙሕ እንተተወዳደለ እዩ፣ ግን ምንጪ ኣብ

ኣፍሪቃ ክንደይ ይተረኸበ፣ ኣብ ኡጋንዳ ምስ እቲ ባህርያዊ መንገዲ ምሕንጽ ብእንግሊዝ ዝተማከሩ ህንዳውያን ናብ ኣፍሪቃ ክመጹ ጀሚሩ።

23. ኦክራ (OKRA)

ኦክራ ናይ ሕማም ተኽሊ እዩ፣ እቲ እንተኾይኑ ባህሪ ባእሲ ኣብ ብዙሕ መግቢታት እዩ ዝምርሕ። ኣብ ኣፍሪቃ ብዙሕ እተተጠቀም። ኣብ ምስራቕ መድረኽ ሃገራት፣ ከም ሲሪያ፣ ቱኒዚያ፣ ግብጺ፣ ኣልባንያ፣ ግሪኽ፣ ቡልጋሪያ፣ ማከዶንያ፣ ኢራን፣ ኢራቅ፣ ኣርያን ሃገራት ብዙሕ ተጠቂመሉ።

22. ባናና (BANANA)

ባናና ካብ እስያ ዝበሃል ቦታ ዝመጸ እዩ። ግን ባህርያውያን ናብ ሰሜን ኣፍሪቃ እንዳተሓዘ ነቲ ተኽሊ ከም ንባናና ይትኽልሉ ጀሚሩ። ሕጂ ባናና ኣብ 107 ሃገራት ይንጽር፣ ብዙሕ ናብ ፍሬ እንተኾይኑ፣ ከምኡውን ኣብ ብዙሕ እንዳምርሕ ይጥቀመሉ።

21. ነትሜግ (NUTMEG)

ነትሜግ ኣብ ኣፍሪቃ ከም ተለመደ ቅመማት እዩ። ኣብ ኢንዶኔዢያ ካብ ሞሉካስ ዝመጸ እዩ፣ ብኣውሮጳውያን ተገቢኡ ኣፍሪቃ ይተሓዘ።

20. ኩሚን (CUMIN)

ኩሚን ኣብ ኣፍሪቃ ብተለመደ ቅመማት እዩ። ንብረቱ ኣብ ጥንታዊ ግብጺ፣ በርካታ ምስራቕ መድረኽ ሃገራትን ኢንድያን ይተኽልሉ ነበሩ። ብጀርባ ኣብ ሰሜን ኣፍሪቃ ተመርኮሰ፣ ድሕሪኡ ናብ ማእከላይ ኣፍሪቃ ተሓዘ። ኩሚን ብዙሕ ጊዜ ናይ ሶስ መውዳእታ እዩ፣ ኣብ ዶሮ ወይ ስጋ ምግቢታት እትጥቀመሉ። ኩሚን ብትንሳኤ ኣብ ናይ ቤት ኣዳር መሬት ይንጽር።

19. ፕላንታይንስ (PLANTAINS)

ፕላንታይንስ ኣብ ኣፍሪቃ ተወሳኺ መግቢ እዮም፣ ንባናና ቤት ዝኣቱ እዮም። ኣብ ኩሉ ምስርሒ ደረጃ ክትስተው ይኽእሉ፣ ብዙሕ ግዜ ዝበለ እዮም እንተሃነፍ ድማ ብነጻ ክትበሉ ትኽእሉ። እንተ ይጎልቡ ቀረባት ክብሉ ይከውን፣ ከም ነባናና ካብ ቀጠል ናብ ቢጫ ናብ ጥቕሚ ይቕየር። ፕላንታይንስ ኣብ ትሮፒካል ቦታታት ተወሳኺ መሰረታዊ መግቢ እዮም።

18. ቅርቤት (GARLIC)

ቅርቤት ብዙሕ ካብ እስያ እንተሃነፍ ተኸሊ እዩ፣ ግን ኣብ ጥንታዊ ግብጺ ሓደ መብርሂ እዮ ተጠቀመ። ኣብ መጽሓፍ ቅዱስ ኣብ ግብጺ ናይ እስራኤላውያን መግቢ እንተሃዝ ተጠቒሙ። ቅርቤት ኣብ ዓለም ኩሉ እንተሃዝ ዝተጠቀመ ኣብ ቤት እዩ። እቲ ማእከል ብብዙሕ ቀበታት ኣብ ግሪን ወይ ቀይሕ ወይ ቀለም ነጭ ተሸፊኡ ይሃብ። ብነጻ ተጠቒሙ ክሳብ ይብል ትርርይ ኣሎ፣ እቲ እንተ ተሰዓነ ድማ ይዝክርክር ክኸውን። ኣብ ግምት ድማ ቅርቤት ድሕሪ ኣብ ናይ ዝተዋጽኦ ክሊማ ኣብ ብዙሕ ቦታ ይትኽል።

17. ኮርያንደር (CORIANDER)

ኮርያንደር ካብ ደቡብ ኣውሮጳ፣ ሰሜን ኣፍሪቃ ናብ ምብራቕ እስያ ዝተሰፈረ እዩ። ከም 50 ሴንቲ ሜትር ክበዝሕ ዝኽእል ከርስቲ ዘይኮረ ተኽሊ እዩ። ኩሉ ክፍሊ ይበሉ ይኽእሉ፣ ግን ብዙሕ ዘተጠቀመ ቅጽሊ እና ብሉጽ ዘይህቡ ዘሎ ዘይብሉ እዩ።

16. ኣቡርጂን (AUBERGINE / ኤግፕላንት)

ኤግፕላንት ካብ ኢንድያ እንዳተመጸ እዩ፣ ድሕሪኡ ናብ ሜድትራንያንን ኣፍሪቃን ተሓዘ። ከም ፖቴቶን ቲማቲምን ዝዛረብ እዩ፣ ኣብ ተፈጥሮ ፍሬ እዩ። ብዙሕ ዘተጠቀመ ቅርጺ ዓቢ ቀለም ቀይሕ ዝነበረ፣ ግን ብዙሕ ቀለም ኣሎት። ብነጻ ክትበሉ ክሒሉ፣ ብነጻ ድማ "mala insane" (እብድ ፖም) ተብሎ ይበሃል ነይሩ።

15. ሽጉርቲ (ONIONS)

ሽጉርቲ ካብ ጥንታዊ ግብጺን ሱመርን (ምዕራብ ኢራቅ) ዝመጸ እዩ። ናይ ብዙሕ ኣፍሪቃዊ መግቢ ክፍሊ እዩ፣ እቲ ንመራሒ ጣዕሚ ክምሃብ ዘሎ ነገር እዩ። ሽጉርቲ ብዙሕ ቦታ ኣብ ዓለም እዩ ዝተጠቀመ።

14. ጊንጅር (GINGER)

ጊንጅር ካብ ምብራቕ እስያ ዝመጸ እዩ፣ ናብ ምብራቕ ኣፍሪቃን ካሪቢያንን ተሓዘ። ከም ምርኣይ በርካታ ምስ እቲ ሮማውያን ኣብ ግብጺ ጊንጅር ይምጽኡ ነበሩ። ኣብ 2008 ናይ ዓለም ምርሓቕ ስድስተ ነበሩ ናይ ናይጀርያ፣ ከመሮን ድማ ናይ 10 ነበሩ።

13. ልንቲል (LENTILS)

ልንቲል (Lens Culinaris) ካብ እስያን ሰሜን ኣፍሪቃን ዝመጸ እዩ። ኣብ ግብጺ 5000 ዓመት ብፊት ተኸል ከምዝነበረ ይተነገር። ልንቲል ናይ ከብዲ ፕሮቲን፣ ካልሲየም፣ ፎስፎረስ፣ ብ12 ቪታሚን መሰረታዊ መግቢ እዩ። ብዙሕ ቅርጽ ኣሎት፣ እቲ ብዙሕ ዝተጠቀመ ቀይሕ፣ ቡናዊ፣ ቀጠል እዮም።

12. ሚሌት (MILLET)

ሚሌት ኣብ ሰማይ-ኣድ ትሮፒካል እስያን ኣፍሪቃን ብዙሕ ዝተኸል እዮም፣ ከም ኢንድያ፣ ናይጀርያ፣ ኒጀር። 97% ምርሓቅ ኣብ ብምእንቲ ሃገራት ይከኣል። ምንጪ ብተፈጥሮ ኣብ ምብራቕ ኣፍሪቃ እንዳተመጸ ይተረኽብ።

11. ሶርጎም (SORGHUM)

ሶርጎም ኣፍሪቃዊ ተኽሊ እዩ። ካብ ዝበለ ብዙሕ ተቓወምቲ ቅርስታት እዮም፣ ከም ናይጀርያ ብርከት ዘለዋ እዩ። ኣብ ናይ ዓለም ቅርስታት ተስፋፍኦም። ብተፈጥሮ ዝበለ ዝድልየሉ እዮም፣ ኣብ ብዙሕ ዝብል ቦታ ተወሳኺ መግቢ እዮም።

10. ባርሊ (BARLEY)

ባርሊ ካብ ኣምባታት ምብራቕ ኣፍሪቃ ዝመጸ እዩ ተረኽበ። ኣብ ብዙሕ ዓይነት ባኒ፣ መጠጣታት ኣልኮልን ማልትን እትጠቀመሉ ዘሎ መሰረታዊ እቃ እዩ። ኣብ ሓሳብ ትሕቲ ሰብ ተባሂሉ ናይ ሰብ ምግቢ ተቐሚጣ ኣብ ዓለም ምስተኣምር ባርሊ ኣርባዕተ ደረጃ ኣበርክቶ።

9. ገምሽም (WHEAT)

ገምሽም ካብ ምእራብ እስያ ኣርስተናይ ሕብረት እትተኽል ተጀመረት። ናይ ግብጺን ካልእ ኣፍሪቃን ተሰፊረት። እቲ ገምሽም ብዙሕ ጊዜ ኣብ ባኒን ብስኩትን እትስራሕ እዩ። ኣብ ኣፍሪቃ ብሓቂ ብዙሕ ዝበለ ኣብ ሰሜን ኣፍሪቃ ዝበላ መግቢ እዩ፣ ኣብ ደቡብ ኣፍሪቃ ድማ ብዙሕ ዘለዎ ስፋት ይከል።

8. ኮኮነት (COCONUT)

ኮኮነት ኣብ ትሮፒካልን ንዑስ-ትሮፒካልን ክፍል ዓለም ዝርከብ እዩ። ብብዙሕ ናይ ቤትን ንግዲን ኢንዱስትሪን ምጥቃም ኣብ ኩሉ ክፍሊ ዝሃብ

ተጠቒሙ። እቲ ማእከላይ ክፍሊን ማይን ኮኮነት ብብዙሕ ኣብ ኣፍሪቃ ይጥቀመሉ።

7. ቡና (COFFEE)

ቡና ኣብ ዓለም ብዙሕ ዝተሰትየ መጠጢ እዩ፣ ኣብ 70 ዝበለ ሃገራት ተኸሊ እዩ። ምንጪ ካብ ኢትዮጵያ ኦሮሞ ኣባላት ከም ኣብ መጀመርታ እቲ ቡና ምቅላብ ዝተዋህበሉ ተመስርቶ። ንግስታዊ ማህበራዊ ግን ኣብ ኢትዮጵያ ቤተ-ክርስትያን ቡና ናይ ስነ-ሃይማኖት ስርርዓት እተሃበረ ብኸምዚ ብምኽንያት ናይ ስቕለት ትግላት ተደሪኡ ንዝሓለፈ ኣምርሕ ንዘይ-መንእሰይ ምጥቃም ኣብ ኢትዮጵያ ተኣግዱ። ሓደ ካብ ኣብ ዓለም ብዙሕ ዝተኣምረ ስነ-ተቓወምቲ ነገር ቡና እዩ።

6. ባቃላ (BEANS)

ባቃላ ካብ ምእንቲ ኣሜሪካ ምዕራብን ደቡብን ምንጪ እዮም። ብዙሕ ኣይነት ባቃላ ኣሎ። ባህሊ ዝበለ ባቃላ ኣብ ምዕራብ ኣፍሪቃ ተዋህበ ተመርኮሰ፣ ናይ መሰረታዊ መግቢ እዩ ከም ጥራይ ተረኽበ።

5. ፍራንጭያ (GROUNDNUTS)

ንዓመታት ፍራንጭያ ኣብ ኣፍሪቃ ንግዲ መንግስታዊ ምትእስሳር እያ፣ ብፍላይ ኣብ ትሮፒካል ሃገራት። ብመንጪ ፍራንጭያ ካብ ደቡብ ቦሊቪያን ሰሜን ኣርጀንቲናን እዮም፣ እቲ ናይ እትዮም መንእሰይ ህዝቢ ተኸሊ ከምዝተጀመረ ተረኽበ። ሎሚ ድማ፣ ኣብ ኣፍሪቃ ዝነሰኡ ፍራንጭያ ብብዙሕ ካብ ንደበበ ሳህራ ኣፍሪቃ እዮም ዝመጹ።

4. ይኣምስ (YAMS)

ይኣምስ ኣንቀጸ ተኸሊ እዩ፣ ግን ከም ካልእ ከብዲ ድንሽላ ዝሓለፈ ንምብራር ዘይኮነ። ኣብ ምዕራብ ኣፍሪቃ ኣብ 95 በመት ዓለም እቲ ዝተከል ይኣምስ እዩ። እቲ ይኣምስ ብኣገልግሎትን ብባህሊን ጠቓሚ መግቢ እዩ። ናይ እቶም ቲቡሮስ ኣይነት ካልእ ካብ 6 ወርሒ ክሳብ ዘይትበል ተቐሚጡ እዮም ዘሎ፣ እዚ ብምኽንያት ኣብ ዝሓለፈ ክረምቲ ጊዜ ዝስከር ምግቢ ሓደ ትርፊ እዮም። እቲ ይኣምስ ነጬ ስጋ ዝሃቦ እዩ፣ ካብ ትኩር እንቁራሪት ክብል ትርከብ። ብሓይሊ ክብል፣ ክትበርት፣ ክትቖጥብ፣ ክትቕርጽ ወይ ክትዳን ይኽእል።

3. ማኒዮክ (CASSAVA)

ማኒዮክ ካብ ደቡብ ኣሜሪካ ዝመጸ እዩ። ብፍላይ ኣብ ትሮፒካልን ንዑስ-ትሮፒካልን ክፍል እትኽል እያ፣ ንናይ ምስታርቲ እናባቢ ምግቢ ዝጠቅም ቲቡሮስ ስጋ ክሃብ። ማኒዮክ ብትሮፒካል ክፍል ብሰስተ ደረጃ ኣብ ካርቦሃይድሬት ምንጪ እዩ፣ እውን ናይ ብዙሕ ህዝቢ መሰረታዊ መግቢ እዩ። ኣብ 502 ሚሊዮን ሰባት ይገብሮም። ማኒዮክ ብጽቡቕ ዝቋርጽ ኣንቀጸ ተኽሊ እዩ፣ ኣብ ምድር ትሕቲ ጽምብላል ክኽል ይኽእል። ናይ ዓለም ብብዙሕ ዝተኽል ማኒዮክ እንተ ተመረቐ ናይ ናይጄሪያ እዩ።

2. ሩዝ (RICE)

ሩዝ ሓደ ካብ ትሑት እንተኽል መግቢ እዩ፣ ንሰብ ብዙሕ ካልእ ተኽሊ ኣይኮነን ናይ ግዜ ዝመረቐ። ብብዙሕ ካልሎም ዝበለ ዘይክብር ካልሎም ምግቢ ኣብ ዓለም ሰብ ተኽሊ ዝሃቦ እዩ። ብትርፊ ዝበለ 20 በመት ናይ ሰብ ካሎሪ ምንጪ እዩ። ብመንጪ ኣብ እስያን ኣፍሪቃን ኣሎ፣ ግን ብናይ ንግዲ እናተቐፈለ ናብ ብዙሕ ሃገራት ተሰፊሮ። ናይ ኣፍሪቃ ሩዝ 3500 ዓመት ተኽሊ ኣሎ። ካብ 1500 – 800 ዓ.ክ.ብ Oryza glaberrima ካብ ወንጌል ደልታ ናይ ኒጀር ተሰፊሮ ናብ ሴኔጋል ክሳብ ከይዲ ተሰፊሮ። ግን ኣብ ናይ ኣዝያ እቲ ዝተኽል ስረት ክልቲ ክረኽብ ከምዘይኮነ ተረኽበ። ኣብ 1203 ዓ.ክ.ብ ሩዝ ኣፍሪቃ ካብ ረብሓ ኣድጊ ኣድጊ እናወጸ ይረኽብ።

1. ዘይቲ ኣንባባ (PALM OIL)

ዘይቲ ኣንባባ ካብ ምዕራብን ደቡብ-ምዕራብ ኣፍሪቃን ዝመጸ እዩ፣ ከም በጃን ኣንጎላን ጋምቢያን ተሰፊሮ። ናይ ተቀዲሙ ዘመናት ኣብ ኣፍሪቃ ኣብ 5000 ዓመት ቅድሚ ሰብ ብዝተጠቀመሉ ተረኽበ። ኣብ 1910 እቲ ዘይቲ ኣንባባ ናብ ማሌዢያ ተመዓረረ፣ ናይ ብሪጣንያ ኮሎኒ እያ ዝነበረት። ብዙሕ ከም ስኮትስማን ዊሊያም ሲምን ኢንግሊዝ ባንክ ሃንሪ ዳርቢ እዮም ዝተሓበሩ። እቲ ስረት ንስኻ ዝተሰርሐ ከም Elaeis guineenses ተረኽበ፣ ካብ ምብራቕ ናይ ናይጄሪያ ናብ ማሌዢያ ተሰፊሮ። ኣብ ሰሜን ናይ ናይጄሪያ ባህሪ ድሕሪ መጀመርታ ኣውሮጳውያን ናብ እቲ ክፍሊ ክሳብ ተመጺኡ ዘይቲ ኣንባባ ብንግዲ እናሸየሩ ከም ዘሎ ተረኽበ። እቲ ኣካባቢ ብመጀመርታ ኮስታ ናይ ዘይቲ ኣንባባ ተብሎ ተጠሪ። በኋላ ግን ብዝተሓዘ ስም እቲ ባህሪ ዘብራ፣ Bight of Biafra ተብሎ ተጠሪ።

መርጃያታት

Books and Journal Articles

Ayensu, D. N. A. (1972). *Art of West African cooking* (ስእሊታት ብ D. Robertson). Doubleday.

Bassey, M. W., & Schmidt, O. G. (1989). *Abrasive-disk dehullers in Africa*. International Development Research Centre.

Burkholder, J. P. (2009). *Music of the Americas and historical narratives. American Music*, 27(4), 399–423.

Chirikure, S. (2017). *Documenting precolonial trade in Africa: Archeology, economic history, historiography and methods. Oxford Research Encyclopedia of African History.* https://doi.org/10.1093/acrefore/9780190277734.013.68

Djedje, J. C. (1998). *African American music to 1900.* ብ D. Nicholls (ኤዲተር), *The Cambridge history of American music* (pp. 103–134). Cambridge University Press.

Dykes, L., & Rooney, L. W. (2006). *Sorghum and millet composition. Journal of Cereal Science*, 44, 236–251.

Ekwueme, L. (1974). *African-music retentions in the New World. The Black Perspective in Music*, 2(2), 128–144.

Eltis, D., Lewis, F. D., & Richardson, D. (2005). *Slave prices, the African slave trade, and productivity in the Caribbean, 1674–1807. The Economic History Review*, 58(4), 673–700. https://doi.org/10.1111/j.1468-0289.2005.00318.x

Evans, D. (2002). *Introduction.* ብ J. T. Titon & B. Carlin (ኤዲተር), *American musical traditions: Volume 2: African.* Schirmer Reference.

House, L. R. (1995). *Sorghum and millets: History, taxonomy and distribution.* በ D. A. V. Dendy (አዲተር), *Sorghum and millets: Chemistry and technology* (pp. 1–10). American Association of Cereal Chemists.

Mackintosh, I., & Higgins, B. (2004). *Sorghum quality standards. Aspects of Applied Biology, 72,* 235–245.

Niernberger, F., & Taylor, J. R. N. (2001). *Development of simple common grain quality standards for sorghum.* USAID.

Obilana, A. B., & Manyassa, E. (2002). *Millets.* በ P. S. Belton & J. R. N. Taylor (አዲተር), *Pseudocereals and less common cereals* (pp. 177–217). Springer.

Oliver, R. A., & Atmore, A. (1967). *Africa since 1800.* Cambridge University Press.

Oliver, R. A., & Atmore, A. (1981). *Africa since 1800* (2ኛ እትም). Cambridge University Press.

Schakel, S. F., Van Heel, N., & Harnack, J. (2004). *Grain composition table.* በ C. Wrigley, H. Corke, & C. E. Walker (አዲተር), *Encyclopedia of grain science* (Vol. 3, Appendix 1). Elsevier.

Smith, E. W. (1942). *Events in African history.* Committee on Africa, the War, and Peace Aims.

Smith, I. F. (1996). *Sorghum and millets.* በ *Proceedings of the symposia.* International Association for Cereal Science and Technology, 171–197.

Taylor, J. R. N., Schober, T. J., & Bean, S. R. (2006). *Advances in cereal science. Journal of Cereal Science, 44,* 252–271.

O'Kennedy, M. M., Grootboom, A., & Shewry, P. R. (2006). *Grain protein research. Journal of Cereal Science*, 44, 224–235.

Cookbooks

Hafner, D. (1993). Taste of Africa: With over 100 traditional African recipes adapted for the modern cook. Ten Speed Press.

Inquai, T. (1998). Taste of Africa: An African cookbook. Africa World Press.

Nabwire, C. R., & Montgomery, B. V. (1988). Cooking the African way. Lerner Publications.

Ominde, M. O. (1979). Traditional food and cookery: Past growth and future development in East Africa. Institute of African Studies, University of Nairobi.

Sandler, B. (n.d.). African cookbook (ስእሊታት ብ D. & L. Dillon).

Wilson, E. G. (1971). West African cook book. M. Evans.

Reports and Institutional Publications

Africa Rice Centre (WARDA). (2007). ዝምረቆ ካብ http://www.warda.org

FAOSTAT. (2004). *Food and Agriculture Organization Statistical Database*. http://faostat.fao.org

GFU – Global Facilitation Unit for Underutilized Species. (2007). http://www.underutilizedspecies.org

Germplasm Resources Information Network (GRIN). (2007). http://www.ars-grin.gov/cgi-bin/npgs

FSTA – *Food Science and Technology Abstracts*. (2007). http://www.fstadirect.com

ICRISAT/FAO. (1996). *The world sorghum and millet economies.* ICRISAT/FAO.

National Geographic. (n.d.). http://www.nationalgeographic.com

National Research Council. (1996). *Lost crops of Africa. Vol. 1: Grains.* National Academy Press.

Supersorghum. (2006). http://www.supersorghum.org

USDA – United States Department of Agriculture. (2007). http://www.nal.usda.gov/fnic/foodcomp/search

Miscellaneous

Case, J. D. (n.d.). *To know about the world is to know everything.* Kraft Foods. http://www.kraftfoods.com